一本商品房投资避坑指南

商品房陷阱

九大买卖纠纷热点与反击策略

王俊伟　编著

中国财富出版社有限公司

图书在版编目（CIP）数据

商品房陷阱：九大买卖纠纷热点与反击策略 / 王俊伟编著 .—北京：中国财富出版社有限公司，2021.5

ISBN 978-7-5047-7446-0

Ⅰ . ①商… Ⅱ . ①王… Ⅲ . ①商品房—交易—民事纠纷—处理—中国 Ⅳ . ① D922.38

中国版本图书馆 CIP 数据核字（2021）第 095208 号

| 策划编辑 | 郑晓雯 | 责任编辑 | 张红燕 郑晓雯 | | |
| 责任印制 | 尚立业 | 责任校对 | 卓闪闪 | 责任发行 | 董 倩 |

出版发行	中国财富出版社有限公司		
社 址	北京市丰台区南四环西路 188 号 5 区 20 楼	邮政编码	100070
电 话	010-52227588 转 2098（发行部）	010-52227588 转 321（总编室）	
	010-52227566（24 小时读者服务）	010-52227588 转 305（质检部）	
网 址	http://www.cfpress.com.cn	排 版	宝蕾元
经 销	新华书店	印 刷	宝蕾元仁浩（天津）印刷有限公司
书 号	ISBN 978-7-5047-7446-0/D · 0183		
开 本	710mm×1000mm 1/16	版 次	2021 年 11 月第 1 版
印 张	19.75	印 次	2021 年 11 月第 1 次印刷
字 数	264 千字	定 价	68.00 元

作为一名专门从事房地产业务的律师，笔者执业也有 10 年了，早就有写一本关于房地产实务的书的想法，但迟迟没有动笔。近些年，笔者在代业主与开发商对抗时发现，许多业主本来是正常维护自己的合法权益，却因处于弱势而常常被开发商诬陷为"房闹"。

2020 年国庆节刚过，笔者正在处理的几起起诉开发商的案件中又出现类似情况。搜了市面上的书籍，专门帮助业主对抗开发商的不多。因此，就有了写这本书的冲动。

本书从楼书广告、认筹与认购书、"茶水费"与团购费、预售合同、交付、质量问题、产证办理等实务中出现纠纷频率较高的专题入手，站在业主的角度上，从笔者代理上海地区案件的经验出发，做出专业的法律分析，帮业主发现购房中的风险，提出有效的反击策略与技巧。

结合实务经验，告诉业主在诉讼中争取自己的权利要具备下面几个条件：

一是心态上有战胜对手的始终如一、持之以恒的信心；

二是战略上藐视敌人，战术上重视敌人；

三是委托专业房产律师，看近几年胜诉的类似案例；

四是有组织能力；

五是声东击西，力争取得意想不到的效果；

六是技术上抽丝剥茧、精耕细作；

七是知晓开发商的常用套路，如拖、哄、骗等，一一破解。

本书旨在帮助业主在自己的权利受到侵害时，勇敢地向开发商说"不"，拿起法律武器保护自己的财富。

本书摒弃晦涩难懂的法律术语，具备实操性。希望业主能根据本书内容，达到维权的目的。

目录
CONTENTS

第三章 "茶水费"与团购费

第六章　商品房的质量问题

第七章　产证办理

第八章　车位之争

第九章　商铺陷阱：售后包租

第十章　诉讼为王

第一章

楼书广告

有一句描述业主购房遇到开发商的各种套路的谚语——业主走过的最长的路，就是开发商的套路。可见，业主在购房中遇到的问题多如牛毛，讲来句句都是眼泪和心酸。首先面临的问题自然是吸引业主接触楼市的敲门砖——楼书广告。

楼书广告，通俗来说就是宣传广告，是开发商为销售房屋制作的一种印有房屋图形和文字说明的广告性宣传材料，一般包括以下几方面内容：外观图、小区整体布局图、地理位置、楼宇简介、房屋平面图、房屋主体结构、出售价格及附加条件（如代办按揭）、配套设施、物业管理。但是，开发商为了吸引眼球，无所不用其极，将"创意"发挥到了极致，发布了一条条雷人广告。

随着互联网的发展，楼书广告的形式更是千变万化，令购房业主眼花缭乱。

一 楼书广告的现状

（一）雷人的楼书文化[①]

1. 地段篇

（1）地段偏僻——告别闹市喧嚣，独享静谧人生。

（2）周边嘈杂——坐拥城市繁华，感受摩登时代。

（3）荒山秃岭——与大自然亲密接触。

---

① 《人民日报》2011 年 11 月 1 日第 16 版。（有改动）

（4）刚有规划——轨道交通在即。

（5）零星班车——接驳CBD（中央商务区）。

（6）挨着铁道——便利交通，四通八达。

（7）地势很低——私家领地，冬暖夏凉。

（8）价格奇高——奢华生活，贵族气息。

2. 规划篇

（1）规划不好——小资情调，折射后现代生活。

（2）户型很烂——个性化设计，稀缺绝版户型。

（3）弄个圆顶——巴洛克风情。

（4）搞个楼尖——哥特式风格。

（5）前后楼快挨上了——邻里亲近，和谐温馨。

（6）弄个喷水池——英伦风情，北欧享受。

（7）门口有保安——私人管家，尊贵生活。

3. 配套篇

（1）挨着臭水沟——绝版水岸风光。

（2）挖了小池塘——临湖而居，演绎浪漫风情。

（3）周围是荒草地——超大绿化面积，拥抱无限绿意。

（4）旁边是小土包——依山而居，享受山里空气的清新。

（5）有家信用社——坐拥CBD。

（6）有个居委会——紧邻中心政务区。

（7）有所小学——浓郁人文学术氛围，让你的孩子"赢在起跑线上"。

（8）有家小诊所——零距离就医，拥抱健康。

（9）有五平方米的超市——便利生活，触手可及。

（10）有个垃圾站——人性化环境管理。

（二）开发商设计的免责条款

1.排除楼书广告适用的合同条款

开发商为了最大限度地降低风险，通常会在多达50~100页的出售合同中，夹杂排除楼书广告适用的合同条款。以下示例截取自开发商常用的买卖合同，这些合同都是在政府范本基础上修改而成的，不构成侵权。基本内容如下：

例1：双方确认本合同签订前任何书面或口头的说明、介绍和承诺，以及相关宣传资料（如楼书、广告、沙盘模型等）均不作为合同的组成部分，凡未在本合同中约定的，对双方均不具有约束力。甲方建设的样板房及样板区仅就房屋装修风格和装修效果为乙方提供参考，有关样板房的面积、朝向、位置、布局、周边环境等并非交付标准，交房标准按照本合同及补充条款相关约定执行。[①]

例2：双方确认，甲方在楼书或广告中的笔误或表述的内容与本合同相抵触的应以本合同的内容为准；甲方在楼书或广告里根据本合同签订时所获得信息对规划或建设中的本项目或本项目周边公共设施和商业网点的介绍，应以政府最终确定的方案和实际建成的结果为准，其介绍对甲方不构成约束力。[②]

例3：甲方的广告和宣传资料（包括但不限于甲方通过电视、广播、报纸或户外大牌等发布的广告、楼书、销售手册、楼盘模型、宣传折页、房型图册、App、演示多媒体、微信宣传资料、样板房等相关数据和图片资料等）主要作为宣传之用，仅为要约邀请，不是甲方的要约或承诺，

---

① 摘自上海市嘉定区保利梧桐语苑2012年6月《上海市商品房预售合同》补充条款一第四条。

② 摘自上海市嘉定区A商业广场2016年9月《上海市商品房出售合同》补充条款一第九条第（3）款。

不作为合同的组成部分，不对确定该房屋价格产生重大影响，不作为确定双方权利义务的依据。其中涉及的资料、图示、数据等均以政府主管部门批准的文件及交付时的实际情况为准，房屋具体构造与尺寸及在整个楼栋或小区中的相对位置最终以城建档案归档的工程图纸为准。甲方无须就该等变化通知乙方，亦无须就此对乙方承担责任。[①]

例4： 甲方通过口头、书面、实物及其他形式（包括但不限于口头讲解、广告、楼书、示范单位、沙盘、模型等）所表达或提供的信息不作为最终交房标准，亦不作为本合同的组成部分，其内容对本合同当事人不具有约束力。甲方特别提示乙方：样板房仅作乙方参考之用，不属于甲方的交付标准或交付条件，不构成合同内容，双方不受其约束。甲方在销售广告、模型和宣传资料等方面对商品房开发规划红线范围之外的公共设施、道路交通等情况进行介绍、说明或引用的，该等介绍、说明或引用仅具有参考作用，不构成对甲方具有约束性的法律文件，具体以实际实施的项目为准。乙方购买该商品房后，该商品房所在建筑区划外的环境、规划条件及土地利用情况发生变化与甲方无关。[②]

例5： 本补充条款及补充条款二构成出售合同不可分割的组成部分，与出售合同以及所附的其他附件一起构成一份完整的合同。除此之外，任何一方不得援引任何其他书面的、口头的或其他形式的承诺、声明、广告、告示、宣传资料、协议作为合同的一部分。未经甲方书面授权，甲方雇用的任何人员（包括销售人员）所出具或签署的与本合同有关的任何文件均属无效。甲方所作的售楼广告、售楼书、样板房等推广材料

---

① 摘自上海市奉贤区中粮锦云苑 2018 年 4 月《上海市商品房预售合同》补充条款一第二条 2.2 款。

② 摘自上海市奉贤区桐南美麓 2017 年 9 月《上海市商品房预售合同》补充条款一第十七条第 1 款。

仅为宣传目的而设立或提供，不得列为本合同的附件或组成部分，乙方也不得援引其中任何内容或信息以解释任何事项，或据以提出任何主张或要求。出售合同的《特别告知》或说明部分不是合同的组成部分，双方均承诺不援引该部分文字向对方提出任何要求或者主张。甲方向乙方展示的示范单位（样板房）、楼书、效果图及其他公开发布的宣传资料仅说明交房的装修风格和装修材料、配（送）设备标准，并仅供参考，不作为房屋交付的标准或条件。不同房屋在个别部位、建筑、结构的设计上会有差异，由此会带来装修上或设备安装上的差异。因此每套房屋各部分的面积、尺寸、样式、外墙的颜色以实际交付的现房为准，但甲方不得改变该房屋之主体结构设计；该房屋的装修和设备标准以本合同附件三的约定为准；甲方随该房屋附送电器见附件三。[①]

2.楼书广告提示性文字说明

楼书广告底部小字部分注明宣传资料仅供参考，一切以商品房买卖合同为准，广告宣传不是合同的一部分，解释权归开发商等。这些忠告性用语，属于开发商的单方意思表示，不能成为开发商免责的理由。

二　法律性质：是要约邀请还是要约？

（一）认为是要约邀请的观点

由于房地产楼书广告是向不特定的人群发出的，其目的是希望有购买

---

① 摘自上海市闵行区御涛园 2016 年 1 月《上海市商品房出售合同》补充条款一第二十一条。

房屋意向的人向开发商提出订立房屋买卖合同的要约，因而从法律性质上分析，房地产楼书广告一般属于要约邀请，对开发商没有法律约束力。

楼书等宣传资料中关于广告内容的描述属于要约邀请，并非要约，只有在特定的情况下才能构成要约或合同的附件，即这种说明和允诺必须具体确定，必须载明设施的面积、设计方案和交付时间等。同时，这些宣传资料还必须对商品房买卖合同的订立有重大影响。

即使楼书广告中的内容构成要约，开发商的某些行为也不构成违约，因为有些楼书广告中并未明确约定设施交付的时间和交付标准。

（二）认为是要约的观点

开发商对一些配套设施有明确的说明，描述是具体的，且商品房买卖合同纠纷案件的上诉人陈述，自己就是基于这些配套设施和设计才愿意购买涉案商品房的。由此可以认为，楼书广告中的描述对于上诉人决定是否订立商品房买卖合同有重大影响。因此，楼书广告应该成为合同的内容。

楼书广告中虽然有"以商品房买卖合同为准"的字样，但是这样的字样一般是在不显著的位置，且该段文字字号很小，和其他内容相比不易被阅读者看到，并且该段文字是对提供楼书的开发商一方的义务的限制，因此，不能仅以该段文字作为开发商免除该义务的依据。

《最高人民法院关于审理商品房买卖合同纠纷案件适用法律若干问题的解释》（以下简称《商品房买卖合同司法解释》）第三条规定："商品房的销售广告和宣传资料为要约邀请，但是出卖人就商品房开发规划范围内的房屋及相关设施所作的说明和允诺具体确定，并对商品房买卖合同的订立以及房屋价格的确定有重大影响的，构成要约。该说明和允诺即使未载入商品房买卖合同，亦应当为合同内容，当事人违反的，应当承担违约责任。"可见，楼书广告中免除义务的文字违反上述规定，属于无效条款。

三　常见争议

【**实务案例1**】某公司关于绿地公园的宣传内容属于要约邀请，不构成要约。

上海市第二中级人民法院

民事判决书

（2020）沪02民终7632号

（前略）

一审法院认定事实如下：2017年7月27日，A公司（甲方）和袁某某、顾某某（乙方）签订预售合同，约定乙方向甲方购买上海市宝山区××路××弄××里××号××室房屋（以下简称"系争房屋"），暂定价为4631722元。预售合同补充条款一第一条主要约定，甲方已在销售现场向乙方明示了法律规定应当公示的文件、证书、重要提示及购房指引，并且就房屋项目内部及周边道路的规划情况向乙方进行了充分说明，不存在遗漏情况，如项目周边情况（包括但不限于绿地、道路、公园、学校等）发生变化，均以政府规划为准，甲方不承担任何责任，乙方对项目内部及周边规划已有充分了解，该房屋可能受到道路、噪声、车辆灯光、粉尘、废气、高压线、飞机航线、铁路等周边不利因素影响，另甲方因客观条件所限，无法告知项目周边所有信息，乙方对以上内容知悉并认可。

预售合同第十三条是关于销售广告及宣传资料、概念展示间、销售人员口头介绍的效力条款约定：

（1）双方的权利义务以合同及其附件和本补充协议为准。

（2）甲方提供的销售广告、模型和宣传材料中对该项目开发规划范围之外的环境、公共设施、道路交通等所有的不利因素的公示及其他说明、示范仅供乙方参考之用，不作为合同内容，双方不受其约束，甲方在销售广告、宣传资料中所展示的各类示意图、效果图等仅为展示项目风格之用，除非标明为本项目，否则非特指本项目，乙方对此已充分了解。

（3）因比例和表现方法所限等因素，销售广告、宣传资料、模型等未标明的内容并不代表实际建造的房屋或本物业范围，根据规划或者设计要求，不存在相应的设施、设备或配套建筑物、构筑物，乙方对此予以充分理解。

（4）若在本合同之外，乙方认为有对其购房目的或房价具有重大影响的事项，须要求甲方进行书面确认，甲方未予确认的，不构成合同内容，对甲方无约束力。

（5）甲方销售人员或代理公司销售人员在房屋销售过程中超越合同及广告宣传书面资料作出的介绍、说明或承诺，以及未经相对人同意的录音、录像，凡未经甲方书面盖章确认的，均不作为甲方的意思表示，不构成合同内容，对甲方无约束力。

（6）概念展示间（样板房）仅供乙方参考之用，不属于甲方的交付标准或交付条件，不构成合同内容，双方不受其约束。

2017年12月22日，A公司取得系争房屋所在一期楼盘的新建住宅交付使用许可证。同月，系争房屋交付袁某某、顾某某使用。2019年4月18日，系争房屋产权登记至袁某某、顾某某名下。

为证明己方主张，袁某某、顾某某向一审法院提交了如下证据：

（1）宣传册、沙盘照片、微信公众号宣传截图和现场拍摄照片，证明就富锦东路以南、漠河路以北标记为08、09、10的地块，A公司在销售时宣传为"人工湖和绿地组成的东西走向公园"，但目前为G1501隧道入口，绿地面积大幅减少。

（2）系争房屋所在楼宇价目表及邻近7幢价目表，证明同期的两幢楼房，系争房屋因邻近宣传中的绿地公园比7幢相同位置的房屋单价高1100余元，系争房屋为景观房。

A公司发表质证意见：

（1）对于宣传册、沙盘照片、微信公众号宣传截图的真实性均予以认可，但不认可袁某某、顾某某的证明目的，袁某某、顾某某诉争的东西走向绿地公园并不在规划红线内，且A公司制作宣传册及沙盘均在2015年规划调整之前，A公司不存在刻意隐瞒实情；对于现场照片的真实性不予以认可，无法确认拍摄时间。

（2）对于价目表的真实性予以认可，但不认可袁某某、顾某某的证明目的，楼盘售价均通过了市、区两级房地产主管部门的审核备案，系一房一价，其他楼宇的销售价格不能作为系争房屋所在楼宇的价格依据，系争房屋亦非景观房。

为证明己方主张，A公司向一审法院提交了如下证据：

（1）现场照片及视频，证明A公司在2015年规划调整后，即在售楼处现场张贴书面提示，告知规划调整事项，并在楼盘开盘当日的宣传影片中通过航拍影像显示了隧道入口建设现场，袁某某在录像中出现，证明袁某某当时即在开盘现场，其已通过视频及书面提示知晓规划调整事宜。

（2）2011年上海市宝山新城SB-A-4编制单元控制性详细规划和2015年调整后的宝山区BSP0-1004单元（原A十四区）控制性详细规划局部调整图则，其中橙色06-02部分为系争房屋所在一期楼盘规划区域，证明袁某某、顾某某诉争的东西走向绿地公园属于08、09、10地块，不在上述区域红线内。

（3）上海市交通委员会的网站新闻稿，证明本案涉及的G1501隧道工程于2014年12月6日开工，隧道口开工时间为2016年4月，袁某某、顾某某在2017年购房时必然能看见隧道口的施工状况，A公司并未隐瞒实情。

袁某某、顾某某发表质证意见：

（1）对于现场照片及视频均不予以认可，照片和视频截图无法证明张贴的告示内容及张贴时间，航拍视频虽显示了隧道口的施工情况，但实际展示时间只有几秒，开盘现场是否播放过该段视频原告亦无法确认。

（2）对于两份规划的真实性、合法性、关联性均予以认可，但不认可A公司的证明目的；规划调整后的绿地面积明显减少，A公司曾将绿地公园作为卖点进行宣传，对于袁某某、顾某某购房决定产生了较大影响。

（3）对于新闻稿的真实性、合法性、关联性均予以认可，但并不知晓隧道口的实际建造情况。

关于诉请200万元赔偿金的组成，袁某某、顾某某表示其中40万元是目前同等位置的房屋售价和购入价的差价，15万元是预估做隔音装修的费用，余下的145万元是精神损失费和房屋增值的预计可得利益。关于绿地公园对其购买系争房屋和合同订立有重大影响的证据，袁某某、顾某某表示，绿地公园是A公司的售楼宣传卖点，没有公园就是临街房屋，会影响袁某某、顾某某的购房决定；预售合同中关于规划调整以政府部门公示为准的相关约定，为格式条款，应为无效。

一审法院认为，本案的争议焦点为A公司的宣传内容是否符合《商品房买卖合同司法解释》第三条所规定的情形构成要约以及A公司是否构成违约，具体分析如下：

（1）A公司的宣传内容是否符合《商品房买卖合同司法解释》第三条所规定的情形构成要约。

《商品房买卖合同司法解释》第三条规定："商品房的销售广告和宣传资料为要约邀请，但是出卖人就商品房开发规划范围内的房屋及相关设施所作的说明和允诺具体确定，并对商品房买卖合同的订立以及房屋价格的确定有重大影响的，构成要约。该说明和允诺即使未载入商品房买卖合同，亦应当为合同内容，当事人违反的，应当承担违约责任。"根据该司法解释，销售广告和宣传资料一般情况下为要约邀请，但在同时满足在商品房开发规划范围内、说明和允诺具体确定、对买卖合同订立和房屋价格确定有重大影响三个条件时，开发商的宣传行为应当视为要约，三个条件缺一不可。

本案中，根据在案证据所查明的事实，A公司宣传册和沙盘展示中的东西走向绿地公园并未在系争房屋所在的商品房开发规划范围内，属于红线之外的设施；相关宣传内容亦未对东西走向公园的概念予以计量化明确；关于绿地公园对商品房买卖合同的订立以及房屋价格的确定存在重大影响，袁某某、顾某某并未提供证据予以证明。根据常理分析，影响商品房买卖合同的因素通常主要包括购买能力、房屋坐落、结构及价格等，目前无证据证明袁某某、顾某某在签订购房合同前曾专门就绿地公园查询房屋周边规划图，以避免自己的主要意图落空。作为有正常认知能力的袁某某、顾某某，其关于购买决定完全受宣传册和沙盘展示影响的主张明显牵强。因此，本案案情不符合上述司法解释的规定要件，A公司的宣传内容并不构成要约。另外，一审法院也注意到，涉及绿地公园的规划早于2015年就进行了大幅变更，之后有关部门即开始了隧道施工建设。袁某某、顾某某在购房时通过察看房屋周边情况即可了解上述变化，因此难以认定 A 公司存在欺诈和隐瞒行为。

（2）A 公司是否构成违约。

预售合同补充条款一第一条约定，楼房项目周边情况应以政府规划为准。第十三条也明确约定，销售广告及宣传资料等对项目开发规划范围之外的公共设施等事项的说明不作为合同内容，双方的权利义务以预售合同及其附件和补充协议为准。本案中，预售合同中未将袁某某、顾某某诉争的绿地公园作为合同内容予以明确，根据前述约定，应视为双方对于绿地公园并未作特别约定，因此，袁某某、顾某某诉争的绿地公园不构成双方的合同内容，对双方均无约束力，A 公司并不构成违约。关于袁某某、顾某某称上述合同条款为格式条款、应为无效的意见，一审法院认为，目前商品房销售合同通常为重复使用的制式合同，A 公司与购房者均使用本案预售合同文本，虽然合同文本由 A 公司提供，但购房者在仔细阅读合同条款后，同样有权自由决定签署与否，合同条款的制式并不损害袁某某、顾某某的缔约能力。因此，相关合同条款并不构成《中华人民共和国合同法》中所规定的格式条款无效情形，对于袁某某、顾某某的抗辩意见，不予采纳。

综上所述，A 公司的宣传内容不符合《商品房买卖合同司法解释》的相关规定，并不构成要约，诉争的绿地公园亦未作为合同内容予以明确约定。因此，袁某某、顾某某主张 A 公司违约的事实和理由，无相关法律和合同依据，对于袁某某、顾某某要求 A 公司就虚假宣传绿地公园景观的欺诈行为赔偿 200 万元的请求，不予支持。

一审法院判决如下：驳回袁某某、顾某某的全部诉讼请求。

二审中，双方均未提供新证据。

本院经审理查明，一审法院认定的事实无误，本院予以确认。

本院认为，根据已查证的事实，本案中A公司涉及绿地公园的宣传内容属于要约邀请，并不构成要约，一审法院已作充分论述，本院对此认同，不再赘述。双方签订的商品房预售合同，系双方真实意思表示，合法有效，双方应当遵守履行。根据在案证据，A公司已经按约履行了房屋交付等相关义务，并不存在违约行为。现袁某某、顾某某以A公司违约为由，要求A公司承担购房差价及同期银行贷款利息损失、其他损失、精神损失，均缺乏事实和法律依据，本院不予支持。

综上所述，一审认定事实清楚，适用法律正确，应予维持。据此，依照《中华人民共和国民事诉讼法》第一百七十条第一款第（一）项之规定，判决如下：

驳回上诉，维持原判。

二审案件受理费9800元，由上诉人袁某某、顾某某负担。

本判决为终审判决。

审判长：彭　辰

审判员：成　皿

审判员：张常青

2020年9月2日

法官助理：张末然

书记员：倪卓婴

（来源：上海市第二中级人民法院网）

【**实务案例2**】某公司对涉案房屋地下室采光天窗所作的说明和允诺应当视为合同内容，属于合同的交付标准。

上海市青浦区人民法院

民事判决书

（2020）沪0118民初6877号

（前略）

本院经审理认定事实如下：2017年1月9日，A公司（甲方、卖方）与张某、王某某（乙方、买方）签订《上海市商品房预售合同》，约定乙方向甲方购买青浦区××镇××路××弄和悦锦庐××号××层××（复式）室。据甲方暂测，该房屋的建筑面积为120.24平方米，其中套内建筑面积为103.58平方米、公用分摊建筑面积为16.66平方米，另有地下附属面积0平方米。第三条第一款约定：乙方购买该房屋，每平方米房屋建筑面积单价为44089元。合同补充条款一第四条约定：双方确认本合同签订前任何书面或口头的说明、介绍和承诺，以及相关宣传资料（如楼书、广告、沙盘模型等）均不作为合同的组成部分，凡未在合同中约定的，对双方均不具有约束力。甲方建设的样板房及样板区仅就房屋装修风格和装修效果为乙方提供参考，有关样板房的面积、朝向、位置、布局、周边环境等并非交付标准，交房标准按照本合同及补充条款相关约定执行。基于多种原因，甲方在销售期间供客户参观体验的示范区及样板间，与竣工后实际交付给业主的物业在诸如公共大堂、户外庭院、停车位、门窗、建筑外立面、材质等方面会存在些许设计与施工方面的差异，乙方对上述情况表示充分了解并认可。补充条款一第六条约定：本合同第三条第一款中的每平方米房屋建筑面积单价，为包含房屋全装修价格的建筑面积单价。合同另对其他事项作了约定。

张某、王某某支付房款后，A公司向张某、王某某交付涉案房屋。涉案房屋地下室有南采光天窗，无北采光天窗。

还查明，涉案房屋所在楼盘系 A 公司开发建造。A 公司在销售该楼盘时，制作了户型鉴赏楼书（包括六叠下叠户型），其中有表述为"赠送挑高 5 米地下室，附带 3 个采光天窗，打造全明地下室"的内容；提供了位于××号××（复式）室的四叠户型样板房，样板房包括地下室，并有南、北采光天窗。

另查明，案外人王某某 2 系涉案小区××号××（复式）室业主。2019 年 6 月 3 日，本院以（2019）沪 0118 民初 10233 号受理王某某 2 起诉 A 公司商品房预售合同纠纷一案，王某某 2 基于与本案张某、王某某相同的事实和理由，要求 A 公司赔偿损失 25 万元。该案中，本院至现场勘查，涉案小区内四叠房屋地下室均有南、北采光天窗；小区内六叠房屋地下室有南采光天窗，无北采光天窗。2019 年 10 月 31 日，本院就该案作出一审判决，A 公司赔偿王某某 2 10 万元。王某某 2 与 A 公司不服，均提起上诉，因王某某 2 未缴纳上诉费并申请撤回上诉，二审按王某某 2 自动撤回上诉处理。后二审维持原判，该案现已生效。

对于当事人无争议的事实，有原告、被告的陈述，《上海市商品房预售合同》、户型鉴赏楼书、民事判决书等证据予以证明，并经庭审质证，本院予以审查确认。

审理中，张某、王某某主张：

（1）预售合同补充条款一第四条是格式合同，张某、王某某没有权利协商，A 公司无人向张某、王某某释明过该条。张某、王某某所购房屋为期房，无法进入现场察看，只能通过 A 公司的广告宣传楼书、所展示的样板房及销售人员的介绍来获取房屋信息作为买房依据。涉案房屋没有户型图，但宣传楼书明确标注六叠下叠，宣传赠送挑高 5 米地下室，附带 3 个采光天窗；样板房展示地下室，带有南、北采光天窗；销售人员承诺涉案房屋与样板房地下室面积一致，有南、北采光天窗。地下室是

A公司该楼盘的重要卖点，涉案房屋所在楼盘曾获得金盘奖上海地区最佳住宅奖，获奖宣传资料显示涉案房屋有地下室，图片上可看出地下室面积及采光天窗数量。当初销售人员承诺地下室门口就能到车库，现需要经过很长的走廊才能到车库，走廊造成了地下室面积的缺失。现涉案房屋因地下室面积缩小，缺少北采光天窗，又因下面为公共通道无法自行开窗，采光、通风不好，地下室使用功能受到影响，造成地下室装修成本增加。

为此，张某、王某某提供了：样板房北向采光天窗实景照片、地下室内部照片网络图、房源价格信息表、涉案楼盘设计获奖网络宣传资料、网载房屋模型图、地下室二层样板房实景照片、车库距离照片。A公司对上述证据的真实性和证明目的均不予认可。

（2）张某、王某某在购房前完全不知晓地下室面积、停车受限及采光天窗存在缺失，A公司作为开发商应将相关情况告知购房者。若提前告知，张某、王某某可能不会购买。2017年7月，A公司与其他业主签订了认购承诺确认单，明确告知地下室可能会缺少面积及采光天窗。购买该楼盘第一期、第二期四叠户型的业主中，有144户同样缺失地下室面积，但未缺失北向采光天窗。该144户业主进行了维权，A公司进行赔偿后，才取得了第三期的预售许可证。在第三期的销售过程中，A公司对附赠地下室的下叠户型的购买人通过签署签约知晓书的方式进行特别告知。张某、王某某收房前得知涉案房屋地下室面积缩小和采光天窗缺失后，向A公司提出先看房，A公司表示不收房不能看房，张某、王某某1无奈只得进行收房，之后多次进行维权无果。为此，张某、王某某提供了：认购承诺确认单（130号102室）、签约知晓书、144户维权微博与维权现场照片。A公司表示，认购承诺确认单的真实性无法确认，若是四叠房屋业主签订的，与本案无关；

签约知晓书的真实性无异议，不认可证明目的，是四叠房屋业主签订，与本案无关；不认可维权微博及维权现场照片的真实性、关联性、合法性。

A公司主张：就预售合同补充条款一第四条，被告向原告进行过充分释明，销售人员在签约时也向原告解释过，但对此无书面证据。广告宣传楼书上未明确所赠送地下室面积，不存在张某、王某某主张的缺失面积。虽宣传有3个采光天窗，但具体还应以合同约定为准，宣传楼书上亦特别标注"房型仅供参考"。地下室一般作为仓储室使用，现交付的房屋不影响地下室的使用功能，买方可能会对地下室进行改造。系争房屋户型没有样板房，目前涉案小区房屋全部售出，不清楚地下室停车情况。

根据庭审查明的事实，本院认为，涉案《上海市商品房预售合同》系双方当事人的真实意思表示，且未违反国家法律、行政法规的强制性规定，应属合法有效，双方均应按约履行，A公司理应按约交付房屋。

关于地下室采光天窗问题，虽预售合同中对此无明确约定，但张某、王某某购买的是期房，只能通过A公司发布的销售广告宣传楼书、展示的样板房、销售人员的介绍等渠道来了解所购房屋的真实状况。A公司发布的宣传资料上明确载明了附带采光天窗，打造全明地下室，所展示的样板房地下室均有南、北采光天窗。A公司就地下室采光天窗所作的说明和允诺具体确定，即应与样板房设置一致。在房价飙升的当下，影响购房者选购商品房的重要因素之一是房屋本身的性价比。张某、王某某选择购买涉案房屋的重要因素在于A公司宣传的地下室的多样功能性，A公司允诺的全明地下室及其具有的多样功能性对张某、王某某购买涉案房屋具有决定性的影响，对涉案房屋的价格不可避免地产生重大影响。

根据法律规定，出卖人就商品房开发规划范围内的房屋及相关设施所作的说明和允诺具体确定，并对商品房买卖合同的订立以及房屋价格的确定有重大影响的，应当视为要约。该说明和允诺即使未载入商品房买卖合同，亦应当视为合同内容，当事人违反的，应当承担违约责任。故A公司对涉案房屋地下室采光天窗所作的说明和允诺应当视为合同内容，属于合同的交付标准。现A公司主张天窗井和地下室不是房屋标的，不计入房屋总价的抗辩意见，本院难以采纳。

A公司抗辩，根据合同补充条款一第四条，在签订合同时A公司的书面或口头的说明、介绍和承诺以及相关宣传资料不作为合同的组成部分。根据法律规定，A公司对涉案房屋地下室采光天窗所作的说明和允诺已构成合同内容，第四条中的"宣传资料"并未具体到本案诉争的地下室和采光天窗，在A公司所作的关于地下室的有关说明和允诺已构成合同内容的前提下，A公司又以此表述排除上述说明和允诺作为合同内容，缺乏依据，且违反合同必守的诚实信用原则。A公司以此补充条款作为限制对方合同权利的依据，但并未举证已就该条向张某、王某某作出提示和说明。综上所述，对A公司该项抗辩意见，本院不予采纳。

关于地下室面积，张某、王某某主张缩小了15平方米，A公司存在违约，综合在案证据，A公司对附赠的地下室面积的多少并未作出明确说明和允诺，对张某、王某某的上述主张，本院难以采信。

综上所述，涉案房屋地下室实际交付状况与A公司对此所作的宣传和说明不符，致张某、王某某对地下室的使用功能受限，A公司存在违约，理应承担相应违约责任。本院结合合同履行情况、涉案房屋具体状况及市场价格等因素，基于公平合理及诚实信用原则，酌情确定A公司赔偿张某、王某某10万元。

据此，依照《中华人民共和国合同法》第八条、第十五条第二款、第六十条、第一百零七条，《最高人民法院关于审理商品房买卖合同纠纷案件适用法律若干问题的解释》第三条的规定，判决如下：

被告A公司应于本判决生效之日起10日内赔偿原告张某、王某某10万元。

如果未按本判决指定的期间履行给付金钱义务，应当依照《中华人民共和国民事诉讼法》第二百五十三条的规定，加倍支付迟延履行期间的债务利息。

案件受理费5050元，减半收取计2525元，由被告A公司负担。

如不服本判决，可在判决书送达之日起15日内，向本院递交上诉状，并按对方当事人的人数提出副本，上诉于上海市第二中级人民法院。

审判员：岳明静

2020年6月30日

书记员：张　莉

（来源：上海市高级人民法院网）

【实务案例3】学区房广告构成虚假宣传，但合同未约定违约条款，法院酌定支付违约金10000元。

上海市闵行区人民法院

民事判决书

（2015）闵民五（民）初字第2172号

（前略）

本院结合双方当事人的陈述，认定如下案件事实：2013年3月16日，原告（买方，签约乙方）与被告A公司（卖方，签约甲方）签订了《上海市商品房预售合同》1份，约定乙方向甲方购买位于上海市闵行区××路××弄××丽苑××号××室房屋，房屋单价16290.30元；在甲方办理了新建商品房房地产初始登记手续、取得了房地产权证（大产证）后30日内，由甲、乙双方签署该合同规定的《房屋交接书》；甲、乙双方在签署《房屋交接书》之日起90天内，由双方依法向闵行区房地产交易中心办理价格申报、过户申请手续，申领该房屋的房地产权证（小产证）；甲、乙双方在签署该合同时，对各自的权利和义务清楚明白，并愿意按合同约定严格履行，如一方违反该合同，另一方有权按该合同约定要求索赔。

2014年10月16日，上述房屋产权登记至两名原告名下。

2014年12月26日，上海市工商行政管理局闵行分局作出"沪工商闵案处字（2014）第120201410703号"行政处罚决定书，载明如下内容：

......

违法事实一，当事人发布虚假电视广告。经查：2013年2月26日，A公司为推广其在闵行区吴泾镇开发的×楼盘，与B公司签订了一份广告委托代理投放/发布合同，双方约定由A公司支付79120元的广告费，B公司按照A公司的要求，负责制作并在上海教育电视台《今日房产》栏目投放1期×楼盘的电视广告。2013年2月28日，B公司在制作完广告样稿并经A公司审核认可通过后，按照双方合同约定，在当天的上海教育电视台《今日房产》栏目为A公司发布一则×楼盘的看房专题电视广告。该广告中含以下内容："×楼盘的置业顾问诸德俊：那同时呢，A公司看中紫竹板块的三大特点。主持人：哦。置业顾问：一个就是教育，一个就是科技，还有就是生态。主持人：嗯。置业顾问：教育呢，我们这边有闵行大学城，其中包括了华师大（华东师范大学）和上海交通大学。这边呢我可以带你到那边去参观一下。主持人：好的。置业顾问：这边走。主持人：这个地方还真是很开阔啊，项目周边的配套一目了然。置业顾问：对，有刚才我们提到的华师大和交大两个学校。主持人：嗯。置业顾问：就在我们项目的西侧。主持人：哦。置业顾问：这边我们看到的呢，就是华师大附属幼儿园、小学、初中和高中。主持人：哦，教育的一个配套？置业顾问：对，是的。那再往南走呢，就是我们刚才提到的一个紫竹科技园区。主持人：紫竹科技园区。置业顾问：里面主要包括一些世界500强企业，包括可口可乐呀，微软呀，基因科技等这些知名的企业。主持人：对。这些名字听起来如雷贯耳。置业顾问：对，是的。"该×楼盘看房专题广告，已在2013年2月28日当天的《今日房产》播放完毕。在该看房专题电视广告中明确出现了×楼盘的配套幼儿园、小学是华师大附属幼儿园、小学的表述。根据上海市闵行区教育局提供的证明材料，A公司开发的×楼盘配套的幼儿园是上海市闵行区吴泾第三幼儿园，配套的小学是景东小学，与A公司宣称的×楼盘配套的是华师大附属幼儿园、小学的事实不符……违法事实二，当事人发布违规房地产广告……综上所述，A公司利用广告对房产销售做虚假宣传的行为，违反了《中华人民共和国广告法》第四条"广告不得含有虚假或者引人误解的内容，不得欺骗、误导消费者"的规定，其行为构成了利用广告对房产销售做虚假宣传，并对A公司作出了相应行政处罚。

另查明，在涉案小区销售阶段，被告在其发布的×楼盘楼书中以"全阶段精英教育，足不出园读名校"为栏目进行宣传，内容为："名校荟萃，全程精英教育。'×'让您的孩子足不出园，即可完成从幼儿园至大学的学习。华东师范大学紫竹基础教育园区，包括华东师范大学附属紫竹幼儿园、华东师范大学附属紫竹小学、华东师范大学二附中附属初中、华东师范大学二附中（紫竹校区）。园区落户国家级高科技园区腹地，毗邻华东师范大学闵行校区和闵行区教师进修学院。2011年9月1日华东师范大学附属紫竹小学开学，2011年11月15日华东师范大学附属紫竹幼儿园欢乐开园，初中部和高中部也将陆续开办。有华东师范大学优秀的教师队伍和管理团队，以华东师范大学强大的专业优势为支撑，引领闵行基础教育发展，具备一流的教育理念、一流的师资队伍、一流的管理水平、一流的教育质量、一流的校舍设施。名校环绕，坐拥学区中心，让您的孩子赢在起点。"

还查明，×楼盘建造时，部分购房人向教育管理部门进行过咨询，其答复意见为对该小区并未进行教育资源配置。直至2014年年初教育管理部门方确定该小区的对口幼儿园及小学分别为上海市闵行区吴泾第三幼儿园及景东小学。

嗣后，原告遂以上述诉称理由提起本案诉讼。

本院认为，原告、被告双方签订的《上海市商品房预售合同》系双方当事人真实意思表示，符合法律规定，本院予以确认，双方均应按照合同约定行使权利、履行义务。本案中，原告主张其购买的房屋所对口的学校并非被告宣传的华师大附属学校，即认为被告违反了合同约定，应当承担违约责任。被告则认为其售房时未对原告承诺系争楼盘教育配套设施为华师大附属学校，不存在违约。对此，本院认为，第一，被告因发布虚假电视广告而被行政处罚，行政处罚决定书中认定在该看房专题电视广告中明确出现了×楼盘的配套幼儿园、小学是华师大附属幼儿园、小学的表述，其行为构成了利用广告对房产销售做虚假宣传。第二，《最高人民法院关于审理商品房买卖合同纠纷案件适用法律若干问题的解释》第三条规定，商品房的销售广告和宣传资料为要约邀请，但是出卖人就商品房开发规划范围内的房屋及相关设施所作的说明和允诺具体确定，并对商品房买卖合同的订立以及房屋价格的确定有重大影响的，构成要约。该说明和允诺即使未载入商品房买卖合同，亦应当视为合同内容，当事人违反的，应当承担违约责任。综合本案查明的相关事实，本院认为被告的广告及楼书宣传中关于涉案小区对口学校的内容构成具体确定的说明和允诺，并且对原告购买涉案房屋并签订商品房预售合同的决策具有重大影响，被告的宣传内容应当视为要约。在涉案小区无法对口华师大附属学校的情况下，被告的行为构成违约。而被告在楼书及商品房预售合同中关于广告宣传不列为合同的附件或组成部分的陈述，系免除其自身责任而排除对方主要权利的条款，应为无效。鉴于合同中对被告的该项违约责任未作明确约定，且考虑到原告在购房前也应自行向相关教育管理机关核实涉案小区的教育配套问题，而在签约时教育部门的答复意见为涉案小区并未进行教育资源配置，故本院综合上述情况，酌定被告应支付的违约金金额为10000元。

据此，依照《中华人民共和国合同法》第十四条、第十五条第二款、第一百零七条之规定，判决如下：

被告A公司于本判决生效之日起10日内支付原告赵某某、梁某某违约金10000元。

如果未按本判决指定的期间履行给付金钱义务，应当依照《中华人民共和国民事诉讼法》第二百五十三条的规定，加倍支付迟延履行期间的债务利息。

案件受理费2300元，由被告A公司负担（于本判决生效之日起10日内向原告赵某某、梁某某直接支付）。

如不服本判决，可以在判决书送达之日起15日内，向本院递交上诉状，并按对方当事人的人数或者代表人的人数提出副本，上诉于上海市第一中级人民法院。

审判长：邹巧弟

审判员：沈　群

人民陪审员：邓红霞

2016年4月28日

书记员：缪丽丽

（来源：中国裁判文书网）

　　【实务案例4】地下室采光天井与样板房不一致并且影响通风，酌情确定由开发商赔偿业主16万元。

上海市浦东新区人民法院

民事判决书

（2018）沪0115民初85806号

　　（前略）

　　本院经审理确认如下事实：2016年3月28日，原告（乙方）与被告（甲方）签订《上海市商品房预售合同》，约定乙方购买甲方开发的系争房屋，暂测建筑面积为156.31平方米，每平方米房屋建筑面积单价为47103.05元，总房价款为7362678元，交房时间为2017年5月30日前。该合同补充条款一第四条约定，双方确认本合同签订前的任何书面或口头的说明、介绍和承诺，以及相关宣传资料（如楼书、广告、沙盘模型等）均不作为合同的组成部分，凡未在本合同中约定的，对双方均不具有约束力。甲方建设的样板房及样板区仅就房屋装修风格和装修效果为乙方提供参考，有关样板房的面积、朝向、位置、布局、周边环境等并非交付标准，交房标准按照本合同及补充条款相关约定执行。基于多种原因，甲方在销售期间供客户参观体验的示范区及样板间，与竣工后实际交付给业主的物业在诸如公共大堂、户外庭院、停车位、门窗等方面会存在些许设计与施工方面的差异，乙方对上述情况表示充分了解并认可。补充条款一第十条约定：……3.小区内的基础设施与公共配套建筑，包括但不限于电力设施、弱电系统、供水设施（如水泵房等）、供电设施、地下雨水池、车库安全疏散口、垃圾房、排风竖井等设施的位置、数量、规格，以政府及电力、煤气、卫生等相关单位的最终确定为准。本合同附件六中所示位置仅供参考，若有所变动或未标明、未示意的设施及位置，除非合同另有相反约定，否则以实际建设为准，乙方在签订本合同时确认对其设置、增减、移位等无异议，甲方未书面征得乙方同意进行变更并不构成违约。乙方已了解小区内及周边环境可能存在的噪声或其他影响，乙方对此认同，无异议。4.乙方同意甲方可在以下情形下对小区平面布局进行变更，甲方未书面征得乙方同意并不构成违约，但该等变更对合同的订立以及房屋价格的确定有重大不利影响的除外：（1）在不影响小区总体功能及日照、绿化率等规划指标情况下对小区平面布局进行局部调整；（2）在符合多数购房人利益的情况下对小区平面布局进行局部调整；（3）对本合同签订时小区内尚未施工区域的平面布局进行修改。

签订上述预售合同后，双方实际履行，原告付清了房价款，被告亦将房屋交付原告使用。

另，原告所购系争房屋为所处楼栋的边套房屋，与中间套房屋不同，边套房屋赠送的地下室有采光天井，而且开发商作为样板房的边套房屋亦有采光天井。

审理中，本院于2019年3月11日至系争房屋现场勘查，系争房屋天井位于地下室东侧，长609cm、宽93cm；花园内存在一通风口，长91.7cm、宽92.5cm、高55.7cm。

原告、被告一致确认，原告所购系争房屋与样板房一样，均属边套房屋，样板房采光天井长600cm、宽145cm。

原告称，系争房屋花园内的废气口并非车库通风口，而是用于水泵房，遇火灾时用于排烟排气，水泵房就在系争房屋旁边，时不时产生气味和噪声。且该废气口影响美观、使用性及升值空间。花园未记载于系争房屋产权证，但有木栅栏，由原告独用。原告购买的是期房，交房时也是签字在先，被告严重侵犯了原告的知情权、选择权。

以上事实，有《上海市商品房预售合同》，购房发票，现场勘查笔录，以及原告、被告的当庭陈述等在案佐证。

本院认为，当事人行使权利、履行义务应当遵循诚实信用原则。本案交易的标的物是期房，缔约时房屋尚在建设中，作为购房者的原告无法直接看到实物，其获取的标的物信息只能来自作为交易相对方的被告，买卖双方处于信息极不对称的状况下。就购房者而言，其获得房屋信息的途径主要有以下几个方面：①开发商提供的楼书、沙盘等宣传广告；②样板房；③开发商或者销售代理公司工作人员的口头介绍；④商品房买卖合同。其中从前三方面途径获取信息是在签订买卖合同之前，且所获取的信息与合同相比更为直观，更能影响购房者的判断。开发商控制着交易信息，处于优势地位，有义务确保其提供给购房者的信息充分、准确、完整且前后一致，其不仅不得进行虚假宣传，且对于购房者所购具体房屋的特殊信息或信息发生变化时应及时给予购房者特别提醒，而不是简单地以格式条款的方式规避己方的告知义务。

原告所购系争房屋与样板房均为边套房屋，且地下室均有采光天井，而采光天井的面积大小直接影响地下室的采光；由原告独用的花园内多了一个不同于其他房屋的通风口，亦势必对整个花园的美观、视觉及房价等产生一定影响。故上述两项内容均属影响房屋效用的重要信息，若系争房屋实际情况与样板房不一致，被告应特别告知，以保证购房者在缔约前获悉该信息，被告并未提供证据证明其进行了相关告知。在原告未获知该信息的情况下，原告认为其所购房屋地下室采光天井的面积应当与样板房的相同、花园内没有多于样板房花园的设施均符合一般人的通常判断。现被告最终交付的地下室采光天井面积小于样板房的，花园内多了高出地面的通风口，均与样板房不符，已构成违约，应向原告赔偿损失。另外，地下室、采光天井、花园与系争房屋一同销售且属于该套房屋购房者专用，至于被告在销售时是以买卖还是赠送名义销售，仅系被告营销手段，不影响地下室、采光天井、花园同属合同标的物的认定，至于被告所述花园内通风口具体用途则与原告无涉。对于被告以上述理由认为其无须承担赔偿责任的抗辩，本院不予采纳。系争房屋与样板房不符且被告在缔约前未告知原告，确给原告造成了损失。但不同购房者对地下室及花园的利用方式可能不尽相同，对于所造成的损失金额目前难以以统一的度量方式进行精确衡量，只能根据个案具体情况进行酌定。本院综合考虑系争房屋地下室采光天井与样板房相比面积减少的比例、花园内通风口对整个花园的影响程度、系争房屋房价等因素以及为了督促开发商在今后的交易中更加重视信息披露义务的目的，酌情确定由被告向原告支付因地下室采光天井面积减少的赔偿金11万元以及花园内多出通风口的赔偿金5万元，合计16万元，本院对于原告的两项诉讼请求予以合并判决。

综上，依照《中华人民共和国合同法》第一百零七条的规定，判决如下：

被告A公司应于本判决生效之日起7日内赔偿原告周某某、林某某16万元。

负有金钱给付义务的当事人如果未按本判决指定的期间履行给付金钱义务，应当依照《中华人民共和国民事诉讼法》第二百五十三条之规定，加倍支付迟延履行期间的债务利息。

案件受理费1万元，由原告周某某、林某某负担6500元，被告A公司负担3500元。

如不服本判决，可在判决书送达之日起15日内，向本院递交上诉状，并按对方当事人的人数提出副本，上诉于上海市第一中级人民法院。

审判长：黄 政

人民陪审员：梅丽华

人民陪审员：田有娣

2019年5月8日

书记员：朱晓晨

（来源：中国裁判文书网）

四　业主反击策略与技巧

（1）把楼书广告当成艺术品。

摈弃按图买房的陈旧观念，只把楼书广告当成"大师级别"的画作来欣赏，这样既能陶冶购房者的情操，又尊重了别人的劳动成果。购房者通过楼书广告，获得在某一地段建了某一楼盘这一信息足矣。

（2）相信自己的眼睛。

购房者对某地段的房子有购买意向后，一定要实地勘察，了解自己所关注事项的真实情况。可以通过网络获取信息，必要时可以向政府部门咨询核实。对开发商来讲，虚假宣传只会带来拆除、整改、罚款、行政处罚等后果。对于已经签约的购房者来说，则可能因为开发商关于地铁站的虚假宣传而高估了房价，多支付了几十万元、上百万元的购房款。

（3）将开发商的承诺写进合同中。

签约时尽量争取将开发商的承诺、楼书等广告内容作为合同的组成部分，要求写在合同中或者作为合同附件。如果开发商不同意将其写进合同里，这也就说明他们自己也不相信楼书广告，购房者更要小心谨慎。

（4）政府部门的处罚决定是很有效的证据。

出现纠纷时，购房者应先向市场监督管理局投诉开发商虚假宣传这一违法行为。开发商利用广告对房产销售做虚假宣传的行为，违反了《中华人民共和国广告法》第四条"广告不得含有虚假或者引人误解的内容，不得欺骗、误导消费者"的规定。根据《房地产广告发布规定》第三条，"房地产广告必须真实、合法、科学、准确，不得欺骗、误导消费者"，可以对开发商予以行政处罚。行政处罚决定生效后，可以坐实开发商销售房产时的虚假宣传行为。

（5）充分利用样板房的特殊性。

2001年6月1日起实施的《商品房销售管理办法》第三十一条明确规定："房地产开发企业销售商品房时设置样板房的，应当说明实际交付的商品房质量、设备及装修与样板房是否一致，未作说明的，实际交付的商品房应当与样板房一致。"因此，如果合同没有对实际交付的房屋在质量、设备及装修方面与样板房是否一致作说明，那么购房者可以要求开发商按照样板房标准交付。

诉讼时，购房者应收集楼书、开发商口头或者书面承诺的有关证据资料，从霸王条款及宣传内容对购买构成重大影响等角度主张楼书内容属于要约，开发商不履行义务属于违约应当承担相应的违约或者赔偿责任。具体到此类诉讼，证明开发商就其销售房屋所作的宣传广告构成要约，要从以下三个方面举证。一是开发规划范围内。规划范围大致可以理解为小区，开发商对规划范围外所作的说明、允诺无效，比如"紧邻全市最大绿地""走下地铁，望见家的灯光"等，都属规划范围外的允诺，无约束力。二是所作的说明和允诺具体确定。"坐拥上流奢华""典藏非凡品质""尽享尊贵生活""望见灯光"等，都不是具体确定的。三是对合同的订立及房价的确定有重大影响。一般的和轻微的影响都不行，但是不是重大影响，显然属于主观判断。

第二章

一 ▷ 认筹

（一）认筹的概念

以上海为例，2017年之前的认筹，通常是开发商在取得预售许可证前，通过一定的优惠方式吸引有购买意愿的客户，为正式开盘做铺垫而进行的一种营销手段。随着2017年《上海市住房和城乡建设管理委员会关于进一步加强本市房地产市场监管规范商品住房预销售行为的通知》（沪建房管〔2017〕375号）的发布，上海购房公证摇号政策落地，拉开了取得预售许可证后的认筹大幕。该政策的实施改变了以前"先来后到"的购买方式，使购房者拥有公平购房的机会。同时对于开发商来说，通过认筹可以筛选出有购买实力的优质客户，预测开盘销售效果，获得一大笔流动资金。

根据上海市的规定，认筹成为开发商销售楼盘过程中的前置程序，客户有了购买意愿后，要根据开发商的要求缴纳巨额的认筹金，才具备参与摇号的资格。经过摇号选房之后，购房者签订认购书，认筹金转为定金。

（二）认筹的法律性质

目前尚未有法律对认筹进行明确规定。认筹一般存在两种结果：一是摇号失败，需要退还认筹金；二是摇号成功，购房者选房，签订认购书，认筹金转为定金。笔者认为，认筹的性质属于订立预约合同，认筹金属于意向金或者预付款，在没有转成定金之前，购房者可以随时退回而不承担责任，除非合同条款有其他特殊约定。

（三）认筹存在的问题

（1）巨额的认筹金，变相提高了购房门槛。例如，2020年4月，上海千万元豪宅热卖，一些开发商要求缴纳600万元认筹金。有的必须缴纳现金，有的需要提供存款证明、定期理财证明、股票基金证明等，开发商的要求五花八门。出现这种乱象，是因为认筹金的缴纳数额或者资金证明方式是由开发商自行决定的。

（2）如摇号失败，认筹金的退还没有保障。购房者缴纳认筹金时，除了刷卡保留的签购单、转账付款凭证以外，开发商仅开具收据。对于认筹金用途的监管缺失，导致资金被挪用和流失的风险。

二　认购书

商品房认购书是商品房买卖合同双方当事人在签订正式合同前所签订的文书，是对交易房产基本事宜的初步确认。内容一般包括：双方当事人的基本情况，房屋的坐落、面积，定金数额、定金罚则，认购单价、总价，付款方式，签订正式合同的时间、地点。

（一）认购书是预约合同

认购书是平等民事主体间为设立某种民事权利义务关系而签订的协议，符合《中华人民共和国合同法》（以下简称《合同法》）第二条关于合同定义的规定，即"本法所称合同是平等主体的自然人、法人、其他组织之间设立、变更、终止民事权利义务关系的协议"，因此，认购书可以成为独立的合同。根据订立合同目的的不同，合同可以分为预约合同和本约合同：预约合同是一种以约定将来订立一定合同为目的的合同，当事人对将来签订特定合同的相关事项进行规划；本约合同则是对双方当事人特定权利义务的明确约定。

如果认购书中具备以下几项内容，可以确认其为预约合同。

（1）合同名称中有"认购书"字样。

（2）认购书中有关于房屋坐落、面积及价格的内容，但对交房时间、付款方式等未作具体约定。

（3）定金性质明确为"认购该商品房的定金"。

（4）认购书中专门约定，购房者须在开发商通知的截止日前签订《商品房预售合同》等文件。

（二）认购书的法律效力

既然认购书可以成为独立的合同，自然适用《合同法》的一般规则。合同一方当事人因违背诚实信用原则导致合同不成立，应承担缔约过失责任。而缔约过失责任是指在合同订立过程中，一方因违背其依据的诚实信用原则所产生的义务，而致另一方的信赖利益损失，所应承担的损害赔偿责任。它是一种新型的责任制度，具有独特和鲜明的特点：①只能产生于缔约过程之中；②是对依诚实信用原则所负的先合同义务的违反；③是造成他人信赖利益损失所负的损害赔偿责任；④是一种弥补性的民事责任。承担缔约过失责任的方式为损害赔偿，其中包括直接利益的减少和失去与第三人订立合同机会的损失，并不包括强制缔结本约的责任（也就是不能由法院判决开发商与业主签订正式的商品房买卖合同）。

三 ▶ 预约合同转化为本约合同

（一）转化的条件

《商品房买卖合同司法解释》第五条规定："商品房的认购、订购、预订等协议具备《商品房销售管理办法》第十六条规定的商品房买卖合同的主要内容，并且出卖人已经按照约定收受购房款的，该协议应当认定为商品房买卖合同。"根据上述规定可以得出，认购书被认定为商品房买卖合同应当具备以下两个条件。

（1）具备《商品房销售管理办法》第十六条规定的商品房买卖合同的主要内容。

《商品房销售管理办法》第十六条规定，商品房销售时，房地产开发企业和买受人应当订立书面商品房买卖合同。商品房买卖合同应当明确以下主要内容：①当事人名称或者姓名和住所；②商品房基本状况；③商品房的销售方式；④商品房价款的确定方式及总价款、付款方式、付款时间；⑤交付使用条件及日期；⑥装饰、设备标准承诺；⑦供水、供电、供热、燃气、通信、道路、绿化等配套基础设施和公共设施的交付承诺和有关权益、责任；⑧公共配套建筑的产权归属；⑨面积差异的处理方式；⑩办理产权登记有关事宜；⑪解决争议的方法；⑫违约责任；⑬双方约定的其他事项。

（2）开发商已经按照约定收取购房款。

这里的购房款，既可以是全款，也可以是部分购房款，但不包括收受定金的情形。原因是：定金不能认定为购房款。一般情况下，定金在双方签订本约合同后转为购房款，而在只签订预约合同的情况下，定金尚未转为购房款。出卖人是否按照约定收受了购房款应当根据约定的不同付款方式而确定不同的标准。

商品房买卖合同中，买受人支付购房款的方式有三种：一是一次性付款，即买受人在约定的时间内一次性支付全部购房款；二是分期付款，即出卖人先将房屋交付给买受人，买受人在约定的一定期限内分期支付购房款；三是按揭贷款，即买受人在支付首付款后，向银行申请个人住房按揭贷款，通过银行按揭贷款支付购房款。对于一次性付款的，出卖人收受了全部购房款才能认定为按照约定收受了购房款；对于分期付款的，出卖人收受了第一期购房款即可认定为按照约定收受了购房款；对于按揭贷款方式付款的，出卖人收受了首付款即可认定为按照约定收受了购房款。

（二）区分预约合同与本约合同

（1）预约合同与本约合同在法律特征上存在以下区别。

一是订约时间不同。预约合同是谈判磋商期间对未来事项的预先规划。而本约合同是在民事合同权利义务关系全部定型后签订的，双方应承担的义务是合同义务。

二是预约合同是诺成合同，不受要物约束，强调当事人主观意志在合同成立中的决定作用。而本约合同一般受要物约束，交付是合同履行的重要内容。

三是签订预约合同的目的在于有事实或法律上的障碍，暂时无法订立本约合同时，事先对当事人加以约束，约定将来订立本约合同。而签订本约合同的目的则是确立双方的权利义务，直接具备履行内容。

（2）形式要件标准：看合同内容。

依传统民法理论，当事人之间签订的合同可以分为预约合同和本约合同。签订预约合同的目的在于当事人对将来签订特定合同的相关事项进行规划，其主要意义在于为当事人设定了按照公平、诚信原则进行磋商以达成本约合同的义务；本约合同则是对双方特定权利义务的明确约定。预约合同既可以是明确本约合同的订约行为，也可以是对本约合同的内容进行的预先设定，其中对经协商一致设定的本约合同内容，将来签订的本约合同应予以直接确认，其他事项则留待订立本约合同时继续磋商。

判断商品房买卖中的认购书究竟为预约合同还是本约合同，最主要的是看此类认购书是否具备《商品房销售管理办法》第十六条规定的商品房买卖合同的主要内容的条款。但一般来说，商品房认购书中不可能完全明确上述内容，否则就与商品房买卖合同本身无异，因此在实践操作过程中，这类认购书只要具备了双方当事人的姓名或名称，商品房的基本情况（包括房号、建筑面积）、总价或单价、付款时间与方式、交付条件及日期，就可以认定认购书已经基本具备了商品房买卖本约合同的条件。反之，则应认定为预约合同。

（3）实质要件标准：看当事人的真实意思表示。

预约合同是约定将来订立一定契约的契约。预约合同的形态多种多样，有的预约合同条款非常简略，仅表达了当事人之间有将来订立本约合同的意思，至于本约合同规定什么内容留待以后磋商决定；有的预约合同条款则非常详尽，将本约合同应该规定的内容几乎都作明确约定。而若仅从内容上看，后者在合同内容的确定性上几乎与本约合同无异，即使欠缺某些条款，往往也可以通过合同解释的方式补全。因此，仅根据当事人合意内容上是否全面，并不足以界分预约合同和本约合同。

判断当事人之间订立的合同系本约合同还是预约合同的根本标准应当是当事人的意思表示，也就是说，当事人是否有意在将来订立一个新的合同，以最终明确双方间形成某种法律关系的具体内容。如果当事人存在明确的将来订立本约合同的意思，那么，即使预约合同的内容与本约合同的已经十分接近，即使通过合同解释从预约合同中可以推导出本约合同的全部内容，也应当尊重当事人的意思表示排除这种客观解释的可能性。

最高人民法院民事审判第一庭意见：在审理商品房买卖合同纠纷中，区分当事人订立的协议是商品房买卖的预约合同还是本约合同，要结合当事人立约时的真实意思以及法律、司法解释对于商品房买卖合同形式要件的要求进行综合判定，关键在于区分合同是否还存在法律或事实上的障碍，导致合同部分条款缺失或不确定的情形。如果存在这类情形，一般应认定为预约合同；如果不存在这类情形，无论合同名称为何，均应视为商品房买卖合同。[1]

四 预约合同的违约责任承担方式

《最高人民法院关于买卖合同司法解释理解与适用》第二条规定："当事人签订认购书、订购书、预订书、意向书、备忘录等预约合同，约定在将来一定期限内订立买卖合同，一方不履行订立买卖合同的义务，对方请求其承担预约合同违约责任或者要求解除预约合同并主张损害赔偿的，人民法院应予支持。"

---

[1] 杜万华、最高人民法院民事审判第一庭：《民事审判指导与参考（2016年第3辑）》，人民法院出版社，2017。

既然预约合同是独立的合同，若违反预约合同的约定，理应承担违约责任，违约责任承担方式包括继续履行、赔偿损失、支付违约金和适用定金罚则。

（一）继续履行

继续履行涉及强制缔约的问题，在理论界争议颇多，司法解释并未给出明确态度。

（二）赔偿损失

相对于本约合同而言，违反预约合同的行为既是预约违约行为，亦可视为本约之缔约过失行为，理论上可能会发生缔约过失责任和违反预约之违约责任的竞合。预约违约损失相当于本约的信赖利益损失，信赖利益损失通常包括所受损害与所失利益，损失赔偿数额以不超过履行利益为限。最高人民法院认为，买卖预约合同的损害赔偿范围主要是指所受损失，主要包括订立预约合同所支付的各项费用（如交通费、通信费等）、为签订买卖合同做准备时所支付的费用（如考察费、餐饮住宿费等）、已付款项的法定孳息、提供担保造成的损失。至于所失利益损失，最高人民法院的态度并不明朗。

（三）支付违约金

当事人在预约合同中有明确约定的，从其约定，但可以根据实际损失予以调整；当事人在预约合同中未明确约定的，可以按照实际损失予以赔偿。

（四）适用定金罚则

买卖预约合同中的定金要具有两重属性：一是立约定金，专为保证当事人能够就某事订立合同而设立，不具有担保主合同之债的功能；二是履行定金或违约定金，旨在担保当事人诚信谈判而促使本约合同成立。

《中华人民共和国民法典》（以下简称《民法典》）第四百九十五条规定："当事人约定在将来一定期限内订立合同的认购书、订购书、预订书等，构成预约合同。当事人一方不履行预约合同约定的订立合同义务的，对方可以请求其承担预约合同的违约责任。"

五 认购书中的定金

（一）认购书中定金的性质

在商品房认购过程中，开发商收取的款项可能是定金、保证金、担保金、预约金、预付款、排号费、服务费等。如果协议中没有将收取的款项约定为定金性质，无法按定金罚则来主张权利；一旦约定为定金性质，其便具有立约定金和违约定金的双重属性。

（1）立约定金。所涉定金是双方为签订正式商品房预售合同而设立的担保，其性质属立约定金，即一旦出现一方反悔不买（卖）或不按约定签订合同之情形，则上述定金应当按照法律中关于定金的规定处理。

（2）违约定金。作为履行合同担保的定金，将认购书看作一种独立的合同，交付定金作为认购书的从合同。

（二）定金的数额限制

《中华人民共和国担保法》（以下简称《担保法》）第九十一条规定：

"定金的数额由当事人约定，但不得超过主合同标的额的百分之二十。"

《民法典》第五百八十六条规定："当事人可以约定一方向对方给付定金作为债权的担保。定金合同自实际交付定金时成立。定金的数额由当事人约定；但是，不得超过主合同标的额的百分之二十，超过部分不产生定金的效力。实际交付的定金数额多于或者少于约定数额的，视为变更约定的定金数额。"

虽然认购书属于预约合同，但是认购书中的定金数额也可以参照主合同标的额计算，最高限额不得超过主合同标的额的百分之二十。

（三）定金罚则的适用

根据《商品房买卖合同司法解释》第四条的规定，即"出卖人通过认购、订购、预订等方式向买受人收受定金作为订立商品房买卖合同担保的，如果因为当事人一方原因未能订立商品房买卖合同，应当按照法律关于定金的规定处理；因不可归责于当事人双方的事由，导致商品房买卖合同未能订立的，出卖人应当将定金返还买受人"，违反认购书中的定金约定，要承担如下责任：

（1）因开发商的原因未能订立商品房买卖合同，开发商应当双倍返还定金，即退一赔一。

开发商可能承担双倍赔偿责任的原因一般有如下几种：

①商品房不具备销售条件；

②提出超出认购书约定的条件；

③将房产另行出售给他人；

④不同意按认购书约定条件签订商品房买卖合同；

⑤不按约定期限商谈签约事宜；

⑥其他情形。

（2）因业主的原因未能订立商品房买卖合同，业主无权要求返还定金，即开发商可以没收定金。

业主无权要求返还定金的原因一般有如下几种：

①不同意按认购书约定条件签订商品房买卖合同；

②不按约定期限商谈签约事宜；

③其他情形。

（3）因不可归责于双方的事由未能订立商品房买卖合同，开发商应当返还定金，即双方都没有责任。

双方都没有责任的情况如下：

①双方对商品房买卖合同无法达成一致；

②不可抗力；

③其他情形。

六 常见争议

【实务案例1】开发商违反认购书约定，无故拒绝与业主签订《上海市商品房预售合同》，按定金罚则双倍返还定金160万元。

上海市第二中级人民法院
民事判决书

（2020）沪02民终3875号

（前略）

一审法院认定事实如下：2018年7月9日，张某（乙方、认购人）与

A公司（甲方、卖方）签订《融庭购房意向书》，约定乙方已缴纳的购房意向金80万元仅用于和甲方签订《金融街融庭认购协议》时直接转为购房定金。一个意向认购客户或多人共同认购一套房屋的仅能签署一份购房意向书，获得一个意向书"认购编号"，一个家庭（包括配偶及未成年子女）也仅能签署一份购房意向书，每份购房意向书仅限认购一套房屋，每一份购房意向书的"认购编号"为参加摇号的排序依据。对已签署购房意向书并经审核符合上海市住房限购等房地产市场调控政策以及商品住房销售管理规定的意向认购客户采用上海市东方公证处的专用电脑和上海市公证机构专用摇号排序软件以随机摇号排序方式确定选购房屋的顺序，意向认购客户按序购房。

同日，张某向A公司支付80万元，A公司向张某出具《客户缴款单》，载明项目名称为融庭，房屋信息为上海市××路××弄。

2018年7月28日，张某与A公司签订《金融街融庭认购协议》，约定乙方认购系争房屋，暂测面积为90.28平方米，房屋单价为89907元/平方米，总房价为8116803元。协议签订当日，乙方一次性向甲方支付定金80万元，甲方在收到乙方支付的定金后，向乙方开具相应金额的收据。乙方应于2018年8月11日前支付首期房款：根据上海市商品房贷款政策，若贷款银行认定乙方为首套房，则乙方应支付不低于总房款的35%（含定金）的购房款；若贷款银行认定乙方为二套房，则乙方应支付不低于总房款的70%（含定金）的购房款。剩余购房款乙方应在与甲方签订《上海市商品房预售合同》且办理网上备案手续起60日内付清（含按揭贷款）。甲、乙双方一致确认协议的认购期为14天，乙方应于2018年8月11日前与甲方签订《上海市商品房预售合同》。甲、乙双方应全面履行本协议所约定的义务。若甲方违反本协议约定无故拒绝与乙方签订《上海市商品房预售合同》，则双倍返还定金；若乙方违反本约定，则甲方有权解除本协议，并没收乙方定金。乙方未拒绝签订《上海市商品房预售合同》，但未在本协议第四条期限内签订《上海市商品房预售合同》，甲方有权没收定金，并将该房屋另行处置。

2018年7月28日，A公司向张某开具收款收据，载明款项用途为系争房屋购房定金，金额为80万元。

2018年8月7日，张某向A公司发函，载明："……因《金融街融庭认购协议》就双方的《上海市商品房预售合同》签约事宜有时间限制，也即签约截止日为2018年8月11日，逾期未签署合同的有构成违约的风险。本人认为，《金融街融庭认购协议》依法有效成立，对双方是有约束力的，故希望贵司在收悉本函后积极协助本人进行《上海市商品房预售合同》相关签约手续的办理……"

2018年8月10日，A公司向张某回函，载明："……你致函中所述的1号1202室为选房号号码为60号的认筹客户选中，后你违反了上海市有关公正摇号排序购房的规定，冒用60号选房号认筹客户资格并通过修改档案袋的方式欺骗本公司工作人员认购了1号1202室房屋，1号1202室的《金融街融庭认购协议》并非本公司的真实意思表示，故你要求与本公司签署《上海市商品房预售合同》不符合事实和法律规定。并且，你在该楼盘购房者所在的微信群中公开讨论上述事宜，且明确承认'钻空子'认购了1号1202室房屋，并明确表示不想要上述房屋，如果与你正式签订《上海市商品房预售合同》并履行，不仅对其他购房者显失公平，也严重影响本公司的信誉，亦与中央调控房地产市场的要求不符……"张某之后要求A公司按照《金融街融庭认购协议》的约定签订系争房屋的《上海市商品房预售合同》，一直未取得A公司同意，故诉至法院。

一审法院审理中，A公司提交了2018年7月28日现场选房顺序号为

60号的黄某某及529号的张某选房的部分剪辑视频，证明60号顺序号选房时，60号黄某某并未作选房的意思表示，是张某选择了1202房源，即系争房屋，且与60号黄某某直接前往签约区。张某在其529号顺序号时选择了101房源，获取了101房源档案袋。张某表示视频中60号黄某某是背对监控的，是60号黄某某选择了1202房源。张某是选房当天认识60号黄某某的，因签约时可以携带一个人共同参与，故张某陪同60号一同前往选房，全过程张某都在，所以知晓60号放弃了选中的1202房源。

另外，A公司还提交了529号档案袋的封面，证明张某用马克笔将原来的"101"篡改为"1202"。张某表示，是A公司的工作人员提供马克笔授意张某修改的。

关于签订认购协议的流程，A公司表示按照摇号顺序进行选房，选房区域按顺序一人进入，可以携带一名亲属，未出售的房源贴在墙上。第一步是选定房源，在工作人员处领取封面写明顺序号及房源信息的档案袋，内含空白认购协议，选房时撕下的白色纸条上载明了具体的房源信息。第二步是工作人员审核顺序号是否为本人的，如一致，加盖审核印章，由客户在认购协议上填写房源信息。第三步是到财务处办理意向金转定金手续。第四步是客户拿着收据及认购协议进行盖章。第五步是工作人员将选房号、是否成交、房号等信息录入电脑。A公司在将系争房屋订购信息输入电脑时发现信息不符，当天告知张某回现场沟通。张某表示是签约当晚，A公司工作人员告知不能将系争房屋出售给张某。

另外，A公司表示系争房屋已于2018年9月25日另行出售给他人。落选房屋收回后另行出售，再次出售没有摇号等程序要求。

一审法院认为，本案的争议焦点为张某、A公司就系争房屋签订的《金融街融庭认购协议》是否存在欺诈。A公司主张张某冒用他人的60号选房顺序号，并在60号顺序号选房时填写系争房屋的《金融街融庭认购协议》，在工作人员审核发现认购方与认筹客户不一致时，未予以审核通过，并现场与张某发生争执。之后60号客户表示继续认购系争房屋，从A公司工作人员处取回了1202房源档案袋。张某在529号顺序号选房时，选取了101房源，获得了101房源档案袋，并在现场用马克笔篡改档案袋封面房源室号为"1202"，并替换内部的认购协议，方才通过了A公司的审核，签署了系争房屋的《金融街融庭认购协议》。张某主张，在系争房屋的购房、签约过程中，自己始终遵循A公司工作人员的安排，在A公司工作人员的指引下完成了选房及签约的流程，《金融街融庭认购协议》是双方的真实意思表示，自己并不存在任何欺诈行为。法院认为，首先，系争房屋的购买流程是在A公司工作人员的指引下进行的，需经过选房、审核、转定金、加盖公章等多道手续。张某作为消费者，需在选房现场短时间内熟悉流程，与60号客户合谋取得1202房源档案袋内的文件，并找到马克笔进行篡改，超出了普通消费者的合理能力范围。其次，A公司表示张某在60号顺序号选房时打算购买系争房屋，被现场工作人员发现与选房号不符后，引起骚乱，工作人员将张某和60号客户黄某某带至问题客户解决室，经了解发现两位存在换号的情况，随后就收走了60号黄某某的档案袋并交给退房区工作人员保管。然而，若如A公司主张，张某之后冒充60号客户从A公司处取回协议原件，并篡改了档案袋封面，A公司工作人员在双方曾发生激烈冲突的情况下，仍然审核通过了张某的《金融街融庭认购协议》，并完成了整个签约过程，与常理不合。最后，A公司对其主张的上述交易过程，亦未提供充分证据证明张某存在欺诈行为，因此，对于A公司认为张某在订立合同时存在欺诈行为的主张，法院不予采信。A公司表示，对于他人放弃选购的房屋，A公司可自行决定二次出售，不需要再进行摇号等手续。因此张某关于其认购系争房屋是得到A公司现场工作人员同意并经公司审核,《金融街融庭认购协议》是双方的真实意思表示的主张,法院予以采信。因此,法院认定张某与A公司签订《金融街融庭认购协议》的行为不存在欺诈,该协议系当事人的真实意思表示,合法有效,双方均应恪守履行。对于A公司要求撤销上述《金融街融庭认购协议》的诉讼请求,法院不予支持。

根据张某、A公司之间的《金融街融庭认购协议》的约定,张某、A公司应全面履行本协议所约定的义务。若A公司违反本协议约定无故拒绝与张某签订《上海市商品房预售合同》,则双倍返还定金。A公司主张张某未按约在2018年8月11日前支付首付款,但结合A公司先行拒绝履行《金融街融庭认购协议》约定的义务,张某一直与A公司沟通继续履行合同未果的情况,对A公司的上述主张,法院不予采信。因此,A公司拒绝与张某签订《上海市商品房预售合同》已构成违约,应当承担双倍返还定金的责任,故对于张某要求A公司双倍返还定金的诉讼请求,法院予以支持。因A公司存在违约行为,且A公司亦明确表示系争房屋已另行出售,合同已实际无法继续履行,故张某要求解除双方就系争房屋签订的《金融街融庭认购协议》,有事实和法律依据,法院予以准许。关于解除日期,应当以张某解除合同的意思表示送达A公司之日为准,故应以张某要求解除合同的诉状副本送达A公司之日为宜,即2018年10月23日。

一审法院判决:①确认张某与A公司签订的《金融街融庭认购协议》于2018年10月23日解除;②A公司应于判决生效之日起10日内支付张某160万元;③驳回A公司的全部诉讼请求。

本院经审理查明,一审法院查明事实属实,本院予以确认。

本院认为,A公司作为金融街融庭住宅项目的开发商,就出售房屋事宜设置了一系列流程,众业主被动地按照A公司设置的流程选房、签订购房合同。A公司上诉称，张某在与其签订《金融街融庭认购协议》的过程中冒用了60号选房顺位客户的名义，存在欺诈行为。但A公司在发现张某并非60号选房顺位客户，并在张某第一次欲以60号顺位购买系争房屋时予以阻断，将张某和60号客户黄某某带至问题客户解决室予以处理后不久，仍多次通过张某的身份审核，并与之就系争房屋签订了《金融街融庭认购协议》，并向张某收取了购房定金，故本院难以认定A公司在与张某签订《金融街融庭认购协议》的过程中受张某欺诈，未作出真实意思表示。现A公司已将系争房屋出售他人，致使《金融街融庭认购协议》已无法实际履行，故《金融街融庭认购协议》予以解除，A公司应当向张某承担合同不能履行之违约责任。

综上所述，A公司的上诉请求不能成立，应予驳回。一审判决查明事实清楚，适用法律正确，应予维持。依照《中华人民共和国民事诉讼法》第一百七十条第一款第（一）项的规定，判决如下：

驳回上诉，维持原判。

二审案件受理费19200元，由A公司负担。

本判决为终审判决。

审判长：丁康威

审判员：徐　庆

审判员：王　伟

2019年5月24日

法官助理：张　煜

书记员：董佳欣

（来源：中国裁判文书网）

【实务案例2】协议具备买卖合同主要条款，认定为本约合同，参照实际损失酌定赔偿。

上海市金山区人民法院

民事判决书

（2018）沪0116民初86号

（前略）

本院认定本案事实如下：2016年3月31日，原告（A公司）作为乙方、被告（B公司）作为甲方与企服公司作为丙方（居间方）签订《厂房订购协议》（以下简称《协议》）一份。《协议》第一条约定：甲方通过转让方式取得沪房地金字（2013）第004102号土地使用权，土地用途为工业用地，使用年限为2012年10月30日至2062年10月29日。第二条约定：丙方作为本合同的居间方，应具备相关的房地产中介资质且应如实向甲、乙双方提供相关信息，不得隐瞒或者虚构。第三条约定：乙方因业务发展需要，有意购买甲方开发的上述地产中的6号厂房（房号以房管部门房产测绘后确定的号码为准）单层局部三层标准厂房，建筑面积共计1978平方米（以测绘机构测绘的面积为准）。第四条约定：甲、乙双方约定乙方以建筑面积每平方米2400元（贰仟肆佰元）的价格购买该6号厂房，总价暂定为4747200元（肆佰柒拾肆万柒仟贰佰元），具体开票金额以最终的评估价格为准。另外，乙方需支付该厂房辅助设施费（包括但不限于消防、强弱电、水、绿化、道路等）每平方米1900元（壹仟玖佰元），共计3758200元……第六条第1款约定：本协议签订后，乙方将企业的相关资料交给甲方，由甲方前往上海市金山工业区管理委员会为乙方办理项目预审手续，乙方项目一旦获得金山地方政府的准入批准，乙方于获得批复当天支付购房款1000000元……第六条第2款约定：剩余房款，即 7505400 元在甲、乙双方房产证过户交易当天由乙方向甲方支付，如果乙方采用银行按揭贷款方式，则当天向甲方支付近 50% 的购房款……最迟不超过相关资料送至房产交易中心受理小产证后的 60 日。贷款不足部分以现金或者支票方式补足。第七条约定：交房期限 2016 年 8 月 31 日前甲方将厂房交付予乙方使用。第八条第 2 款约定：在甲方取得整个园区产证，且标准厂房具备交易条件之日起 7 个工作日内，甲、乙双方至金山区房产交易中心签署《上海市房地产买卖合同》，如果由于地方政府对乙方项目审批原因或相关政策的变化原因，导致双方产证过户交易无法完成，而非甲方原因，甲方需将先前收取的 1000000 元购房款归还乙方，且甲方还需按乙方已支付房款的银行同期活期利息补偿乙方。如果厂房具备交易条件，乙方不与甲方办理厂房过户交易手续，每逾期一天，乙方向甲方缴纳购房款总价款万分之五的违约金。第八条第 4 款约定：乙方承诺将企业经营地址注册或迁移至金山工业区，注册或迁移手续由甲方协助乙方办理。如由于乙方企业经营地址没有完成注册或者迁移，影响办理小产证过户交易手续，所引起的损失由乙方自行承担。第九条违约责任中约定，非乙方原因，甲方将该厂房转让给第三方，甲方应按照乙方已支付的第一期购房款的双倍向乙方承担违约责任，非甲方原因，乙方中途要求退房或者乙方严重违反本协议约定之内容导致合同目的无法实现的，乙方已支付的房款归甲方所有。本协议下的违约金系双方真实意思表示，双方同意：不再以任何理由或方式要求减少违约金。若一方因另一方的违约行为遭受的损失高于违约金的，则违约方承担的违约责任以实际损失为准。第十一条约定，办理产权过户手续所产生的费用，由甲、乙双方按照相关规定各自承担。第十二条约定，本《协议》未尽事宜，由双方协商签订补充协议，补充协议与本《协议》同具法律效力。同时，《协议》还对房屋保修期限、争议解决方法等相关事项进行了约定。

2017年6月14日，被告取得整个工业园区的大产证（系争厂房在大产证上标注为7号厂房），同年8月18日，被告将上述大产证拆分成8份小产证。2017年9月8日被告与C公司签订房地产买卖合同，合同标明的房地产转让价款共计4800000元，并于同年10月16日办理了产权过户手续。

诉讼过程中，本院准予原告的财产保全申请，依法裁定冻结、查封或者扣押被告银行存款6420000元或者相应价值的财产。

本院认为，原告、被告订立的《协议》具备房屋买卖合同的主要条款，内容客观，是双方真实意思表示，不违反法律、行政法规强制性、效力性规定，依法有效，对双方均具有约束力，双方均应恪守履行。现被告擅自将系争厂房售与案外人，案外人已实际使用并已办理产权过户手续，导致《协议》客观上无法履行，对于原告要求解除协议的诉请，被告亦表示同意，故本院对原告要求解除《协议》的诉请予以支持。

现双方主要的争议如下：

（1）双方所订《协议》的性质是预约合同还是本约合同？原告认为双方所签《协议》明确了厂房的坐落位置及基本状况、购买价款、付款方式、交房期限、违约责任等主要内容，具备房屋买卖合同所需的主要条款，是双方真实意思表示的本约合同。被告则认为，《协议》不具备《上海市房地产买卖合同》的必备内容即过户时间、付款时间、付款方式等，双方约定的在取得园区大产证且具备交易条件时再订立的《上海市房地产买卖合同》并非简单地对买卖关系予以确认的格式合同，而是需要双方就房屋买卖合同的具体内容进一步磋商才能成立的房屋买卖本约合同。本院认为，虽然涉案《协议》名称为"订购协议"，《协议》中的"以测绘机构测绘的面积为准""在甲方取得整个园区产证，且标准厂房具备交易条件之日起7个工作日内，甲、乙双方至金山区房产交易中心签署《上海市房地产买卖合同》"等措辞给人以约定不明的感觉，但本院认为上述用词及内容是双方为防止日后协议履行过程中产生争议而作出的较为明确且适于操作的约定。综观《协议》的内容，双方对于交易厂房的坐落地址、基本状况、面积（约定面积与最终产证登记面积相差20.27平方米）、单价、总价、房款支付方式与支付期限、交房时间、违约责任等皆有明确约定，具备买卖合同主要条款，内容完全可以遵照履行。基于此，本院认为《协议》第八条第2款约定的"在甲方取得整个园区产证，且标准厂房具备交易条件之日起7个工作日内，甲、乙双方至金山区房产交易中心签署《上海市房地产买卖合同》"中，双方所要签订的买卖合同应该理解为双方根据行政法规的相关规定对房屋买卖进行备案登记，无须再对合同主要内容重新协商，故此处需要签订的合同应该理解为因办理过户手续需要而进行了网签合同。虽然《协议》中没有明确产权过户时间，但双方在协议第十二条中约定"未尽事宜，由双方协商签订补充协议，补充协议与本《协议》同具法律效力"，故涉案《协议》应视为本约合同。

（2）《协议》的解除日期。原告认为，被告将系争厂房出售给C公司并完成产权过户手续之日为协议解除日；被告则认为合同解除的时间节点应该是2016年8月31日，即双方约定的交房日期。本院认为，根据《中华人民共和国合同法》相关规定，合同自解除通知送达对方时解除，本案中原告因被告擅自将系争厂房卖给C公司，导致合同目的无法实现，原告据此通过诉讼形式要求解除合同，诉讼文书送达材料显示被告于2018年1月18日收到原告的起诉状副本，故本院确认涉案《协议》于2018年1月18日解除。

（3）导致合同解除的责任方。原告认为，既然被告能将厂房卖给

C公司，同样也可以卖给原告，原告、被告之间的《协议》原本是能够履行的，现系争厂房已被被告卖给C公司从而导致合同客观上不能履行，原告被迫选择解除合同，被告存在涨价不成恶意违约的行为。被告则认为，原告未获金山工业区项目准入批准，且双方所订《协议》违反了2016年4月1日开始实施的上海市人民政府相关政策规定，即工业用地标准厂房类同一宗地上的房屋不得分幢、分层、分套转让的规定，故《协议》客观上不能履行；且原告、被告所签《协议》的买卖标的为在建工程，之后被告将宗地上厂房大产证拆分成8个小产证，标的物从在建工程转化为有独立产证的厂房，标的物发生了变化，且原告、被告签订的《协议》是预约合同，被告与C公司之间签订的是房屋买卖正式合同，故被告的行为不构成一房二卖；被告与C公司的交易方式与原告、被告约定的交易方式亦发生了根本性的变化，被告不存在涨价他售的违约行为。本院认为，双方签订《协议》时市政府相关文件虽未开始实施，但已经发布，双方应当知道上述禁止性规定，从《协议》内容判断，双方在《协议》中对因项目准入问题及因政策变化原因可能导致的产权过户受阻在一定程度上有过预见，市政府相关政策实施后，系争厂房即使实际交付，产权过户在理论上也不具有可操作性；但事实上被告在为大产证上的各幢厂房分割办理小产证后将系争厂房另行出售给C公司；而被告完全可以在大产证出来后通过诉讼与原告解除协议，但被告在未与原告协商一致、未解除双方所订《协议》的情况下他售，事实上构成一房两卖，被告此种行为非出自善意，缺乏诚信，故导致涉案《协议》解除的责任应属被告一方。被告以买卖标的物不同、交易方式不同为由否认自己事实上构成一房两卖的行为，与事实不符，本院不予采纳。

（4）系争厂房2017年10月1日的市场价值。审理中，本院准予原告的申请依法委托D公司对系争厂房2017年10月1日的市场价值进行评估。D公司于2018年10月18日出具《房地产估价报告》，结论为：涉案厂房于价值时点2017年10月1日的市场价值总价为9792000元，单价为4900元/平方米（包含原告、被告协议中的房屋单价和辅助设施单价两部分）。为此次评估，原告预交了评估费24000元。但原告认为该评估报告内容不完整，表现为缺少估价技术报告、可比实例名称与位置及可比实例位置图和外观照片等，且案外人C公司持系争厂房产权证向中国工商银行申请抵押贷款，工商银行给予的最高可抵押债权限额为1398万元，而最高可抵押债权金额一般是不动产价值的70%，可见工商银行对系争厂房的估价至少为19971400元，在非常接近的价值时点两个估价结果相差巨大，可见涉案评估报告严重背离估价对象的市场价值；而且原告在网上查询的类似厂房的成交价格区间在6943元/平方米至9277元/平方米，故申请重新评估。被告则表示对评估报告无异议，原告的重新鉴定申请不符合相关法律规定的重新鉴定情形。本院审查后准许原告的重新鉴定申请，依法委托E公司对系争厂房2017年10月1日的市场价值进行重新评估。公司于2019年3月12日出具估价报告（本院取得报告日期为2019年4月11日）：系争厂房于价值时点2017年10月1日的市场价值总价为10590000元，单价为5300元/平方米（包含原告、被告协议中的房屋单价和辅助设施单价两部分）。为此次评估，原告预交了评估费25547元。对此评估报告，原告认为评估价格与市场价相差太大，实践中房屋买卖存在阴阳合同，买卖双方为了避税在房产交易中心登记的成交实例的合同价格均被做低；被告对两个评估机构先后出具的市场价值不同的两份评估报告提出疑问，要求鉴定人对评估时是否考虑项目准入及评估标的空置时间长短等问题进行解释说明；为此原告、被告均要求鉴定人出庭做证。对于原告、被告的提问，鉴定人在出庭时作如下解答：鉴定人根据相关估价规范要求，评估采用的实例均为房地产交易中心备案登记的实际成交案例，市场上虽然存在阴阳合同，交易中心备案的合同成交价格可能低于市场价格，但并非一概而论，故鉴定人评估时不考虑是否存在阴阳合同，每位评估人员都是独立客观的个体，评估人员对评估标的所能实现的最高利用价值的判断存在一定程度的差距亦属合理，评估标的与同一区域内的案例所处政策环境相同，评估时考虑了项目准入的因素，厂房空置原因各异，鉴定人评估时考虑的是客观原因和客观收益，不考虑因主观原因造成的空置对评估标的价值的影响。

本院认为，E公司出具的评估报告程序合法、内容客观真实，且对系争厂房评定的市场价值更接近客观实际，价格更为合理，可以作为本案裁判的依据，对原告、被告的异议理由均不予采信。

（5）合同解除是否造成原告损失，损失如何计算。根据《中华人民共和国合同法》的相关规定，违约导致的损失赔偿数额不得超过违反合同一方订立合同时预见到的因违反合同可能造成的损失。涉案《协议》中的部分措辞说明，双方对可能出现的政策性风险在一定程度上有过预见，故签订《协议》时，双方对违约可能导致对方的损失均没有明确的预见。特别是市政府禁止同一宗地上工业用地标准类厂房分幢、分层转让政策出台后，在《协议》约定的期限内系争厂房产权变更登记手续在理论上不具有可操作性。原告在坚持认为《协议》能够履行、是被告在故意设置履约障碍的情况下，至今分文未付房款，在合同约定的厂房交付期限届满后也未催告被告履行厂房交付义务；在自签订《协议》到被告取得园区大产证、再到被告取得系争厂房小产证的一年多的时间里，在被告无履约意思表示的情况下，原告没有通过法律手段保护自己的合同权利，直至被告将系争厂房售与C公司。故本院认为，在系争厂房小产证出来后，即便原告对预期利益的期待成为可能，鉴于原告的上述不积极主张权利的行为，原告应对其主张的预期利益损失的产生乃至扩大负有一定的责任。现系争厂房的溢价为2084600元，本院根据合同约定内容、双方履约情况、过错责任，为制裁违约和均衡双方利益，从公平和诚实信用原则出发对原告的损失进行合理认定，同时酌情考虑被告办理小产证可能产生的必要费用，在不另行计算利息损失的情况下，本院酌情确定被告向原告支付赔偿款1500000元。至于评估费，被告不认可原告主张的系争厂房市场单价为7500元/平方米，因双方无法协商一致，本院准予原告申请依法启动评估程序，现根据评估报告，涉案房屋的市场价值相较于原告、被告签订《协议》时的价值确实有所上涨，但与原告、被告各自主张的市场价值均有一定差距，故本院结合案件实际情况，酌情确定两次评估费（合计49547元）由原告承担40%，为19819元，被告承担60%，为29728元。

综上所述，为维护当事人的合法权益，依照《中华人民共和国合同法》第九十四条、第一百一十三条、第一百一十九条，《中华人民共和国民事诉讼法》第一百四十二条的规定，判决如下：

（1）原告A公司与被告B公司于2016年3月31日签订的《厂房订购协议》于2018年1月18日解除。

（2）被告B公司于本判决生效之日起10日内赔偿原告A公司损失1500000元。

（3）驳回原告A公司的其余诉讼请求。

如果当事人未按本判决指定的期间履行给付金钱义务，应当依照《中华人民共和国民事诉讼法》第二百五十三条的规定，加倍支付迟延履行期间的债务利息。

本案案件受理费56808元，财产保全费5000元，合计61808元，由原告负担 43555 元、被告负担 18253 元。评估费 49547 元，由原告负担 19819 元、被告负担 29728 元。被告所负担之款于本判决生效之日起 7 日内交纳本院。

如不服本判决，可在判决书送达之日起 15 日内，向本院递交上诉状，并按对方当事人的人数提出副本，上诉于上海市第一中级人民法院。

审判长：陈宝勇

审判员：周娟红

人民陪审员：智雪忠

2019 年 5 月 28 日

书记员：钱洁琼

（来源：中国裁判文书网）

【实务案例 3】业主因限购、限贷等政策限制，而无法购买房产，开发商有权没收定金，并将房产另行出售。

上海市第二中级人民法院

民事判决书

（2020）沪 02 民终 3660 号

（前略）

一审法院认定事实如下：2018 年 9 月 29 日，陈某（乙方、认购方）与 A 公司（甲方、卖方）签订《购房协议书》。协议约定陈某认购系争房屋，房屋总价为 4532804 元，定金为 20 万元。协议其他约定一栏中还约定：（1）乙方应于 2018 年 9 月 30 日前携带本《购房协议书》、定金收据、应付房款及产权人身份证原件到甲方售楼处与甲方签订《上海市商品房预售合同》及其附件。逾期视为乙方违约，自动放弃购买权，甲方有权在不通知乙方的情况下另行出售系争房屋，同时乙方无权要求甲方返还已收取的定金……（4）基于上海市限购、限贷等政策已实施较长时间，乙方已充分知悉上海市最新的限购、限贷等政策，并确认本人具有购房及贷款资格，若乙方由于上述原因导致无法购买该房屋或无法办理贷款，则：①限购，乙方应承担违约责任，甲方有权没收定金并将该房屋销售给第三方，该定金数额不足以弥补甲方损失的，乙方还需补齐；②限贷（或银行贷款政策发生变化），乙方仍应继续履行本协议，签订《上海市商品房预售合同》及其附件，并自行支付房款（或按新政策办理贷款）……

同日，陈某、王某签署《签约信息确认单》，明确系争房屋价表总价为4532804元，优惠后的签约总价为4507804元，付款方式为纯商业贷款。具体为：2018年9月29日支付首付款907804元，2018年10月28日支付第二笔房款67万元，2018年12月15日支付第三笔房款158万元，2019年1月15日以贷款方式支付135万元。另，信息确认单中存有A公司置业顾问姚某的签名。

当天，陈某、王某向A公司支付系争房屋首付款（含定金）907804元。

2018年10月27日，陈某、王某向A公司支付系争房屋第二笔房款67万元。

此后，陈某、王某未向A公司支付系争房屋剩余购房款。

2019年5月8日，A公司向陈某、王某寄发《催款函》，明确陈某、王某已支付系争房屋购房款1577804元，尚欠余款2930000元。陈某、王某应于该函发出后的5个工作日内办理按揭手续或支付上述余款及相应违约金。2019年5月16日，陈某本人签收上述《催款函》。

同年8月8日，A公司向陈某、王某发出《退房告知书》，明确根据《中华人民共和国合同法》的规定以及《购房协议书》的约定，陈某、王某的行为已构成违约，A公司有权将系争房屋销售给第三方并没收定金20万元，剩余房款1377804元将退还至陈某账户（账号：×××××××××××××××××；开户行：交通银行上海市分行）。

同年8月21日，陈某收到A公司退还的1377804元房款。

陈某在一审法院庭审中表示，目前其名下仍有两套上海市的商品房，且拒绝继续履行《购房协议书》。

一审法院认为，本案争议焦点为陈某是否存在违约行为，以及A公司是否有权没收20万元定金。陈某认为：在系争房屋买卖过程中，A公司明知陈某被限购，故应承担因陈某被限购而无法实际完成系争房屋买卖的责任，无权按《购房协议书》约定扣除20万元定金。A公司认为：其与陈某解除协议的缘由一方面系陈某始终处于被限购状态，另一方面为陈某未按信息确认单的约定支付剩余房款，故责任应由陈某承担，A公司有权没收定金。一审法院认为，当事人应当按照约定全面履行自己的义务。本案中，陈某按照信息确认单的约定支付完系争房屋首付款（含定金）及第二笔房款后，未继续履行第三笔及后续房款的支付义务。经A公司催款后，直至2019年8月8日，陈某仍未履行系争房屋剩余房款的付款义务且始终处于被限购状态。在A公司宽限陈某近一年的时间以便支付系争房屋剩余房款并消除限购状态的情况下，陈某始终未予支付且当庭明确表示拒绝继续履行，故陈某显属违约，应依法承担相应违约责任。

综上所述，虽然购房协议书中仅有陈某一人签名，但系争房屋的看房、咨询以及信息确认单的签署均系陈某、王某二人共同进行，故一审法院同意陈某申请，依法追加王某作为本案一审原告参加诉讼。《购房协议书》和信息确认单系双方当事人的真实意思表示，合法有效，双方均应按照《购房协议书》和信息确认单的约定以及法律规定全面履行各自的义务。A公司已于2019年8月8日向陈某、王某发出《退房告知书》，并将除定金外的房款退还陈某。陈某、王某未明确收到该告知书的确切日期，但明确收到日期系2019年8月8日至同年8月21日之间，且于同年8月21日收到相关退款。故一审法院确认双方当事人签订的《购房协议书》于2019年8月21日解除。同时，因信息确认单中关于付款时间和金额等的约定，实质上应为购房协议书的组成部分，故一审法院确认该信息确认单一并于2019年8月21日解除。陈某、王某未能继续履行系争房屋后续款项的付款义务且未消除限购状态，显属违约，无权要求返还定金。据此，一审法院判决如下：（1）陈某与A公司于2018年9月29日签订的《购房协议书》（含信息确认单）于2019年8月21日解除；（2）驳回陈某、王某的其余诉讼请求。

本院二审期间，双方当事人均未提交新证据。一审法院认定事实属实，本院予以确认。

本院认为，依法成立的合同，对当事人具有法律约束力。当事人应当按照约定履行自己的义务，不得擅自变更或者解除合同。给付定金的一方不履行约定的债务的，无权要求返还定金。本案中，陈某与A公司签订的《购房协议书》《签约信息确认单》系双方真实意思表示，且不违反法律法规的强制性规定，合法有效，双方应恪守履行。《购房协议书》明确约定，基于上海市限购、限贷等政策已实施较长时间，乙方已充分知悉上海市最新的限购、限贷等政策，并确认本人具有购房及贷款资格，若乙方由于上述原因导致无法购买该房屋或无法办理贷款，则为①限购，乙方应承担违约责任，甲方有权没收定金并将该房屋销售给第三方。现陈某按照信息确认单的约定支付系争房屋首付款（含定金）及第二笔房款后，未继续履行第三笔及后续房款的支付义务。经A公司于2019年5月8日向陈某、王某寄发《催款函》，又于2019年8月8日向陈某、王某发出《退房告知书》后，陈某仍未履行系争房屋剩余房款的付款义务且始终处于被限购状态，且在一审法院庭审中明确表示拒绝继续履行，故一审法院认定陈某构成违约，无权要求返还定金，于法有所据，本院予以维持。综上所述，陈某、王某的上诉请求不能成立，应予驳回；一审判决认定事实清楚，适用法律正确，应予维持。依照《中华人民共和国民事诉讼法》第一百七十条第一款第（一）项的规定，判决如下：

驳回上诉，维持原判。

二审案件受理费4300元由上诉人陈某、王某负担。

本判决为终审判决。

审判长：彭　辰

审判员：成　皿

审判员：张常青

2020年6月12日

书记员：夏　歆

（来源：中国裁判文书网）

【实务案例4】因不可归责于双方的事由，未能订立商品房买卖合同，判决开发商返还定金。

上海市第二中级人民法院
民事判决书

（2016）沪02民终9691号

（前略）

2016年3月9日，A公司（甲方）和吴某某（乙方）签订《嘉隆国际广场定购书》，约定吴某某向A公司定购LOFT高层××幢××号××室房屋（以下简称涉案房屋），建筑面积为65.58平方米（最终以实测为准）；单价为12372元/平方米，总价为811350元；定金为2万元。其他约定为：乙方应于2016年3月16日前主动前往售楼处与甲方签订《商品房预售合同》……在本定购书约定的签约期限内，甲方拒绝签订《商品房预售合同》的，则甲方应双倍返还乙方已支付的定金。除此情况外，乙方已支付的定金不予退还；乙方在与甲方签订本定购书时，已经对项目规划、户型、面积、朝向、价格、优惠信息、双方责任义务等做了充分了解，并无异议。在该定购书尾部签章处，手写有如下文字："2016年3月10日补齐50000元定金；备注：最终成交价为706781元（包含团购费60000元）。"签订定购书当日，吴某某支付A公司定金2万元。同年3月11日，吴某某支付A公司定金3万元。后因涉案房屋与样板房窗户数量、承重墙位置不一致，双方未能磋商一致，导致未能签署《商品房预售合同》。

一审中，吴某某、A公司均表示预售合同未能签署的原因在于对方。吴某某为证明其主张，提供两份录音材料作为证据，旨在证明在A公司销售人员承诺涉案房屋与样板房完全一致的情况下，吴某某才定购了涉案房屋，当发现涉案房屋与样板房不一致时，即与A公司销售人员进行了沟通，发现销售人员本人也不知道涉案房屋与样板房不一致，所以吴某某是在A公司销售人员的错误引导或者刻意隐瞒下才签订了定购书的。后销售人员同意为吴某某置换与样板房相同的房屋，但因A公司抬高房价，导致未能签署预售合同。A公司对该证据的真实性无异议，但认为不能证明系A公司不同意与吴某某签订预售合同。按照定购书的约定，吴某某应于2016年3月16日前到A公司处签订预售合同，但吴某某未按时前来签约，系吴某某违约。A公司同时认为样板房只是一个装修标准，包括涉案房屋在内的其他房屋因面积、朝向等因素不可能和样板房一模一样，吴某某要求换房双方可以磋商，但价格肯定与涉案房屋不一样。

一审法院认为，吴某某、A公司在签订定购书后，A公司依据该合同收取了吴某某交付的定金，该合同属预约合同，所涉定金是双方为签订正式房地产买卖合同而设立的担保，其属立约定金，即一旦出现一方有反悔不买（卖）或不按约签订合同之情形，则上述定金应当按照法律关于定金的规定处理。双方争议的焦点是：在吴某某与A公司进行磋商准备签订商品房预售合同即本约的过程中，双方最终未能达成一致，致使本约未能签订，是由吴某某或A公司某一方的原因造成的，还是由不可归责于当事人双方的事由造成的？吴某某提交的录音证据显示，A公司的销售人员确曾承诺吴某某涉案房屋与样板房一致，但其所谓的"一致"是指大的布局一致，双方并未对窗户、承重墙等细节作出具体约定。而吴某某认为，所谓的"一致"应为涉案房屋与样板房完全一致。一审法院认为，在双方没有明确约定样板房应与购买房屋完全一致的情况下，样板房仅是作为买卖房屋时的参考，应当允许样板房与所购房屋因楼层、朝向等不同而产生些许差异。但涉案房屋与样板房存在较为重大的区别，A公司未予特别告知，吴某某也未予审慎审查，故双方存在误解。此后双方对换购房屋价格无法达成一致导致预售合同未能签订，该后果不应归责于任何一方，A公司理应将收取吴某某的定金原额返还。吴某某认为A公司刻意隐瞒涉案房屋的情况而误导其签订定购书的依据不足，其要求A公司双倍返还定金，证据并不确实充分，不足以证明其主张，一审法院不予支持。一审法院判决：（1）A公司应于判决生效后10日内返还吴某某定金50000元；（2）驳回吴某某其余的诉讼请求。

本院认为，一审法院查明的事实无误，本院予以确认。根据查明的事实，吴某某在与A公司签订定购书时，未对窗户、承重墙等房屋细节作出具体约定。吴某某在对窗户、承重墙等细节有特定要求的情况下，未查看涉案房屋即签署定购书，显然未尽到审慎的注意义务。因双方在定购书中未明确约定窗户、承重墙等具体细节，导致双方最终未能就涉案房屋签订预售合同，难以归责于任何一方。吴某某要求A公司按照定金罚则双倍承担法律责任，缺乏事实依据，本院不予支持。

综上所述，一审认定事实清楚，判决并无不当；吴某某的上诉理由不成立，应予驳回。据此，依照《中华人民共和国民事诉讼法》第一百七十条第一款第（一）项的规定，判决如下：

驳回上诉，维持原判。

二审案件受理费1050元由上诉人吴某某负担。

本判决为终审判决。

审判长：彭　辰

审判员：姚　跃

代理审判员：陈家旭

2017年2月9日

书记员：薛凤来

（来源：中国裁判文书网）

七 业主反击策略与技巧

（1）签订认购书时，业主要核实开发商目前已经办好的手续、取得的资质有哪些，最好在认购书中予以明确说明，比如该项目目前已经完成立项、规划等审批手续，已经取得预售许可证（证号）或者尚未取得预售许可证。如果以后出现问题，业主就可以掌握主动权。另外，开发商在没有办妥立项、规划、报建等手续的情况下接受认购，有被认定为非法集资的风险。

（2）即使业主已经确定要购买某一房产，也应暂时停下来，做二次确认，如果没什么疑虑，就以交纳定金的方式签订认购书；如果对购房还需要进一步考虑，就不要以交纳定金的方式签订认购书，可以换成订金、保证金、预付款等，要给自己留有余地。

（3）反悔的兜底策略。如果业主签订认购书、交纳定金后不想购房了，建议按下面的思路操作，定金才有可能被退还，且自身不承担法律责任。

①必须按约定的签约时间到约定地点，找开发商商谈签订合同事宜。

②提出将认购书约定的合同条款、楼书广告、开发商承诺的条款等内容全部写入合同或者作为合同附件，也要保留与开发商反复磋商过程的录音、录像证据。

③若双方因主要条款没能取得一致意见而没有签订商品房买卖合同，双方互不承担责任，开发商应当将收到的定金如数退还。

第三章

「茶水费」与团购费

一 "茶水费"

（一）何为"茶水费"

据说，"茶水费"或者"喝茶费"源于广东一带特有的餐饮文化。诸多茶楼食肆一直有收取茶位费的传统，即在店里消费，无论喝茶与否，每人都要交一定金额的钱，谓之茶位费或餐具费。

这类词汇在房地产行业也早已屡见不鲜，通俗讲就是在销售房屋过程中，开发商或者其他房产中介机构在房价之外向购房者收取的费用，购房者期待借此通过特殊渠道购得好房。收取"茶水费"是房地产行业中的一种潜规则，名目五花八门，在具体数额上也会因房地产所处的城市、地段及房价等因素而有所不同。

2020年4月，随着深圳楼市的火热，多个楼盘被爆收取百万元"喝茶费""更名费"，购房者想要买到房子，需提前支付高达百万元的"喝茶费"。遗憾的是，现行法律对于"喝茶费"的性质并无明确规定，导致出现纠纷时，就该笔费用应否返还、具体返还数额或比例等问题无统一评判标准。

（二）"茶水费"的收取方式

因收取"茶水费"主体的不同，可能会产生如下两种方式。

（1）开发商直接或者间接收取"茶水费"。

这种情况明显违规，超过政府备案价格，并且有偷税漏税的嫌疑

（"茶水费"不会以购房款名义收取，收款方也不会出具正式的税务发票），政府主管部门可以予以行政处罚。所以，开发商一般不会直接收取，通常会选择以与第三方销售公司、中间服务商合作的方式收取。

（2）开发商或代理公司的工作人员私自收取"茶水费"并据为己有。

开发商或代理公司的工作人员以收取"茶水费"为售房条件强迫购房者支付，本质属索贿行为，已触犯《中华人民共和国刑法》（以下简称《刑法》）第一百六十三条的规定，涉嫌构成非国家工作人员受贿罪。

（三）"茶水费"的负面影响

（1）收取"茶水费"实际上是违规兜售购房指标、房源指标、优先选房指标等的违法行为，是一种损害正常交易、加大购房者成本的行为，最终会破坏整个房地产交易市场的正常秩序。

（2）如果有开发商的参与，就会变相违反政府的限价政策，使得国家的税收收入减少。

（3）如果工作人员私自收取"茶水费"，则可能造成业主个人信息泄露、资金难以追回的后果。

二 团购费

（一）团购费现状

这些年我国房地产市场的火热，催生了大批为开发商摇旗呐喊的销售商，其目标很明确，就是从房地产市场这块"肥肉"中分得一杯羹。通常的做法就是通过打电话、网上推销、门店推销等方式向人们销售开发商的楼盘。当客户有购买意向时，先同销售商签订团购协议、认购书、居间协议等文件，交纳一部分定金、团购费等费用，可以享受打折、冲抵房价款等优惠。

售楼中心开盘时销售人员比购房客户还多、在街上大量散发宣传材料、销售电话的狂轰滥炸等，足以说明这个行业有利可图。但从近些年产生的纠纷来看，很少有购房者清楚团购费到底是怎么回事。

开发商一般将认购协议约定好的总房价分成两部分：一部分作为房款写进买卖合同，另一部分作为团购费要求购房支付给第三方。经过团购费折抵房款、开发商再次打折等层层优惠，最终价格一般会比最初的价格低几十万元甚至上百万元，表面上看购房者享受了团购的优惠，买到了更便宜的房子。但很多购房者并不清楚这些款项到底是付给了开发商，还是付给了组织团购的一方。

开发商为了规避责任，一般会在团购协议中作类似约定："乙方通过甲方组织的团购活动，选中意向房源并与开发商签署《房屋认购书》后，团购活动服务费将不再予以退还。团购活动服务费由甲方独立收取并归甲方所有，与合作楼盘开发商无关，不计入且不抵扣选购房屋的购房款。"

因此，笔者认为，团购费是指第三方团购组织向购房者收取的、用于享受打折优惠而产生的服务费。实质上团购费就是精心设计的"茶水费"的迭代升级版本。

（二）团购费的相关规定及处罚措施

（1）《商品房销售管理办法》第二十八条规定："受托房地产中介服务机构在代理销售商品房时不得收取佣金以外的其他费用。"

（2）2017年，上海市住房和城乡建设管理委员会与上海市物价局联合发布了《关于加强商品住房及其附属地下车库（位）等设施销售监管的通知》(沪建房管联〔2017〕657号，以下简称《通知》)。《通知》第一条规定："商品住房及其地下车库(位)等附属设施的销售实行'一价清'制度。房地产开发企业应当严格按照备案价格以及《上海市发展改革委关于贯彻落实〈商品房销售明码标价规定〉的通知》(沪发改价督〔2011〕006号)的有关规定，对外销售商品住房及其地下车库(位)等附属设施，不得超备案价格销售。除房屋和车库(位)等附属设施价款外，房地产开发企业和其他单位、个人不得向购房人收取电商费、团购费、茶水费等其他任何价款或费用，不得以捆绑搭售或者附加条件等限定方式，使购房人接受商品或者服务价格。"

(3)《苏州市住房和城乡建设局 苏州市工商行政管理局 苏州市物价局关于规范全市房地产团购销售行为的通知》中要求："房地产开发企业不得将所有房源全部交给电商团购，只要楼盘存有未售房源，房地产开发企业必须确保不参加团购的购房者也可以在售楼处购到商品房。不得强迫购房者参加各类团购、网购活动。房地产电子商务企业开展商品房团购活动时，应根据房地产开发企业提供的房源，合理确定团购规模，不得无限制发展团购会员，以免造成市场混乱。"

在代理销售房产项目过程中，通过高于房产备案价格的价格报价，以团购费等优惠形式降低房产销售价格，使购房者的《上海市商品房预售合同》价格低于备案价格，但购房者实际支出的价格高于房产的备案价格。该行为属于违反《上海市价格管理条例》第二十一条规定的行为。根据《上海市价格管理条例》第三十三条第一款第(四)项的规定，对该公司作出处罚。

(三)团购费的退还问题

1.可以退费的理由

(1)购房合同无法继续履行，团购的优惠目的无法实现。

（2）收取方没有尽到如实告知义务。

（3）将团购费视为购房款的一部分。

（4）其他。

2.不能退费的理由

（1）业主与第三方团购组织签订团购协议。

（2）业主享受了打折促销优惠。

（3）业主购买了房屋。

（4）其他。

三 常见争议

【实务案例1】 案场销售经理利用对房源销控的职务便利以及销售人员对房源销售的职务便利，索取他人财物，构成非国家工作人员受贿罪。

浙江省嘉兴市南湖区人民法院
刑事判决书

（2019）浙0402刑初693号

（前略）

经审理查明：

2017年12月至2018年5月，被告人杜某某在担任A公司案场销售经理，负责"中洲花溪地"楼盘销售期间，利用对房源的销控权限，伙同营销负责人周某、洪某及相关业务员、中介人员，采用捂盘惜售、变相加价的手段，以房源紧缺等理由向购房客户索取好处费并进行私分。具体如下。

（1）2017年12月29日，被告人杜某某、周某、潘某某经事先通谋，在销售"中洲花溪地"17幢2105室商品房过程中，以"更名费"为名向客户平某索取0.6万元。

（2）2018年1月31日，被告人杜某某、周某、陈某某经事先通谋，在销售"中洲花溪地"2幢402室商品房过程中，以"茶水费"为名向客户周某2索取5.8万元。

（3）2018年2月2日，被告人杜某某、周某、潘某某经事先通谋，在销售"中洲花溪地"9幢601室商品房过程中，以"茶水费"为名向客户陈某1索取6.8万元。

（4）2018年3月10日，被告人杜某某、洪某、汤某（另案处理）经事先通谋，在销售"中洲花溪地"11幢405室商品房过程中，以"茶水费"为名向客户沈某索取5万元。

（5）2018年3月16日，被告人杜某某、洪某、孔某某经事先通谋，在销售"中洲花溪地"17幢1704室商品房过程中，以"茶水费"为名向客户李某索取5万元。

（6）2018年3月17日，被告人杜某某、周某、卢某（另案处理）经事先通谋，在销售"中洲花溪地"13幢801室商品房过程中，以"茶水费"为名向客户林某索取3万元。

（7）2018年3月17日，被告人杜某某、周某、卢某经事先通谋，在销售"中洲花溪地"13幢505室商品房过程中，以"茶水费"为名向客户范某索取3万元。

（8）2018年3月17日，被告人杜某某、卢某经事先通谋，在销售"中洲花溪地"13幢806室商品房过程中，以"茶水费"为名向客户何某索取3万元。

（9）2018年3月17日，被告人杜某某、周某、潘某某经事先通谋，在销售"中洲花溪地"13幢1003室商品房过程中，以"茶水费"为名向客户王某1索取3万元。

（10）2018年3月25日，被告人杜某某、洪某、孔某某经事先通谋，在销售"中洲花溪地"16幢1503室商品房过程中，以"茶水费"为名向客户周某3索取8万元。

（11）2018年3月25日，被告人杜某某、卢某经事先通谋，在销售"中洲花溪地"12幢602室商品房过程中，以"茶水费"为名向客户姜某索取6万元。

（12）2018年3月27日，被告人洪某、孔某某伙同B公司渠道销售经理郭某（另案处理），由郭某利用职权从杜某某处取得"中洲花溪地"17幢1905室商品房的销控权限，后将该房源销售给客户陶某，并以"茶水费"为名向客户索取6万元。

（13）2018年4月2日，被告人杜某某、洪某、周某、周某某（另案处理）经事先通谋，在销售"中洲花溪地"7幢202室商品房过程中，以"茶水费"为名向客户张某1索取12万元。

（14）2018年4月7日，被告人杜某某、周某、洪某、潘某某经事先通谋，在销售"中洲花溪地"13幢1105室商品房过程中，以"茶水费"为名向客户高某索取16万元。

（15）2018年4月11日，被告人杜某某、洪某、周某、孔某某、甘某某（中介）经事先通谋，在销售"中洲花溪地"12幢102室商品房过程中，以"茶水费"为名向客户倪某索取15万元。

（16）2018年4月14日，被告人方某（A公司营销策划经理）、洪某、孔某某、甘某某伙同C公司主管人员，由该主管人员利用职权从杜某某处取得"中洲花溪地"3幢302室商品房的销控权限，后将该房源销售给客户朱某，并以"茶水费"为名向客户索取48万元。

（17）2018年4月15日，被告人杜某某、洪某、周某、孟某（另案处理）经事先通谋，在销售"中洲花溪地"12幢101室商品房过程中，以"茶水费"为名向客户王某2索取10.77万元。

（18）2018年4月24日，被告人杜某某、洪某、周某、孔某某、甘某某经事先通谋，在销售"中洲花溪地"14幢802室商品房过程中，以"茶水费"为名向客户吴某索取25万元。

（19）2018年5月2日，被告人洪某、孔某某伙同C公司渠道销售经理郭某，由郭某利用职权从杜某某处取得"中洲花溪地"14幢202室商品房的销控权限，后将该房源销售给客户徐某1、徐某2，并以"茶水费"为名向客户索取30万元。

（20）2018年5月4日，被告人杜某某、周某、洪某、陈某某、吴某某（中介）经事先通谋，在销售"中洲花溪地"7幢203室商品房过程中，以"茶水费"为名向客户姬某索取40万元。

（21）2018年5月5日，被告人杜某某、周某、洪某、孔某、於某某（另案处理）经事先通谋，在销售"中洲花溪地"13幢202室商品房过程中，以"茶水费"为名向客户张某2索取35万元。

（22）2018年5月20日，被告人杜某某、周某、洪某、潘某某经事先通谋，在销售"中洲花溪地"16幢804室商品房过程中，以"茶水费"为名向客户蔡某索取25万元。

（23）2018年5月20日，被告人杜某某、周某、洪某、潘某某经事先通谋，在销售"中洲花溪地"7幢204室商品房过程中，以"茶水费"为名向客户吕某索取30万元。

（24）2018年5月20日，被告人杜某某、周某、洪某、陈某某、吴某某经事先通谋，在销售"中洲花溪地"17幢108室商品房过程中，以

"茶水费"为名向客户工某3索取25万元。

（25）2018年5月11日，被告人杜某某、洪某、周某、杜某（另案处理）经事先通谋，在销售"中洲花溪地"13幢204室商品房过程中，以"茶水费"为名向客户屠某索取30万元。

（26）2018年4月22日，被告人邱某某利用担任C公司营销客服部副经理的职权，从杜某某处取得"中洲花溪地"14幢806室商品房的销控权限，并伙同被告人方某、洪某将该房源销售给客户邱某，并以"茶水费"为名向客户索取30万元。

（27）2018年3月17日，被告人杜某某、洪某、吕某某（另案处理）经事先通谋，在销售"中洲花溪地"11幢406室商品房过程中，以"茶水费"为名向客户刘某索取4.5万元。后因刘某多次维权，被告人杜某某、洪某、吕某某主动退还4.5万元。

案发后，被告人周某、孔某某、甘某某、潘某某、陈某某、吴某某主动向公安机关投案。被告人周某退缴违法所得34.3万元，被告人孔某某退缴违法所得6.375万元，被告人甘某某退缴违法所得13万元，被告人潘某某退缴违法所得12.85万元，被告人方某退缴违法所得11.5万元，被告人陈某某退缴违法所得7.1333万元，被告人吴某某退缴违法所得12万元，被告人邱某某退缴违法所得18万元，上述款项存于南湖区公安分局账户。

被告人杜某某、洪某、周某、孔某某、甘某某、潘某某、方某、陈某某、吴某某、邱某某对指控事实、罪名及量刑建议没有异议且签字具结，自愿认罪认罚。

以上事实，有经庭审质证的D公司刑事报案书，工商登记材料，涉案房产代理销售及外包资料，人员名册及岗位情况说明，劳动合同，证人贺某、郭某、暴某、姚某、卢某、於某某、陈某1、张某1、杜某、汤某、平某、周某2、陈某2、沈某、李某、林某、范某、何某、王某1、周某3、姜某、陶某、张某2、高某、倪某、朱某、王某2、吴某、徐某1、徐某2、姬某、张某3、蔡某、吕某、王某3、屠某、邱某、刘某的证言，辨认笔录，扣押决定书、清单及照片，调取证据清单及被告人杜某某等人的微信信息资料，关于购买嘉兴"中洲花溪地"房产情况的说明，代理销售合同，购房合同，转账凭证，取款凭证，银行账户交易明细单，退缴违法所得的资金往来结算凭证，违法犯罪经历查询证明，到案经过，户籍证明等证据予以证实。

关于被告人杜某某、洪某辩护人的辩护意见，经审查，在案证据证实，为平衡被告人洪某的销售团队和被告人周某的销售团队的收益，被告人杜某某、洪某、周某商定，从2018年3月底开始，洪某团队、周某团队各自销售房产，收取的"茶水费"共同分配，故被告人洪某虽未参与周某团队的房产销售行为，但参与事先共谋、事后分款，被告人洪某的辩护人提出该部分事实不能认定洪某的犯罪金额的辩护意见不予采纳；公司对于内部福利分房以及认购房产的更名有相关规定，辩护人提及的部分房产均未按公司规定的内部认购及更名程序办理，实际购房人也未办理更名手续，被告人杜某某、洪某的辩护人提出该部分房产收取款项不能认定犯罪金额的辩护意见不予采纳；被告人洪某经派遣参与"中洲花溪地"商品房销售，在此过程中与A公司工作人员共同利用销售过程中的职务索取他人财物，该行为并非洪某的派遣公司的职务行为，索取的财物亦非辩护人所称应入公司账的佣金收入，被告人洪某的辩护人提出构成职务侵占罪的辩护意见不予采纳；被告人杜某某、洪某等人向客户刘某索取4.5万元，后经刘某维权予以退还，该节事实计入犯罪金额，退还的情节在量刑时予以酌情考虑。

本院认为，被告人杜某某、洪某、周某、孔某某、甘某某、潘某某、方某、陈某某、吴某某、邱某某共同利用案场销售经理对房源销控的职务便利以及销售人员对房源销售的职务便利，索取他人财物，为他人谋取利益，其中被告人杜某某涉及索取317.47万元，被告人洪某涉及索取400.27万元，被告人周某涉及索取285.977万元，被告人孔某某涉及索取172万元，均属数额巨大；被告人甘某某涉及索取88万元，被告人潘某某涉及索取81.4万元，被告人方某涉及索取78万元，被告人陈某某涉及索取70.8万元，被告人吴某某涉及索取65万元，被告人邱某某涉及索取30万元，均属数额较大，其行为均已构成非国家工作人员受贿罪。公诉机关指控罪名成立。被告人洪某、周某、孔某某、甘某某、潘某某、方某、陈某某、吴某某在共同犯罪中起次要辅助作用，系从犯，依法从轻、减轻处罚。被告人周某、孔某某、甘某某、潘某某、陈某某、吴某某具有自首情节，并自愿认罪认罚，依法从轻处罚。被告人杜某某、洪某、方某、邱某某具有坦白情节，并自愿认罪认罚，依法从轻处罚。被告人周某、孔某某、甘某某、潘某某、方某、陈某某、吴某某、邱某某退缴违法所得，酌情从轻处罚。综合本案被告人的犯罪情节、认罪态度及悔罪表现，可对被告人周某、孔某某、甘某某、潘某某、方某、陈某某、吴某某、邱某某适用缓刑。被告人周某、孔某某、甘某某、潘某某、方某、陈某某、吴某某、邱某某回到社区后，应当接受社区矫正，遵守法律、法规，服从监督管理，接受教育，完成公益劳动，做一名有益社会的公民。公诉机关量刑建议适当，应予采纳。辩护人提出从轻处罚的相关辩护意见予以采纳。据此，依照《中华人民共和国刑法》，第二十五条，第二十七条，第六十四条，第六十七条第一款、第三款，第七十二条，第一百六十三条第一款以及《中华人民共和国刑事诉讼法》第十五条的规定，判决如下：

（1）被告人杜某某犯非国家工作人员受贿罪，判处有期徒刑5年8个月。

（刑期自判决执行之日起计算。判决执行以前先行羁押的，羁押1日折抵刑期1日，即自2018年12月10日起至2024年8月9日止。）

（2）被告人洪某犯非国家工作人员受贿罪，判处有期徒刑4年6个月。

（刑期自判决执行之日起计算。判决执行以前先行羁押的，羁押1日折抵刑期1日，即自2018年12月10日起至2023年6月9日止。）

（3）被告人周某犯非国家工作人员受贿罪，判处有期徒刑3年，缓刑4年。

（缓刑考验期从判决确定之日起计算。）

（4）被告人孔某某犯非国家工作人员受贿罪，判处有期徒刑2年3个月，缓刑2年6个月。

（缓刑考验期从判决确定之日起计算。）

（5）被告人甘某某犯非国家工作人员受贿罪，判处有期徒刑1年8个月，缓刑2年。

（缓刑考验期从判决确定之日起计算。）

（6）被告人潘某某犯非国家工作人员受贿罪，判处有期徒刑1年8个月，缓刑2年。

（缓刑考验期从判决确定之日起计算。）

（7）被告人方某某犯非国家工作人员受贿罪，判处有期徒刑1年8个月，缓刑2年。

（缓刑考验期从判决确定之日起计算。）

（8）被告人陈某某犯非国家工作人员受贿罪，判处有期徒刑1年6个月，缓刑2年。

（缓刑考验期从判决确定之日起计算。）

（9）被告人吴某某犯非国家工作人员受贿罪，判处有期徒刑1年6个月，缓刑2年。

（缓刑考验期从判决确定之日起计算。）

（10）被告人邱某某犯非国家工作人员受贿罪，判处有期徒刑1年，缓刑1年6个月。

（缓刑考验期从判决确定之日起计算。）

（11）退缴的违法所得1151583元予以没收，上缴国库，其余违法所得继续追缴。

如不服本判决，可在接到判决书的第二日起10日内，通过本院或者直接向嘉兴市中级人民法院提出上诉。书面上诉的，应交上诉状正本一份，副本两份。

审判长： 郑　敏

人民陪审员： 欧文富

人民陪审员： 钱金魁

2020年7月27日

书记员： 赵珍燕

（来源：中国裁判文书网）

【实务案例2】团购费是第三方收取的服务费用，和开发商无关，且已经办理过户，不予退还。

上海市徐汇区人民法院

民事判决书

（2020）沪0104民初8459号

（前略）

一审法院认定事实如下：2016年10月22日，刘某某与A公司签订《君悦认购协议书》（以下简称认购协议），约定出卖方为A公司，买受方为刘某某。房屋位于君悦小区××幢××××室，建筑面积为80.89平方米。甲、乙双方约定按建筑面积计算该商品房价款。①该商品房销售价格：单价为10866元/平方米，总价为878951元。②该商品房优惠后成交价格：单价为8061.95元/平方米，总价为652131元。在该认购协议其他说明部分书写有"拾万认筹金未刷，承诺签约当天补齐，方可享受以上成交价（拾万认筹金不计入房款内）"的内容。刘某某对该书写内容不认可，认为书写内容在其签字时是没有的，是B公司后加上去的。

2016年11月4日，刘某某（乙方）与B公司（甲方）签订《云家中国团购服务协议书》（以下简称团购协议），合同编号为×××××××，主要内容为：鉴于"云家中国"作为"团购""电商"等活动的组织和策划者，为促成购房者以优惠价格与开发商达成最终交易搭建机会及服务平台，达成协议。甲方已提供团购服务活动的介绍并且乙方已了解甲方组织的团购服务活动内容，享受以优惠价格向开发商购买房屋的团购优惠待遇。乙方自愿加入甲方组织的团购服务活动，并同意向甲方缴纳10万元团购活动服务费，以获取参与团购活动的资格及享有"缴纳10万元团购活动服务费享受20万元购房价格优惠"的权利。乙方通过甲方组织的团购活动，选中意向房源并与开发商签署《房屋认购书》后，团购活动服务费将不再予以退还。团购活动服务费由甲方独立收取并归甲方所有，与合作楼盘开发商无关，不计入且不抵扣选购房屋的购房款。活动有效期为2016年9月21日至2016年12月31日。在该团购协议合同编号上方书写有"用于盈都君悦购房团购费专用10万元整，不计入房屋总价"。刘某某表示该书写内容在签字时是没有的，是后来刘某某自己写上去的，用于提醒自己。B公司则认为该书写内容系B公司工作人员写上去的，是为了提示客户。

同日，刘某某通过POS机支付B公司10万元。

同日，刘某某（买受人）与A公司（出卖人）签订《浙江省商品房买卖合同》（以下简称买卖合同），约定买受人购买位于海宁市长安镇（农发区）君悦小区的××幢××室，该商品房位于第××层，建筑面积为80.89平方米。该商品房单价为每平方米8061.95元，总金额为652131元。

审理中，刘某某表示所购房屋已过户，且已拿到房产证，共支付房款652131元（不包含10万元团购费）。

以上事实，除当事人庭审陈述外，另有认购协议、团购协议、银行支付凭证、《浙江省商品房买卖合同》等证据证明，本院予以确认。

审理中，B公司提交团购协议（白色联），该团购协议（白色联）与刘某某提交的团购协议（红色联）除盖章不同外，其他部分的内容是一样的，均包含了合同编号上方书写的内容。刘某某表示其在白色联写完字后，白色联被B公司拿走了。

本院认为，当事人应当按照约定全面履行自己的义务。团购协议明确约定："乙方通过甲方组织的团购活动，选中意向房源并与开发商签署《房屋认购书》后，团购活动服务费将不再予以退还。团购活动服务费由甲方独立收取并归甲方所有，与合作楼盘开发商无关，不计入且不抵扣选购房屋的购房款。"团购协议书写部分内容亦可证明刘某某实际知晓10万元团购费不计入房款。根据查明事实，刘某某实际已与A公司签订认购协议以及买卖合同，且根据刘某某陈述，房屋已过户且已拿到房产证，故刘某某向B公司主张退还团购费的诉请，无合同及事实依据，本院不予支持。据此，依照《中华人民共和国合同法》第六十条第一款的规定，判决如下：

（1）驳回刘某某的诉讼请求。

（2）案件受理费2300元，减半收取计1150元，由刘某某负担。

如不服本判决，可以在判决书送达之日起15日内，向本院递交上诉状，并按对方当事人的人数提出副本，上诉于上海市第一中级人民法院。

审判员：杨　锋

2020年6月24日

书记员：陆怿婷

（来源：中国裁判文书网）

【实务案例3】商品房买卖合同解除，但团购费由第三方公司收取，可向第三方公司另行主张。

上海市第二中级人民法院

民事判决书

（2019）沪02民终4472号

（前略）

一审法院认定事实：2016年9月5日，王某某（乙方、买方）与A公司（甲方、卖方）签订了一份《上海市商品房出售合同》，约定乙方向甲方购买位于上海市嘉定区××路××号地下　层××室商铺（以下简称"系争商铺"），建筑面积为37.57平方米，总房价款为1750000元。第四条约定，乙方应按本合同约定的付款方式和付款期限将房价款汇入甲方的账户——宁波银行上海嘉定支行，账户名称——×××××××，账号——×××××××××××××××××，乙方的付款时间和付款方式在本合同附件一中约定明确。甲方收到王某某支付的每一笔房款时均应开具发票。第六条约定，若乙方支付房价款采用银行贷款付款，而银行未按合同约定的期限代乙方向甲方付款的，仍视为乙方未按合同约定的时间付款，但因甲方原因的除外。第七条约定，乙方付清该房屋全款后，于2016年12月15日前，甲方向乙方交付房屋。第十三条约定，除不可抗力外，甲方如未在本合同约定的期限内将该房屋交付乙方使用，应当向乙方支付违约金，违约金按乙方已支付的房价款日万分之二点五计算，违约金自本合同第七条约定的最后交付期限之第二天起算至实际交付之日止，逾期超过180天，乙方有权单方解除本合同。第十七条约定，该房屋买卖所发生的税费按有关规定由甲、乙双方各自承担。第十九条约定，双方商定2017年3月5日前，由甲、乙双方共同向嘉定区房屋土地管理局办理价格申报及过户申请手续，申领该房屋的房地产权证（小产证）。因甲方原因，乙方无法在2017年9月5日前取得房地产权证（小产证），甲方应承担违约责任，违约金为总房价款的1%；2017年9月5日之日起180日内，乙方仍无法取得房地产权证（小产证），则乙方有权单方面解除合同。第二十条约定，乙方行使本合同条款中约定的单方面解除本合同权利时，应书面通知甲方，甲方应当在收到乙方的书面通知之日起60日内将乙方已支付的房价款（包括利息，利息按中国人民银行公布的同期贷款利率计算，下同）全部退还乙方，并承担赔偿责任，赔偿金额以总房价款的

20%计算，在退还房价款时一并支付给乙方。前款及本合同其他条款所称已支付的房价款是包括乙方直接支付和通过贷款方式支付的房价款。附件一付款时间和付款方式中约定：①乙方于2016年9月4日与甲方签署购房合同，并付首付房款200000元；②乙方于2016年10月20日前向甲方支付房款200000元；③乙方于2016年11月10日前向甲方支付房款480000元；④乙方以贷款方式于2017年1月10日前支付房款870000元；⑤以上述第④条所列方式支付房价款的，则贷款合同由乙方与贷款银行另行签署，如在第④条所述期限内，贷款实际到账金额少于乙方应付房价款，则不足部分乙方应在第④条所述期限到期后7天内自行补足，如第④条所述期限内，乙方贷款未获银行批准，则乙方应在第④条所述期限到期后7天内自行补足全部房价款；⑥如乙方未能按照上述约定支付房价款，则乙方需依照本合同约定承担违约责任。合同另对其他内容进行了约定。

同日，王某某（甲方，委托人）与A公司（乙方，受托人）另签订一份《南翔A商业用房商铺经营管理协议》，约定甲方将系争商铺委托乙方统一进行商业经营管理。

王某某付款情况如下：

（1）王某某于2016年8月21日在A广场售楼处通过银联POS机刷卡分两笔向案外人B企业管理服务事务所（以下简称B公司）支付50000元，POS机签购单上商户名称均标注为"B企业管理服务事务所A商业广场分店：A企业管理××路店"，并于同日收到收据一张，载明"团购服务费"50000元，落款处盖有"A商业广场营销中心"字样印章。同日，王某某在A广场售楼处通过银联POS机刷卡向A公司支付50000元，POS机签购单上商户名称标注为"A公司"，并于同日收到收据一张，载明"定金"50000元，落款处盖有"A商业广场营销中心"字样印章。

（2）2016年9月5日，王某某在A广场售楼处通过POS机刷卡向C公司支付房款15万元，POS机签购单上商户名称标注为"上海A置业"，并于同日收到收据一张，载明"首付款"15万元，落款处盖有"A商业广场营销中心"字样印章。同日，王某某在A广场售楼处通过银联POS机刷卡向B公司支付15万元，POS机签购单上商户名称标注为"B管理服务事务所A商业广场分店：B企业管理银翔路店"，并于同日收到收据一张，载明"团购服务费"15万元，落款处盖有"A商业广场营销中心"字样印章。

（3）2016年10月24日，王某某在A广场售楼处通过银联POS机刷卡向A公司支付房款20万元，POS机签购单上商户名称标注为"A公司"，并于同日收到收据一张，载明"首付款补款"20万元，落款处盖有"A商业广场营销中心"字样印章。

（4）2016年11月14日，王某某在A广场售楼处通过POS机刷卡向C公司支付12.9万元、20.9万元，POS机签购单上商户名称均标注为"A公司"。同日，王某某在A广场售楼处通过银联POS机刷卡向A公司分别支付8.2万元和6万元，POS机签购单上商户名称均标注为"A公司A商业广场分店：A置业××路店"。王某某于同日收到收据一张，载明"首付款补款"48万元，落款处盖有"A商业广场营销中心"字样印章。该日，王某某在A广场售楼处通过POS机刷卡另向C公司支付56766元，POS机签购单上商户名称标注为"上海A置业"，并于同日收到收据一张，载明"代办产证费"，落款处盖有"A商业广场营销中心"字样印章。

（5）王某某先后分别于2016年11月28日、2017年1月3日、2017年2月27日、2017年5月31日、2017年6月27日在A广场售楼处通过POS

机刷卡向C公司支付2万元、20万元、9万元、7万元、15万元，POS机签购单上商户名称均标注为"上海A置业"，并于2017年2月27日、2017年6月27日分别以现金方式向A广场售楼处工作人员支付1万元和3万元，王某某分别于付款当日收到收据一张，收款事由均载明为"首付款补款"，落款处盖有"A商业广场营销中心"字样印章。

（6）王某某分别于2017年8月25日、2017年9月29日在A广场售楼处通过POS机刷卡分笔向C公司支付8万元和22万元，POS机签购单上商户名称均标注为"上海A置业"，并于同日收到收据一张，载明"补款"，落款处盖有"A商业广场营销中心"字样印章。

综上所述，王某某合计向A公司和C公司支付房款175万元，向B公司支付"团购服务费"20万元，C荣公司支付"代办产证费"56766元。

2017年10月30日，A公司向王某某出具一份《承诺书》，承诺：①付款客户的购房发票在2017年11月1日至2018年3月31日前全部发给每个业主；②满足办理产证条件的业主，A公司承诺产证在2017年11月1日至2018年3月30日前全部办理完成；③A装修工程于2017年11月30日前开工建设，开业时间不迟于2018年10月1日，开业标准为商家入驻率不低于可租面积的70%，为15000平方米；④对于因A公司内部原因导致业主贷款无法通过审批并超过合同约定时间的，业主不承担相应的违约责任。以上第①、②、③条中，任意条款因A公司原因违约（业主方不予配合提供材料的A公司不承担违约责任）的，A公司承诺全额退房退款（按实际支付到账金额计算，未到账部分扣除）并赔偿房屋实际到账款的10%的违约金，退房款及违约金在3个月内到账。所有因A公司违约产生的律师费、诉讼费、办证费、税费等相关费用均由A公司承担。

另查明，王某某就本次诉讼支付律师费2万元。

一审法院审理中，A公司自认C公司为系争商铺所在的A商业广场的独家委托销售公司，A公司与王某某于2016年9月5日签订《上海市商品房出售合同》时是由C公司具体操作的，本案的房屋出售合同签约及付款均发生在A公司委托C公司销售期间；并自认未向王某某开具购房发票，也无法核实系争房屋交付情况。王某某自认团购费20万元不在房款内，支付了团购费才可享受总房款为175万元的优惠。

一审法院认为，案件的争议焦点如下：（1）A公司是否已收取购房款175万元？（2）王某某能否行使合同解除权？A公司应否承担违约责任？（3）是否应由A公司退还团购费20万元，退还办证费用56766元？

（1）A公司是否已收取购房款175万元？

一审法院认为王某某与A公司签订的《上海市商品房出售合同》系双方真实意思表示，且不违反法律、行政法规的强制性规定，当属有效。虽然《上海市商品房出售合同》约定了付款账户，但一手商品房买卖作为大宗商品消费，购买方现场付款客观上都是通过销售中心或者售楼处提供的POS机刷卡，此也系商品房买卖的交易惯例。王某某在具有"A商业广场营销中心"标识的售楼处签订系争《上海市商品房出售合同》，由该处的销售经办人员引领在POS机上刷卡付款，收取加盖"A商业广场营销中心"印章的收据，且相关POS机签购单上均显示商户为A公司，故王某某的付款行为不存在过错，其已经尽到了审慎注意义务。王某某有理由相信收款方为A公司，其也无从知晓收款人实际为C公司。即便系由C公司收取房款，根据A公司的陈述，C公司系其选定的A商业广场的独家代理销售单位，全权负责A商业广场的销售事宜，王某某对于此节事实并不知悉，其对于A公司与C公司之间权利义务的约定更无从知晓，王某某也有理由相信C公司有收取房款的权限，故法院认定王某某已经向A公司支付175万元购房款。

现A公司称仅收到部分房款，A公司可以根据与C公司之间的协议向C公司另行主张。

（2）王某某能否行使合同解除权？A公司应否承担违约责任？

根据合同约定，对照王某某的付款情况，王某某的前三笔房款均略有逾期，第四笔以贷款方式支付的房款870000元应于2017年1月10日前支付，王某某直至2017年9月29日才以现金补足该款，存在逾期付款的情形，但A公司在2017年10月30日向王某某出具的《承诺书》中载明"对于因A公司内部原因导致业主贷款无法通过审批并超过合同约定时间的，业主不承担相应的违约责任"，可视为免除了王某某逾期付款的违约责任；同时，A公司在向王某某出具的《承诺书》中亦对后续开具发票、办理过户及商铺开业的时间作出单方承诺，可视为双方对于办理过户时间重新进行约定，而A公司之后却未按约履行自己的承诺，且至今未向王某某开具全额发票、交付系争商铺并配合办理过户手续，显属违约，应承担相应的违约责任。现王某某以A公司未按约交付房屋及办理产证为由要求行使约定解除权并据此要求A公司按已付房款的20%承担解约违约金的诉请合法有据，对此法院予以支持。合同解除后，尚未履行的，终止履行；已经履行的，A公司应将已付的175万元购房款予以返还。关于律师费的诉请，鉴于A公司在《承诺书》中承诺因A公司违约产生的律师费等均由A公司负担，本案中王某某支付的律师费2万元应由A公司负担。

（3）是否应由A公司退还团购费20万元，退还办证费用56766元？

一审法院认为，王某某支付办证费用并非《上海市商品房出售合同》约定的内容，且收据上为"A商业广场营销中心"字样印章，并非A公司公司印章，该部分费用实际由C公司收取，综合通常的房屋买卖交易习惯，办证费用及税费应在房屋过户登记时由相关政府部门据实计算并收取，无法认定C公司收取该56766元的行为构成表见代理，故王某某要求A公司返还缺乏依据。至于团购费，同理，团购费实际是由B公司收取，收据上亦注明为"团购服务费"，与房款无关，故不应由A公司返还。综上所述，王某某要求A公司退还办证费用及团购费的诉请缺乏依据，对此法院不予支持。王某某就此可另行主张。

据此，一审法院判决如下：（1）解除王某某与A公司于2016年9月5日签订的关于上海市嘉定区××路××号地下一层××室商铺的《上海市商品房出售合同》；（2）A公司应于判决生效之日起10日内返还王某某已付房款175万元；（3）A公司应于判决生效之日起10日内给付王某某解约违约金35万元；（4）A公司应于判决生效之日起10日内给付王某某律师费2万元。

本院二审期间，双方当事人均未提交新证据。一审法院认定事实属实，本院予以确认。

本院认为，当事人基于自己的真实意思表示，约定各自民事权利和义务的合同，受法律保护，且各方当事人均应按照合同的约定履行相应的义务。王某某与A公司签订的《上海市商品房出售合同》仅约定王某某需支付购房款175万元，并未约定其需支付其他费用。王某某所支付的"团购服务费""代办产证费"均非合同约定需支付的款项，支付对象亦非A公司，其主张由A公司退还，缺乏事实及法律依据，本院难以支持。王某某所支付的175万元房款，POS机签购单上显示收款商户为A公司及上海A置业，一审法院认定王某某支付了全部的175万元房款并无不当，本院予以认同。至于A公司与C公司的房款收取争议，并非本案审理范围，A公司可另行主张。关于违约责任，一审法院已充分论述，本院予以认同，不再赘述。

综上所述，王某某、A公司的上诉请求均不能成立，应予驳回；一审判决认定事实清楚，适用法律正确，应予维持。依照《中华人民共和国民事诉讼法》第一百七十条第一款第（一）项的规定，判决如下：

驳回上诉，维持原判。

二审案件受理费28911.49元，由上诉人王某某负担5151.49元，上诉人A公司负担23760元。

本判决为终审判决。

审判长：王 珍

审判员：邬海蓉

审判员：俞 璐

2019年7月27日

书记员：万 晶

（来源：中国裁判文书网）

【**实务案例4**】商品房买卖合同解除，团购目的无法实现，团购费应当退还。

上海市第二中级人民法院
民事判决书

（2020）沪02民终2921号

（前略）

一审法院认定事实如下：2015年1月25日，金某某、程某某（乙方、买方）与A公司（甲方、卖方）签订《上海市商品房预售合同》一份，约定乙方向甲方购买上海市嘉定区××路××广场××号

××层××室商品房（以下简称系争房屋），政府批准的规划用途为店铺，总房价暂定为729497元；房屋交付必须符合下列第三种方案所列条件：取得了"建设工程竣工验收备案证书"；甲方定于2016年6月30日前将系争房屋交付给乙方，除不可抗力外；甲方如未在约定期限内将系争房屋交付乙方，应当向乙方支付违约金，违约金按乙方已支付的房价款日万分之零点五计算，违约金自约定的最后交付日期之第二天起算至实际交付之日止，逾期超过90天，买受人有权解除合同，买受人解除合同的，出卖人应当自买受人解除合同通知到达之日起30日内退还全部已付购房款，并按买受人累计已付购房款的1%向买受人支付违约金；乙方行使合同约定的单方面解除本合同权利时，应书面通知甲方，甲方应当在收到乙方书面通知起60日内将乙方已支付的房价款（包括利息，利息按中国人民银行公布的同期存款利率计算）全部退还乙方，并承担赔偿责任，赔偿金额为总房价款的1%，在退还房价款时一并支付给乙方，已支付房价款是包括乙方直接支付的和通过贷款方式支付的房价款。付款方式：一次性付款，不贷款，乙方于2015年1月25日与甲方签约，并付房款729497元。合同另对其他事项作了约定。

签订上述合同后，A公司于2015年1月25日开具金额为369497元的购房款发票一张，并于2015年2月25日开具金额为36万元的购房款发票一张，确认收到金某某、程某某支付的房款729497元。2014年10月26日，金某某、程某某为取得购房优惠，向B公司支付团购费5万元。

2017年8月，A公司取得系争房屋的"建设工程竣工验收备案证书"。

一审法院认为，金某某、程某某与A公司之间签订的《上海市商品房预售合同》系买卖双方当事人的真实意思表示，且不违反国家法律、法规规定，当属合法有效，双方应当遵照履行。合同约定A公司应于2016年6月30日前将系争房屋交付给金某某、程某某，但A公司至今未交房，显属违约，金某某、程某某有权按照合同约定行使单方解除权。现金某某、程某某主张解除合同，符合合同约定及法律规定，予以支持。合同解除后，A公司应返还已付房款，故对金某某、程某某要求返还房款的请求，亦予以支持。合同因A公司违约而致解除，A公司理应承担相应的违约责任。本案争议焦点为A公司应按何标准承担违约责任。金某某、程某某现主张的诉请中既有合同约定的违约金，也有其因A公司违约造成的损失。首先，金某某、程某某有权按照合同约定要求A公司偿付已付购房款1%的违约金。同时，已付房款的利息损失，亦是其实际损失。然根据法律规定，约定的违约金低于造成的损失的，当事人可以请求人民法院或者仲裁机构予以增加；请求人民法院增加违约金的，增加后的违约金数额以不超过实际损失额为限；增加违约金以后，当事人又请求对方赔偿损失的，人民法院不予支持。表明若实际损失大于违约金，法院支持的违约金金额应以当事人的实际损失为限。由于已付房款的利息损失远大于合同约定的违约金，且无法与违约金重复主张，故支持金某某、程某某关于实际损失部分即已付房款利息损失的诉讼请求。金某某、程某某主张的基数、起止时间和计算标准，并无不当，予以准许。关于团购费，预售合同因A公司违约解除，金某某、程某某支付团购费意欲通过预售合同履行实际享受到减免房屋价款优惠的目的已经无法实现，故B公司应返还团购费。金某某、程某某要求A公司共同返还团购费的请求，无合同和法律依据，不予支持。审理中，A公司经合法传唤，无正当理由未到庭参加诉讼，系无视法律的行为，表明其自动放弃了诉讼中可享有的答辩、质证等权利，应承担由此而引起的法律后果。

一审判决如下：

（1）解除金某某、程某某与A公司于2015年1月25日签订的《上海市商品房预售合同》。

（2）A公司应于判决生效之日起10日内返还金某某、程某某购房款729497元。

（3）A公司应于判决生效之日起10日内偿付金某某、程某某利息损失（以369497元为基数，自2015年1月25日计算至实际清偿之日止；以36万元为基数，自2015年2月25日计算至实际清偿之日止；其中2019年8月19日前按照中国人民银行公布的同期贷款基准利率计付，2019年8月20日后按照全国银行间同业拆借中心公布的贷款市场报价利率LPR计付）。

（4）B公司应于判决生效之日起10日内返还金某某、程某某团购费5万元。

（5）驳回金某某、程某某的其他诉讼请求。

二审中，各方均未提供新证据。

本院经审理查明，一审法院认定的事实无误，本院予以确认。

本院认为，金某某、程某某支付团购费的目的是在预售合同实际履行中享受到房屋价款减免优惠。现因A公司违约导致预售合同解除，金某某、程某某支付团购费的目的已经无法实现，B公司应予返还。一审对此处断正确，本院认同。上诉人B公司认为不返还团购费的上诉意见，本院不予支持。

综上所述，一审认定事实清楚，适用法律正确，应予维持。据此，依照《中华人民共和国民事诉讼法》第一百七十条第一款第（一）项的规定，判决如下：

驳回上诉，维持原判。

二审案件受理费1050元由上诉人B公司负担。

本判决为终审判决。

审判长：彭　辰

审判员：姚　跃

审判员：徐　江

2020年6月1日

法官助理：张末然

书记员：唐　晔

（来源：中国裁判文书网）

四　业主反击策略与技巧

（1）小业主在不得不支付"茶水费"、团购费的情况下，一定要注意将这笔费用计算在整个房价中，相关承诺要有书面记录，或者保留谈话录音。付款时要保留好转账记录、收据等书面凭证，尽量不要以现金方式支付。

（2）谨防钱房两空。付了费用后，如果开发商没有兑现之前的承诺，业主则应要求返还。如果开发商不返还，业主可以运用诉讼、刑事报案等方式追回，而且业主的前期工作如果做得到位，费用追回的概率也会大大提高。

（3）退费的兜底策略。如果开发商已经做到所承诺的事项，业主要求退费有失基本诚信；但是如果开发商未达成承诺却不退费，就没有道理了。业主要根据实际情况随机应变，才有追回所付费用的可能。

（4）费用最好交给开发商。无论"茶水费"、团购费还是服务费，尽量交给开发商，因为开发商是所有参与主体中最有经济实力的一方。

第四章

商品房预售合同

一 > 商品房预售合同的基本常识

（一）预售与现售的区别

开发商建造出售的房屋包括现房和期房两种，买卖现房的行为称为现售，买卖期房的行为称为预售。商品房买卖合同自然可以分为商品房出售合同和商品房预售合同。《商品房销售管理办法》第三条规定："商品房销售包括商品房现售和商品房预售。本办法所称商品房现售，是指房地产开发企业将竣工验收合格的商品房出售给买受人，并由买受人支付房价款的行为。本办法所称商品房预售，是指房地产开发企业将正在建设中的商品房预先出售给买受人，并由买受人支付定金或者房价款的行为。"

实践中，预售所占比例高、出现纠纷的概率大，因此本书以预售为主要阐释内容。

（二）合同示范文本的使用

合同示范文本是政府相关部门为指导商品房交易而制定的规范性文本，一定程度上为购房者提供了相对完善的合同范本。它虽然没有强制力，但大大改善了购房者在商品房交易中的劣势地位。虽然合同示范文本经历了从1995年的《商品房购销合同示范文本》到2000年的《商品房买卖合同示范文本》，再到2014年的《商品房买卖合同（预售）示范文本》《商品房买卖合同（预售）示范文本》的多次修订，但是由于合同示范文本没有强制力，而且允许选择性使用，其中的主要条款一般会被开发商以补充条款的方式予以修改，这使示范文本的作用大打折扣。

虽然合同示范文本不具有强制力，但是开发商提供的合同文本不允许业主修改。而且开发商提供的合同文本越来越厚，少则四五十页，多则八九十页。综观合同内容，开发商通常会将示范文本中保护业主的条款变成对开发商有利的条款，还会巧妙规避法律对格式文本、霸王条款的认定。因此，开发商提供的修改过的合同文本失去了示范文本应有的意义，有的合同文本中甚至不乏霸王条款。

二　预售合同中的格式条款

（一）格式条款的相关法律规定

2021年1月1日起施行的《民法典》，在《中华人民共和国合同法》及《最高人民法院关于适用〈中华人民共和国合同法〉若干问题的解释（二）》（以下简称《合同法解释二》）规定的基础上，对格式条款的订立规则及效力评价等进行细化规定。第四百九十六条规定："格式条款是当事人为了重复使用而预先拟定，并在订立合同时未与对方协商的条款。采用格式条款订立合同的，提供格式条款的一方应当遵循公平原则确定当事人之间的权利和义务，并采取合理的方式提示对方注意免除或者减轻其责任等与对方有重大利害关系的条款，按照对方的要求，对该条款予以说明。提供格式条款的一方未履行提示或者说明义务，致使对方没有注意或者理解与其有重大利害关系的条款的，对方可以主张该条款不成为合同的内容。"

在《民法典》中，格式条款的新变化体现在以下几个方面：一是提供格式条款的一方，除了免除或减轻其责任的条款外，其他与对方有重大利害关系的条款，如限制其责任的条款，也应当以合理的方式向对方提示和说明；二是如未提示和说明，《合同法》规定合同相对方可撤销该条款，《民法典》规定相对方可主张格式条款不成为合同的内容，减轻了合同相对方的诉讼负担；三是明确了格式条款无效的情形，有利于法院适用无效条款进行判决。

（二）格式条款的认定标准

（1）形式上，具备为重复使用而预先拟定的特征。比如，虽然合同中记载的内容系开发商预先拟定，但签约重要提示载明开发商提供的合同文本仅为示范文本；合同相关条款后均留有空白行，并在合同尾部增设了补充条款，供各方对合同进行修改使用。上述合同文本中留白条款表明，对于开发商预先拟定的条款，双方当事人可以协商变更约定；对于合同没有预先确定的内容，双方亦可以进行协商，即合同约定内容并非全部由开发商预先拟定且不能协商，开发商也通常会以此进行抗辩。

（2）内容上，各方地位不平等、权利义务不对等。比如，开发商作为专业的房地产开发机构，拥有天然的优势地位，有的开发商在和业主签约时明确拒绝业主修改合同条款的正当要求，而且双方签订的合同内容存在减轻开发商义务、加重业主责任的条款。

（3）程序上，是否尽到提示、说明义务要看实质，不能只看形式。比如，开发商为了降低被认定为格式条款的风险，通常会采用在合同上留有空白处、加粗文字，甚至要求业主手写条款等方式，但实际上绝大多数业主在签约前根本没有仔细看过合同，更不要说针对条款内容与开发商进行协商了。

（三）格式条款无效的情形

根据《民法典》第四百九十七条的规定，有下列情形之一的，该格式条款无效：

（1）具有本法第一编第六章第三节①和本法第五百零六条②规定的无效情形。

（2）提供格式条款一方不合理地免除或者减轻其责任、加重对方责任、限制对方主要权利。

（3）提供格式条款一方排除对方主要权利。

《民法典》明确了格式条款无效的情形，有利于法院适用无效条款进行判决。

三　预售合同的效力概况

（一）业主可以主张合同无效的5种情形

商品房预售合同成立后，只要具备生效要件，即发生法律效力，凡欠缺生效要件的合同，即归于无效。生效要件的欠缺，既包括一般生效要件的欠缺，也包括其他生效要件的欠缺。根据《民法典》，业主可以主张商品房预售合同无效的情形有以下5种：

（1）无民事行为能力人实施的民事法律行为无效。

---

① 《民法典》第一编第六章第三节为民事法律行为网效力，具体内容略。
② 《民法典》第五百零六条为："合同中的下列免费条款无效：（一）造成对方人身损害的；（二）因故意或者重大过失造成对方财产损失的。"

（2）行为人与相对人以虚假的意思表示实施的民事法律行为无效。

（3）违反法律和行政法规的强制性规定的民事法律行为无效。

（4）违背公序良俗的民事法律行为无效。

（5）行为人与相对人恶意串通，损害他人合法权益的民事法律行为无效。

（二）业主可以撤销合同的5种情形

根据《民法典》，业主可以撤销合同的情形有以下5种：

（1）基于重大误解实施的民事法律行为。

（2）一方以欺诈手段，使对方在违背真实意思的情况下实施的民事法律行为。

（3）第三人实施欺诈行为，使一方在违背真实意思的情况下实施的民事法律行为，对方知道或者应当知道该欺诈行为的。

（4）一方或者第三人以胁迫手段，使对方在违背真实意思的情况下实施的民事法律行为。

（5）一方利用对方处于危困状态、缺乏判断能力等情形，致使民事法律行为成立时显失公平的。

（三）业主可以解除合同的12种情形

业主可以解除合同的情形有以下12种：

（1）不可抗力。

（2）先卖后抵押的。

（3）一房两卖的。

（4）隐瞒无证售房事实的。

（5）隐瞒房屋抵押事实的。

（6）隐瞒房屋已出售事实的。

（7）隐瞒房屋为拆迁补偿安置房屋事实的。

（8）房屋存在严重质量问题影响正常居住使用的。

（9）房屋主体结构质量不合格的。

（10）房屋的产权面积与合同约定面积误差比绝对值超出3%。

（11）过分迟延交付房屋的。

（12）过分迟延办理产权过户的。

（四）惩罚性赔偿：退一赔一的5种情形

我国的惩罚性赔偿制度最早见于消费者权益保护领域，在商品房交易中引入惩罚性赔偿制度肇端于2003年《商品房买卖合同司法解释》的出台。一方面，由于开发商与购房者在合同签订过程中存在严重的信息不对等，购房者的利益容易受到侵害；另一方面，提高开发商的违约成本可以达到制约其违约行为的效果。从之前的司法实践来看，多数法院的商品房买卖合同纠纷判决不直接适用《中华人民共和国消费者权益保护法》（以下简称《消法》），而适用《商品房买卖合同司法解释》（旧版）中的第八条、第九条，其中规定了商品房买卖过程中可以适用惩罚性赔偿的5种情形：

（1）商品房买卖合同订立后，出卖人未告知买受人又将该房屋抵押给第三人。

（2）商品房买卖合同订立后，出卖人又将该房屋出卖给第三人。

（3）订立合同时，出卖人故意隐瞒没有取得商品房预售许可证明的事实或者提供虚假商品房预售许可证明。

（4）订立合同时，出卖人故意隐瞒所售房屋已经抵押的事实。

（5）订立合同时，出卖人故意隐瞒所售房屋已经出卖给第三人或者为拆迁补偿安置房屋的事实。

上述5种情形，买受人除了可请求出卖人返还已付购房款及利息、赔偿损失外，还可以请求出卖人承担不超过已付购房款一倍的赔偿责任。需要指出的是《商品房买卖合同司法解释》规定的赔偿责任是"不超过已付购房款一倍"，这就意味着赔偿金额可能不足已付购房款的一倍。

四 常见争议

【**实务案例1**】系争责任限制条款是亚绿公司事先拟定，并在房屋销售中重复使用的条款，属于格式条款的范畴。

上海市第一中级人民法院
民事判决书
（2017）沪01民终9095号

（前略）

一审法院认定事实如下：

2015年8月15日，张某1、张某2与A公司签订系争预售合同，约定：张某1、张某2向A公司购买坐落于上海市奉贤区××路××弄××号××层××室的房屋（以下简称系争房屋），暂定购房款总价为1616228元；A公司于2015年12月31日前交付房屋，除不可抗力外；如违约未按期交房，A公司支付已付购房款每日0.02%的违约金。合同补充条款一中，关于合同第十一条修改、补充如下：甲方（A公司）定于2015年12月31日前将该房屋交付给乙方（张某1、张某2），除不可抗力及其他甲方难以预计的客观情况外。客观情况包括但不限于非因甲方原因导致的以下情况：供水、供电、煤气、排水、通信、网络、道路等公共配套设施的延误，规划调整导致的工程推延，政府政策变化等。补充条款还约定如遇不可抗力，本合同约定的交房、大产证取得及小产证申领的时间相应顺延；本合同所指不可抗力的范围包括自然灾害、动乱、恶劣天气、政府行为、市政配套的批准与安装、重大工程技术难题，以及其他无法预见、无法避免或控制、无法克服的事件和情况等。嗣后，张某1、张某2陆续支付了购房款。2016年6月，A公司发出入住通知书，确认：实测购房款总价为1604177.84元，应退款12050.16元；要求张某1、张某2于2016年7月1日办理入住手续。2016年7月1日，张某1、张某2与A公司办理了交房手续。张某1、张某2认为A公司逾期交房，以致涉讼。

系争房屋所在小区的燃气管道外管工程于2015年3月23日由上海市奉贤区金汇镇人民政府与燃气公司签订合同，施工期限为90天，由于属地村民为管道建设用地和该小区配套道路建设等要求办理镇保，阻挠施工，该工程不能如期完成。2016年2月16日，上海市奉贤区金汇镇人民政府召开协调会进行协调，工程得以顺利进行。2016年4月20日，燃气管道外管工程竣工验收。2016年5月9日，燃气公司出具合格证明。2016年6月2日，A公司取得上海市建设工程竣工规划验收合格证。2016年7月1日，A公司取得上海市新建住宅交付使用许可证。

一审期间，A公司坚持认为不应承担违约责任，考虑具体情况同意自愿补偿张某1、张某2 11757元。

一审法院认为：依法成立的合同，对当事人具有法律约束力。本案中张某1、张某2与A公司签订的系争预售合同系双方真实意思表示，合法有效，双方均应恪守。本案实际交房时间为2016年7月1日，已经超过了合同约定的交付期限，但本案系争房屋迟延交付的原因主要是市政配套工程延误等因素造成，合同补充条款一第十五条约定，由于政府行为、市政配套工程等原因造成逾期交房，交房时间作相应顺延。张某1、张某2主张，配套工程迟延，不属于不可抗力。一审法院认为，市政配套工程迟延虽不属法律意义上不可抗力的范畴，但是确系开发商自身不能左右之情形。合同补充条款一第八条、第十五条约定，除不可抗力外，还包括A公司难以预计的客观情况，并进行了列举，其中包括市政配套工程迟延，而本案中正是该情形导致交房迟延，交房时间可予以顺延，且A公司在取得相关许可证当日就履行了交房义务，故张某1、张某2要求A公司承担逾期交房的违约责任无依据，不予采纳。张某1、张某2还主张合同系格式合同，但张某1、张某2与A公司签订的系争预售合同补充条款并非在签订时不可协商，不属于格式条款。退一步而言，即使构成格式条款，也不属于法律规定的格式条款无效的情形。现A公司自愿对张某1、张某2的损失进行补偿，于法无悖，一审法院予以支持。

一审法院审理后，依据《中华人民共和国合同法》第八条，《中华人民共和国民事诉讼法》第六十四条第一款、第二百五十三条的规定，于2017年5月12日作出判决：（1）驳回张某1、张某2的诉讼请求。（2）A公司于判决生效之日起10日内补偿张某1、张某2 11757元。如果未按判决指定的期间履行给付金钱义务，应当依照《中华人民共和国民事诉讼法》第二百五十三条的规定，加倍支付迟延履行期间的债务利息。一审案件受理费1254元，减半收取计627元，由张某1、张某2负担。

本院二审期间，A公司提交了2015年8月的工程量月报表，用以证明：在2015年8月，A公司已经完成了系争房屋所在小区范围内的全部工程量施工。张某1、张某2对该份证据的真实性予以确认，表示认可A公司已经在2015年8月完成了小区地块范围内的工程量施工。本院对该份证据予以采纳。

经本院审理查明，一审法院认定事实无误，本院予以确认。

二审审理中，A公司陈述：①其提供给购房者的合同文本中确实存在两种交房期限，一种是2015年9月，另一种是2015年12月；②2015年3月27日，A公司已得知居民阻止燃气配套施工的情况，故向政府部门发函催促，但其当时并不确定会造成竣工延误，因为还有可能后续追赶进度。

本院另查明，A公司于2014年取得系争房屋所在小区的预售许可证。2015年3月27日，A公司向上海市奉贤区金汇镇人民政府发送函件，载明：地块红线外至今没有燃气外管接口及自来水外管接口，小区红线外配套理应由镇政府落实解决，否则将影响A公司按期交房。2015年8月，A公司完成了系争房屋所在小区范围内的工程量施工。

又查明，系争预售合同补充条款第八条第2项为：发生上述情况不属于甲方逾期交付房屋，但甲方应及时通知乙方，通报这些客观情况。

还查明，A公司提交的2015年12月30日《会议纪要》中记载：燃气公司原定计划元旦过后4日开始准备进场施工，从小区西侧开始排管。2016年2月16日《会议纪要》中记载的议题是：解决住宅项目红线外土地未征，村民阻止红线外道路、管道施工事宜。

本院认为，张某1、张某2与A公司签订的系争预售合同系双方真实意思表示，不违反法律的效力性禁止性规定，A公司在签约时亦已经取得了预售许可证，故系争预售合同并不存在整体无效的情形。

系争预售合同约定，A公司应于2015年12月31日之前交房，而其实际交房时间为2016年7月1日，超出了合同约定期限。根据本院查明的事实，A公司在2015年8月完成了系争房屋所在小区范围内的工程量施工，而市政燃气、道路配套工程（以下简称配套工程）由政府部门负责实施，且施工地点不在A公司的受让地块范围之内。配套施工障碍直至2016年

2月16日才消除，从该节点至实际交房的期限为136天。如果扣除配套工程的受阻停滞期限，则A公司的实际交房期限并未超出合同约定。因此，造成系争房屋逾期交付的原因在于配套工程的延误。

在此前提下，张某1、张某2主张A公司应承担逾期交房违约金，A公司则以系争预售合同存在相应责任限制条款为由主张抗辩权。因此，本案二审争议焦点在于：①系争责任限制条款是否具有法律效力？②系争责任限制条款是否应当适用于本案？本院对此分述如下：

（1）关于系争责任限制条款是否具有法律效力的问题。

系争预售合同补充条款第八条约定，导致不能按期交房的"其他难以预计的客观情况"包括供水、供电、煤气、排水、通信、网络、道路等公共配套设施的延误等，发生上述情况不属于A公司逾期交房。第十五条规定，"因市政配套的批准与安装"等"无法预计、无法避免或控制、无法克服的事件和情况"，A公司可以顺延约定的交房日期。上述条款（简称系争责任限制条款）是对交房期限条款的补充约定。张某1、张某2主张系争责任限制条款属于无效格式条款，A公司则主张该条款有效。

对此，本院认为，系争责任限制条款属于A公司事先拟定，并在房屋销售中重复使用的条款，属于格式条款的范畴。系争责任限制条款使用了小号字体，而且根据当事人陈述的签约过程分析，A公司并未采取足以引起注意的方式对该条款予以说明。根据《最高人民法院关于适用〈中华人民共和国合同法〉若干问题的解释（二）》第九条的规定，提供格式条款的一方当事人违反合同法三十九条第一款关于提示和说明义务的规定，导致对方没有注意免除或者限制其责任的条款，对方当事人申请撤销该格式条款的，人民法院应当支持。系争责任限制条款虽然以列举免责事项的方式限制了逾期交房违约责任的范围，但并未绝对免除A

公司的违约责任。根据上述法律规定，系争责任限制条款属于可撤销的格式条款，而非绝对无效之格式条款，因张某1、张某2在法定的一年除斥期间内并未申请撤销该条款，故该条款仍属有效。张某1、张某2主张系争责任限制条款无效，无法律依据，本院不予采纳；A公司主张系争责任限制条款有效，本院予以采纳。

（2）关于系争责任限制条款是否应当适用于本案的问题。

张某1、张某2主张，配套工程延误并不属于"不可预见"的"不可抗力"，而且A公司在签约时已经知晓配套工程出现延误，但没有对其及时告知，即使系争责任限制条款有效，亦不能在本案中适用。A公司则主张，配套工程延误属于明确约定的免责事由，而且延误障碍可能在签约后消除，应当适用系争责任限制条款。双方对该条款是否应当适用的争议具体可分为三个层次：第一，该条款将免责事项描述为"不可抗力"是否影响其适用？第二，A公司是否在签约时对配套工程延误风险负有告知义务？第三，A公司的风险隐瞒行为是否导致排除该条款适用？本院对此分述如下：

第一，关于系争责任限制条款中的概括描述是否影响其适用的问题。系争责任限制条款所列举的事项中包括煤气、道路等公共配套设施，但在对此类事项的概括性定义中使用了甲方（A公司）"无法预计"的表述。对此，本院认为，配套工程施工虽然不在A公司的受让地块范围之内，但作为一家专业的房地产开发企业，配套工程出现延误的理论可能性是其在建造之初就能够预见的，其制订系争责任限制条款的目的也正是在于防范此类风险。因此，"无法预计"的表述是对列举事项所作的错误描述，此类事项不属于法定可免责的不可抗力范畴。但在列举事项已经具体明确的前提下，该表述并不影响双方就责任限制所达成的基础合意，不构成完全排除该条款适用的事由。张某1、张某2主张系争责任限制条款的性质表述存在错误，故应当整体排除其适用，缺乏事实依据，本院不予采纳。

第二，关于 A 公司是否在签约时对配套工程延误风险负有告知义务的问题。根据系争预售合同约定，A 公司应及时将免责事项的发生情况告知购房者。本案中，张某1、张某2主张 A 公司在签约时隐瞒了配套工程延误的情况，违反了合同约定。A 公司未提供证据证明其履行了风险告知程序，但称其虽然在2015年3月27日知晓了配套工程施工受阻的情况，但在签约时还并不确定会造成实际延误，有可能在后续履行中追赶进度，故其并不存在恶意隐瞒的行为。

对此，本院认为，首先，A 公司明知配套工程完成是整体竣工验收的前提条件，应当对配套工程的具体进展保持关注，据此预判实际可交房的时间。政府部门与配套施工单位的签约日期为2015年3月23日，A 公司的陈述及相关证据显示，由于施工地块未完成土地征收，当地居民与政府部门存在争议，阻挠施工，导致配套工程无法开工，陷入停滞状态。同年3月27日，A 公司得知该情况后便向政府部门发函催促，但在2015年8月时，尚不存在能够消除居民阻挠因素的迹象。直至2015年12月30日，配套工程施工单位在协调会议中仍然不能确定实际进场施工的日期。如果停滞状态延续，势必造成整体工程竣工延误。因此，"配套工程延误导致逾期交付房屋"在2015年3月27日虽然还不是确定发生的事实，但也已经不再是抽象的理论可能性，而是 A 公司已知的现实存在的显著风险。

其次，交房期限是购房者选择购房的重要考量因素，在没有收到风险告知的情况下，购房者无法对交房期限的实际可行性进行有效评估，在签约时陷入了信息不对称的状态。A 公司虽然期望障碍因素能够在后续履行中消除，但土地征收问题导致的施工停滞是根本性的延误因素，该因素并非 A 公司可以主观控制的，而且依照常理判断，土地征收需要履行法律规定的程序，无法于短期内得到解决。在交房期限事实上存在重大不确定性的前提下，A 公司的风险隐瞒行为可能对购房者的信赖利益造成实际损失。因此，A 公司不能以后续可能追赶进度为由免除自身的告知义务。本院认定，A 公司对自 2015 年 3 月 27 日起签约的购房者均负有对配套工程延误风险的告知义务。系争预售合同的签约日期为 2015 年 8 月 15 日，A 公司未对张某 1、张某 2 告知相应风险，违反了合同约定的告知义务。

第三，关于 A 公司的风险隐瞒行为是否导致排除系争责任限制条款适用的问题。系争责任限制条款中并未明文记载免责事项的产生时间限制。张某 1、张某 2 主张，在 A 公司隐瞒延误风险的情况下，约定的免责事项仅能适用于签约后新发生的情形，不应适用于本案，是对合同条款的限制解释；A 公司主张风险事项的产生时间不应对免责范围构成影响，系争责任限制条款应当适用于本案，是基于合同文义的基本理解。

双方当事人对该问题争议的本质是在 A 公司隐瞒已知风险的背景下，对合同条款的不同解释。《中华人民共和国合同法》（以下简称《合同法》）第四十一条规定，对格式条款的理解发生争议的，应当按照通常理解予以解释。对格式条款有两种以上解释的，应当作出不利于提供格式条款一方的解释。第一百二十五条第一款规定，当事人对合同条款的理解有争议的，应当按照合同所使用的词句、合同的有关条款、合同的目的、交易习惯以及诚实信用原则，确定该条款的真实意思。基于上述格式条款的解释规则，本院对该问题分析如下：

其一，商品房预售合同是在建商品房的销售合同，不同购房者的签约时间对应着不同的建设进度，购房者不知晓具体进度情况，不具备对交房期限可行性的判断能力。而交房期限条款也是由 A 公司单方拟定的格式条款，其可以根据实际建设进度在签约时调整交房期限。本案中，A公司亦认可其在预售合同中设置的交房期限分为2015年9月与2015年12月两种，说明其已经在后续销售中根据配套工程进度对交房期限进行了重新规划。因此，在没有被告知已存在现实风险的情况下，购房者与A公司所达成的责任限制合意，建立在购房者对交房期限具有现实合理性的信赖基础上。

其二，由于A公司单方隐瞒了现实延误风险，并且有能力重新规划交房期限，购房者有理由相信A公司对交房期限的现实可行性做出了承诺：该期限充分吸收了A公司已知的实际进度条件，原有的风险事项能够及时消除，如果没有在后续履行中出现新的免责事项，则在该期限内能够实现交房。因此，张某1、张某2主张双方约定的风险转移范围针对的是后续履行中出现的风险事项，不应包括已纳入交房期限考量因素的现实条件，符合《合同法》第一百二十五条的诚实信用解释原则。

其三，双方当事人对于格式合同条款的理解存在冲突，根据《合同法》第四十一条所规定的有利于相对人的解释规则，本院认为，在诚实信用原则下的购房者信赖利益价值高于格式条款提供者A公司的责任风险限定利益。交房期限条款与系争责任限制条款之间的互补逻辑关系应解释为：系争责任限制条款的适用范围限于签约后发生的不确定风险事项，不能适用于签约时被隐瞒的现实风险事项。A公司主张其风险隐瞒行为不影响系争责任限制条款的适用，本院不予采纳。

其四，本案中，A公司在2015年3月27日就已明知配套工程受阻停滞，产生了现实的延误风险，但其在2015年8月15日签约时并未向张某1、张某2告知该风险事项，而是承诺于2015年12月31日交房。配套工程受阻停滞的现实风险产生于系争预售合同签订之前，在后续没有出现新的风险事项的情况下，原有的风险状态持续延展，最终导致系争房屋于2016年7月1日才完成交付。A公司的上述行为违背了对交房期限具有现实可行性的承诺，无权就配套工程延误主张适用系争责任限制条款。

基于上述理由，A公司以配套工程延误为由，主张在本案中适用系争责任限制条款，抗辩张某1、张某2的逾期交房违约金请求权，无事实与法律依据，本院不予支持。张某1、张某2主张A公司承担逾期交房违约金，符合合同约定，本院予以支持。根据系争预售合同约定，A公司总计逾期达183日，按照实测面积总房款1604177.84元的每日0.02%比例计算，违约金总计为58713元。二审中，张某1、张某2表示自愿按照合同约定标准的55%比例主张违约金，系当事人对自身权利的处分，于法不悖，也与A公司的实际过错相适应，本院予以准许。因此，本院认定A公司应向张某1、张某2支付逾期交房违约金32292.15元。

综上所述，张某1、张某2的上诉请求具有事实与法律依据，本院予以支持。据此，依照《中华人民共和国合同法》第四十一条、第一百二十五条第一款，《最高人民法院关于适用〈中华人民共和国合同法〉若干问题的解释（二）》第九条，《中华人民共和国民事诉讼法》第一百七十条第一款第（二）项的规定，判决如下：

（1）撤销上海市奉贤区人民法院（2017）沪0120民初4598号民事判决。

（2）A公司于本判决生效之日起10日内向张某1、张某2支付逾期交房违约金32292.15元。

如未按本判决指定的期间履行给付金钱义务，应当按照《中华人民共和国民事诉讼法》第二百五十三条的规定，加倍支付迟延履行期间的债务利息。

一审案件受理费1254元，减半收取627元，二审案件受理费607元，均由A公司负担。

本判决为终审判决。

审判长：王剑平

审判员：沈　强

审判员：李　兴

2017年8月28日

书记员：曹　靖

（来源：中国裁判文书网）

【实务案例2】合同订立后，开发商未告知业主，又将该房屋抵押给案外人，符合惩罚性赔偿的规定，主张退一赔一，获得法院支持。

上海市第二中级人民法院
民事判决书

（2019）沪02民终6433号

（前略）

一审法院认定如下事实：丁某某、张某某持有一份落款处无签字而时间显示为2017年8月18日、内容上添加有"样张"字样的《上海市商品房出售合同》（以下简称样张合同），该合同乙方即买方为丁某某、张某某，甲方即卖方为A公司，其中约定乙方向甲方购买位于上海市嘉定区××路××号××层××室房屋（下称系争房屋），总房价款为223万元。第四条约定，乙方应按本合同约定的付款方式和付款期限将房价款汇入甲方的账户：宁波银行上海嘉定支行，账户名称：A公司，账号：××××××××××××××××，乙方的付款时间和付款方式在本合同附件一中约定明确。甲方收到原告支付的每一笔房款时均应开具发票。第六条约定，乙方支付房价款若采用银行贷款付款，而银行未按合同约定的期限代乙方向甲方付款的，仍视为乙方未按合同约定的时间付款，但因甲方原因的除外。第七条约定，甲方在收到乙方全部房价款之日起90日内，甲方向乙方交付房屋。第十三条约定，除不可抗力外，甲方如未在本合同第七条约定的期限内将该房屋交付乙方使用，应当向乙方支付违约金，违约金按乙方已支付的房价款日万分之二点五计算，违约金自本合同第七条约定的最后交付期限之次日起算至实际交付之日止。逾期超过180天，乙方有权单方解除本合同。第十九条约定，双方商定2018年2月18日前，由甲、乙双方共同向嘉定区房屋土地管理局办理价格申报及过户申请手续，申领该房屋房地产权证（小产证）。因甲方原因，乙方无法在2018年8月18日前取得房屋房地产权证（小产证），甲方应承担违约责任，违约金为总房价款的1%；自2018年8月18日起180天内，乙方仍无法取得房地产权证（小产证），则乙方有权单方面解除合同。第二十条约定，乙方行使本合同条款中约定的单方面解除本合同权利时，应书面通知甲方，甲方应当在收到乙方的书面通知之日起60天内将乙方已支付的房价款（包括利息，利息按中国人民银行公布的同期存款利率计算，下同）全部退还乙方，并承担赔偿责任，赔偿金额以总房价款的20%计算，在退还房价款时一并支付给乙方。附件一付款时间和付款方式中约定一次性付款、不贷款的，乙方于2018年8月18日与甲方签约，并付首付房款223万元。合同另对其他内容进行了约定。

2017年11月8日，就系争房屋，在网上备案系统备案有一份买方为丁某某、张某某，卖方为A公司的出售合同。A公司自网上备案系统调取的出售合同内容与上述样张合同内容一致。

一审又查明，丁某某于2017年8月13日、8月18日分别在A商业广场售楼处以POS机刷卡方式支付20万元、203万元，该两笔款项的POS机签购单字迹现已模糊，但相应银行流水显示以上223万元实际进入B公司账户，对应的收据收款事由载明"定金"及"首付款"，收据上加盖有"A商业广场营销中心"字样印章。以上付款，A公司均否认收到。就系争房屋，A公司未向丁某某开具发票。

一审再查明，2017年10月30日，A公司出具一份《承诺书》，载明：致A商业用房所有业主，我公司承诺如下：（1）付款客户的购房发票在2017年11月1日至2018年3月31日前全部发给每个业主；（2）满足办理产证条件的业主，A公司承诺产证在2017年11月1日至2018年3月30日前全部办理完成；（3）A装修工程于2017年11月30日前开工建设，开业时间不迟于2018年10月1日，开业标准为商家入驻率不低于可租面积的70%，即15000平方米；（4）因A公司内部原因导致业主贷款无法审批通过并超过合同约定时间的，业主不承担相应的违约责任。以上第（1）（2）（3）条中任意条款因A公司原因违约（业主方不予配合提供材料的，A公司不承担违约责任），A公司承诺全额退房退款（按实际支付到账金额计算，未到账部分扣除）并赔偿房屋实际到账款的10%的违约金，退房款及违约金在3个月内到账。所有因A公司违约产生的律师费、诉讼费、办证费、税费等相关费用均由A公司承担。

2017年8月31日，A公司在含系争房屋在内的房屋上设定有最高额抵押，债权数额为1.3亿元，抵押权人为南洋商业银行（中国）有限公司杭州分行。2018年1月2日，A公司向丁某某、张某某寄送《告知函》，函称B公司冒用A公司名义与其就系争房屋进行了网签备案，要求丁某某收函之日起7天内前往A公司售楼处澄清情况。系争房屋目前登记在A公司名下。一审法院依丁某某、张某某之申请，对系争房屋进行了查封。

丁某某、张某某为本次诉讼支付律师费4万元。本案诉状副本、传票等应诉材料于2018年8月31日被签收。

一审中，A公司自认B公司系其选定的系争房屋所在的A商业广场的代销单位，具体销售事项均由B公司操作办理，代销期间为2015年12月23日至2017年11月3日。丁某某则于审理中陈述：样张合同与备案合同之附件一中付款时间记载成2018年8月18日为笔误，实为2017年8月18日。

一审法院认为，丁某某、张某某与A公司已就系争房屋建立了买卖关系，样张合同与备案合同内容一致，均反映买卖双方的真实意思表示，且不违反法律、行政法规的强制性规定，当属有效，各方均应按约履行。

需要指出的是，根据合同内容、付款时间及备案时间可推知，签约及支付首付款时间实为2017年8月18日，而非2018年8月18日。

根据A公司的陈述，B公司系其选定的系争房屋所在的A商业广场的代销单位，全权负责A商业广场的销售事宜，而丁某某、张某某对此节事实并不知晓，其对A公司与B公司之间权利义务的约定更无从知晓。丁某某在具有"A商业广场营销中心"标识的售楼处签订系争房屋的出售合同，由该处的销售经办人员引领在POS机上刷卡付款，收取相应收据，故丁某某的付款行为不存在过错。虽然系争《上海市商品房出售合同》约定了付款账户，但一手商品房买卖作为大宗商品消费，购买方现场付款客观上都是通过销售中心或者售楼处提供的POS机刷卡，此也系商品房买卖的交易惯例。A公司称未收到任何房款，对于确未收到的款项A公司可以根据与B公司之间的协议向B公司另行主张。

丁某某已向A公司支付223万元购房款，A公司却未能按约向丁某某交房及办理过户，构成违约。按照双方合同第十三条的约定，丁某某于2018年5月中下旬即有权行使单方解约权，故本案诉状副本签收之日丁某某要求解约的意思即到达 A 公司，双方合同于该日即告解除。

合同解除后，尚未履行的，终止履行；已经履行的，A 公司应将已付购房款 223 万元予以返还，同时应当依照合同第二十条承担赔偿金。

关于律师费 4 万元，合同中虽未约定，但 A 公司通过《承诺书》承诺支付，且承诺对象明确为 A 商业用房所有业主，丁某某已于 2017 年 8 月 18 日支付了全部房款，A 公司却存在多项违约情形，理应支付律师费，A 公司提出未向丁某某出具《承诺书》故不支付律师费的意见，不予采纳。

关于丁某某要求 A 公司交付出售合同原件，暂且不论 A 公司有无向丁某某交付过出售合同原件及目前是否持有该合同原件，本案中已对双方合同内容进行了确认，且在丁某某诉请解除的前提下，再考虑到持有合同原件之必要性，对丁某某的该请求不予支持。

关于赔偿金 178.4 万元，A 公司向丁某某出售系争房屋后，又将系争房屋抵押给案外人，致使丁某某无法实现合同目的，故丁某某有权依据《最高人民法院关于审理商品房买卖合同纠纷案件适用法律若干问题的解释》第八条的规定，向 A 公司主张不超过已付购房款一倍的赔偿责任。现其自愿主张 178.4 万元，系其对自己权利的处分，一审法院予以确认。

一审法院判决如下：

（1）丁某某、张某某与 A 公司于 2017 年 8 月 18 日签订并于 2017 年 11 月 8 日网上备案的《上海市商品房出售合同》于 2018 年 8 月 31 日解除。

（2）A 公司应于判决生效之日起 10 日内返还丁某某、张某某已付房款 223 万元及利息（以 223 万元为基数，按中国人民银行公布的同期银行存款利率，自 2018 年 9 月 1 日计算至实际退还之日止）。

（3）A 公司应于判决生效之日起 10 日内支付丁某某、张某某违约赔偿金 44.6 万元。

（4）A 公司应于判决生效之日起 10 日内支付丁某某、张某某赔偿金

178.4万元。

（5）A公司应于判决生效之日起10日内支付丁某某、张某某律师费4万元。

（6）对丁某某、张某某的其他诉讼请求不予支持。

二审中，双方均未提供新证据。

二审另查明，丁某某、张某某在一审中提供由郎某及王某某于2017年8月18日签署的证明，载明："客户购买A商业广场3层51号房源，总价2230000元，客户已全款付给开发商，现客户发票、产证未领。特此证明。"根据网上备案的《上海市商品房出售合同》所载，郎某为A公司方合同拟签人员、确认人员。

本院经审理查明，一审法院认定的事实无误，本院予以确认。

本院认为，A公司作为系争房屋开发商，对于房屋销售中各环节应当予以高度关注并进行管理控制。根据A公司所作的确认，B公司系其房屋代销单位。A公司、B公司应为委托销售代理关系，B公司受托以A公司名义销售包括系争房屋在内的A商业广场商铺。B公司在应由A公司管控的售楼处与购房人洽谈协商、签订合同并收取购房款，应视为A公司知晓并同意B公司前述销售行为，A公司应承担相应的法律责任。丁某某方所付购房款可由A公司向B公司依据两公司之间的法律关系另行主张，A公司与B公司之间的纷争不影响本案事实及法律责任的认定。根据查明的事实，可以认定A公司在系争房屋抵押前已与丁某某方签订房屋出售合同并全额收取购房款。A公司未按约交房及办理过户构成违约，丁某某方有权依据合同约定行使单方解除权并要求A公司承担违约责任。鉴于A公司在签订合同后在未告知丁某某的情况下又将系争房屋抵押给案外人，丁某某方有权依据司法解释的有关规定主张不超过已付购房款一倍的赔偿。一审法院所作判定，符合双方合同约定和司法解释的规定。上诉人A公司的上诉请求缺乏事实和法律依据，本院不予支持。

丁某某一方一审诉请明确，一审经审理后均已全额支持，其上诉有关增加赔偿数额和律师费的诉请，超出其一审诉请范围，二审不予处理。关于丁某某方要求A公司返还合同原件的上诉请求，一审对此已作充分阐述，本院认同，对此项上诉请求亦不予支持。

综上所述，一审认定事实清楚，适用法律正确，应予维持。据此，依照《中华人民共和国民事诉讼法》第一百七十条第一款第（一）项之规定，判决如下：

驳回上诉，维持原判。

二审案件受理费52160元，由上诉人丁某某、张某某负担9360元，由上诉人A公司负担42800元。

本判决为终审判决。

审判长：彭　辰

审判员：徐　江

审判员：姚　跃

2019年8月26日

法官助理：张末然

书记员：慎哲仁

（来源：中国裁判文书网）

【实务案例3】预售合同补充条款是开发商提供的格式条款，条款内容免除了开发商的责任、排除了业主的主要权利，应为无效条款。

上海市奉贤区人民法院

民事判决书

（2016）沪0120民初1605号

（前略）

本院确认如下法律事实：2013年5月29日，原告刘某某1、刘某某2、×××、陈某某（乙方）与被告A公司（甲方）签订《商品房预售合同》，约定原告购买被告开发的坐落于上海市奉贤区××路××商务中心××、××号××层的房屋，政府批准的规划用途为店铺，总价款为2654528元。合同中关于甲方交房等的条款主要为：第十一条约定，"甲方定于2014年12月30日前将房屋交付给乙方，除不可抗力外"。第十二条约定，"甲方如未在本合同第十一条约定期限内将该房屋交付乙方，应当向乙方支付违约金，违约金按乙方已支付的房价款日万分之零点三计算，违约金自本合同第十一条约定的最后期限之第2天起算至实际交付之日止……"。第十四条约定，"在甲方办理了新建商品房房地产初始登记手续、取得了房地产权证（大产证）后30天内，由甲、乙双方签署本合同规定的《房屋交接书》。《房屋交接书》作为办理该房屋过户手续的必备文件。甲、乙双方在签署《房屋交接书》之日起60天内，由双方依法向奉贤区房地产交易中心办理价格申报、过户申请手续、申领该房屋的房地产权证（小产证）"。第十六条约定，"甲方保证在向乙方交付房屋时该房屋没有甲方设定的抵押权……"。合同中关于乙方付款等的主要条款为：合同第七条约定，"乙方若未按合同约定的时间付款，应当向甲方支付违约金，违约金按逾期未付款额的日万分之三计算，违约金自本合同的应付款期限之第2天起算至实际付款之日止，逾期超过30天后，甲方有权选择下列第二种方案追究乙方责任：……二、……如甲方要求乙方继续履行合同的，则双方应继续履行合同，自第31天起，乙方应当承担的违约金按逾期未付款的日万分之五计算……"。附件一付款方式和付款期限："（1）乙方于签约当日向甲方支付5.65%房款，即150000元；（2）乙方应于2013年6月29日前支付14.35%房款，即381000元；（3）乙方应于2013年8月29日前支付30.14%房款，即800000元；（4）乙方应于2013年9月25日前支付剩余房款，即1323528元。"补充条款一第七条第6款约定："乙方同意，若发生下列情况之一，甲方有权相应顺延交付房屋的期限和办理交接手续，在此情况下甲方不构成逾期交房：（1）乙方未付清本合同项下的全部价款，包括但不限于房价款（包括贷款）、面积误差结算款项、逾期付款的违约金以及在视为交房后由乙方承担的物业管理费等；……"补充条款一第九条第5款约定："甲乙双方同意：在任何情况下，乙方对房屋迟延交付、房屋初始登记迟延、房屋权属转移登记迟延的违约责任均不得同时适用，乙方只能选择其中一项，不适用叠加。"

原告于2013年5月1日支付房款50000元，签订合同当日支付房款100000元，2013年7月6日支付300000元，2013年9月28日支付400000元，2013年12月31日支付500000元，2014年3月2日支付1304528元，总计2654528元。

2015年4月7日，上海市奉贤区房地产交易中心受理了被告A公司关于涉案房屋的初始登记申请，并于2015年4月17日核准登记，初始登记权利人为被告A公司，竣工日期显示为2014年。其中房地产抵押状况信息登记的抵押权人为中国农业银行股份有限公司上海黄浦支行，登记证明号为奉201516005067号。债务履行期限为2012年10月22日至2017年10月20日。备注：期转现，原登记日为2012年12月12日，原登记证明号为奉201216013560号，本次抵押是奉201216011107、奉201216011110

号上海市房地产登记证明的追加抵押物。

2015年9月24日，被告向原告交付了涉案房屋的钥匙。

2015年10月14日，被告向原告出具了《房屋交接书》。

2016年1月5日，上海市奉贤区房地产交易中心受理了原告就涉案房屋的小产证办理申请，于2016年1月14日核准，登记权利人为原告刘某某1、刘某某2、×××、陈某某。

在办理小产证时，需要被告A公司承担的手续费1061元，原告先行垫付，该笔费用被告于2016年1月19日通过银行转账形式转至原告一方实际出资人刘某某3账户。

本案的争议焦点为：（1）被告是否应承担逾期交房和逾期办理房产证的违约责任；（2）原告是否应承担逾期付款的违约责任。

（1）关于本诉争议即争议焦点一，被告是否应承担逾期交房和逾期办理产证的违约责任。

第一，关于是否存在逾期交房的情形。原告认为，被告没有按照预售合同约定的时间将房屋交付给原告，同时被告在大产证上设定抵押，不符合预售合同第十六条中关于被告保证所交付房屋上不设定抵押的约定，故被告的行为属于逾期交房。被告依据预售合同补充条款中关于原告未支付逾期付款违约金的约定进行抗辩，因该条款是格式条款，减轻了被告的责任，免除了原告的权利，故应认定该格式条款无效。原告要求被告承担逾期交房违约金的诉讼请求应得到支持。被告认为其不构成逾期交房。因为预售合同补充条款一第七条第6款已明确约定，如原告存在逾期付款，在未付清逾期付款违约金时，被告可以顺延交房时间，不构成逾期交房。该预售合同是双方真实的意思表示，且因原告购买的是商铺，不应适用《中华人民共和国消费者权益保护法》认定合同条款无效，故原告不应以自身的原因，主张其不知道相关条款的约定或是不适用该条款。原告存在逾期付款的情形，应承担逾期付款的违约金，被告曾多次通过电话等形式向原告催讨逾期付款违约金，故在原告未付清逾期付款违约金的情况下，被告顺延了交房的时间。原告至今不符合交房条件，被告至今尚未完成交房，但不构成逾期交房。

本院认为，法律规定了先履行抗辩权，在一方当事人未按约履行其在先义务时，另一方有权拒绝履行其在后的义务。首先，本案中原告付款与被告交房的义务虽有先后，但预售合同中均约定了明确的日期，且并非相互为计算时点。在双方约定的被告应当交房的期限届满前，原告已经履行了其在先义务，付清了全部房款。其次，就购买方的逾期付款违约责任的承担与出售方所应承担交房的合同义务，彼此间不存在对等性及牵连性，在购买方已经付清全部房款后，即使存在逾期付款的履行瑕疵，对出售方继续履行合同并无明显损害，不足以影响出售方继续履行其合同主要义务及实现合同目的。故本院认为，预售合同补充条款一第七条第6款的约定虽为补充条款，但是被告提供的格式条款，被告依据该条款以原告未付清逾期付款违约金作为其拒绝履行交房这一主要合同义务的抗辩，实属免除被告的责任、排除原告主要权利，故该约定应为无效条款。被告的抗辩理由不成立，其未按预售合同约定的时间交房，应认定构成逾期交房。

第二，关于逾期交房违约金。首先，确定逾期交房的期限。原告认为其虽已经于2015年9月24日拿到了涉案房屋的钥匙，但因预售合同中第十六条明确约定"甲方保证在向乙方交付房屋时该房屋没有甲方设定的抵押权"，原告认为被告逾期交房的期限应自合同约定的交房时间起至涉案房屋的抵押涤除之日止。因被告直至本案委托诉前调解第二次调解（2016年1月5日）前才涤除了涉案房屋上设定的抵押，原告认为被告逾期交房的期限应自2014年12月30日至2015年12月30日。被告认为，在交房流程中，开发商会要求购房客户签署房屋验收交接单，但因为原告未付清逾期付款违约金，不符合交房条件，被告从未通知过原告去签署房屋验收交接单，应视涉案房屋尚未交付。但确认，被告已经于2015年9月24日将涉案房屋的钥匙交予原告，并于2015年10月14日向原告出具了《房屋交接书》。

本院认为，不动产物权的设立和变更经依法登记发生法律效力。实践中，不动产的占有转移和权利登记往往存在时间差，故预售合同中第十一条、第十二条中关于涉案房屋的交付，应是不动产实际占有的转移。双方均确认，2015年9月24日被告已将涉案房屋的钥匙交予原告。而关于《房屋交接书》的性质，合同中约定是作为办理该房屋过户手续而非转移房屋占有的必备文件，故应认定自被告将涉案房屋钥匙交予原告时即完成了房屋占有的转移，且涉案房屋上设定的抵押并不影响占有的转移。故被告逾期交房的期限应自2014年12月31日至2015年9月24日。

其次，确定逾期交房违约金的计算标准。原告认为，预售合同中关于被告逾期交房违约金和原告逾期付款违约金的计算标准的约定相差悬殊，该约定是被告提供的格式条款，存在不公平、不对等性，且无法弥补被告逾期交房给原告造成的损失，故应上调被告逾期交房违约金的计算标准。被告开发的相同小区同样性质房屋每天每平方米的出租租金在4~6元不等，按照平均数来计算，每天每平方米租金约为4.4元，涉案房屋的面积为92.36平方米，按被告逾期交房一年时间计算，给原告造成的租金损失大约应为148653.6元，与按照中国人民银行同期同类贷款利率计算的违约金数额相当。被告认为，预售合同的签署是双方真实的意思表示，且原告未就其按照租金损失计算违约金的方式提供相关的证据以证明上调违约金计算标准的合理性，故不应调高其逾期交房违约金的计算标准。

本院认为，双方虽在预售合同第十二条对被告逾期交房应向原告承担的违约金约定了计算的标准，但被告逾期交房客观上给原告造成了经济上的损失，结合本案的案情，现原告提出逾期交房违约金过低，综合考虑被告的违约情形、原告的客观损失，本院酌情将被告逾期交房违约金的计算标准调整至中国人民银行同期贷款利率。

第三，关于逾期办理产证的违约金。首先，关于逾期办理产证的期限，原告认为，根据预售合同第十四条的约定，被告应于初始登记完成后90日内配合原告向奉贤区房地产交易中心办理过户申请手续，申领小产证。但因被告在涉案房屋上设定的抵押未及时涤除，导致原告不能如期取得小产证，故被告逾期办理产证的期限应自2015年7月17日起至2015年12月30日止。被告认为，因原告逾期付款，且未付清逾期付款违约金前，被告可以顺延交房时间，同时也可顺延办理产证的时间，逾期办理产证责任在原告一方，被告不应承担逾期办理产证的违约责任。其次，关于逾期办理产证违约金的计算标准，原告认为，因双方未在预售合同中约定逾期办理产证的违约金的计算标准，故应根据相关司法解释规定的标准，按中国人民银行同期贷款利率计算，即以总房款按照年利率4.85%计算。

本院认为，依据《最高人民法院关于审理商品房买卖合同纠纷案件适用法律若干问题的解释》第十八条的规定，由于出卖人的原因，买受人在商品房买卖合同约定的办理房屋所有权登记的期限届满未能取得房屋权属证书的，除当事人有特殊约定外，出卖人应当承担违约责任。本案中，因被告在涉案房屋上设定的抵押未能及时涤除，导致原告未能在合同约定的期限内办理房产证，被告应依法承担逾期办理产证的违约责任。关于逾期办理产证的期限，因被告是在本案委托诉前调解期间才涤除涉案房屋抵押并配合原告申领房产证，奉贤区房地产交易中心于2016年1月5日受理了双方关于原告办理房产证的申请，故对原告主张的被告逾期办理产证的期限计至2015年12月30日的意见，本院予以认可。被告完成涉案房屋初始登记，取得大产证的时间为2015年4月17日，故按照合同约定，被告逾期办理房产证的期限应自2015年7月17日起至2015年12月30日止。因双方在合同中没有约定违约金数额和计算标准，依法可按照原告已付购房款总额，参照中国人民银行规定的金融机构计收逾期贷款利息的标准计算，现原告主张以购房款总额为本金，按年利率4.85%的标准计算，于法无悖，应予支持。

第四，关于逾期交房违约金和逾期办理产证违约金是否可叠加计算。被告认为，预售合同补充条款一第九条第5款已有明确约定，故原告不可同时主张被告逾期交房违约金和逾期办理产证违约金。原告认为，该"不适用叠加"计算违约金的约定是格式条款，减轻了被告的责任，故应依据《中华人民共和国消费者权益保护法》，认定该条款为无效条款。被告的逾期交房行为包含逾期交房和逾期办产证两个行为，被告的两个逾期行为均给原告造成了经济损失，因此应同时计算两项违约金。

本院认为，关于补充条款一第九条第5款中关于被告逾期交房和逾期办理房产证的违约责任"不适用叠加"的约定，虽是被告提供的格式条款，但该条款并未免除被告的责任，排除原告的主要权利。但对该条款的理解，应是对被告因逾期交房和逾期办理产证违约责任中叠加的部分，原告具有选择权，只能选择其一，对不叠加的部分，被告仍应当承担违约责任，且该约定也符合《最高人民法院关于审理商品房买卖合同纠纷案件适用法律若干问题的解释》第十八条关于"除当事人有特殊约定外，出卖人应承担违约责任"的规定。综上，根据原告的诉讼请求，确定被告应承担的逾期交房的违约金应以房款总额为本金，自2014年12月31日至2015年9月24日，按照中国人民银行同期贷款利率计算；被告应承担的逾期办理产证的违约金应以房款总额为本金，自2015年9月25日至2015年12月30日，按照年利率4.85%计算。

（2）关于反诉争议即争议焦点二，原告是否承担逾期付款的违约责任。

被告认为，预售合同附件一中明确约定了原告的付款期限和金额，但原告在实际付款时，与约定不一致，且被告未向原告作出任何承诺，同意其迟延付款，故原告属逾期付款，应向被告承担逾期付款的违约责任。原告认为，其虽未按预售合同上约定的时间付款，但因在付款过程中，被告销售人员口头承诺原告可以晚付款，且在原告出现逾期情形时，被告未及时催款以降低原告的损失，故被告对原告的逾期有较大的过错，且在原告起诉前，被告从未向原告主张过逾期付款的违约责任，故原告不应承担逾期付款的责任。即便法院认定原告违约，预售合同中就原告逾期付款违约金的约定标准为被告逾期交房应承担违约金计算标准的10倍之多，故原告请求调低。

本院认为，依法成立的合同对当事人有约束力，双方均应按照合同的约定履行义务。预售合同中对原告付款的期限和金额有明确约定，且履行付款义务是原告的主要合同义务，原告未按合同约定的时间付款，也未提供证据证明双方就原告付款的期限和金额的约定进行了变更，故原告主张其不应承担逾期付款违约责任的抗辩，于法无据，本院不予支持。对原告调低逾期付款违约金的计算标准的请求，本院认为，双方在预售合同中关于逾期付款违约金的计算标准和逾期交房违约金的计算标准虽相差较多，但两者是以不同的基数作为本金来计算的，逾期付款违约金是以原告未付款项为基数，而逾期交房违约金是以原告已付款项为基数，且逾期付款违约金的计算标准并不违反法律的规定，故对原告调低逾期付款违约金的计算标准的请求，本院不予支持。

综上，本院认为，依法成立的合同对当事人具有法律约束力。当事人应当按照约定履行自己的义务。本案中，原告、被告双方在履行合同过程中，均有违反合同义务的行为，应各自承担相应的责任。依照《中华人民共和国合同法》第八条、第六十条、第一百零七条、第一百一十四条、第一百二十条、第四十条，《最高人民法院关于审理商品房买卖合同纠纷案件适用法律若干问题的解释》第十八条，《中华人民共和国民事诉讼法》第六十四条第一款的规定，判决如下：

（1）被告（反诉原告）A公司有限公司于本判决生效之日起10日内支付原告（反诉被告）刘某某1、刘某某2、×××、陈某某逾期交房违约金110664.32元。

（2）被告（反诉原告）A公司有限公司于本判决生效之日起10日内支付原告（反诉被告）刘某某1、刘某某2、×××、陈某某逾期办理房屋产权证违约金34689.51元。

（3）原告（反诉被告）刘某某1、刘某某2、×××、陈某某于本判决生效之日起10日内支付被告（反诉原告）A公司逾期付款违约金129674.54元。

（4）驳回原告（反诉被告）刘某某1、刘某某2、×××、陈某某的其余诉讼请求。

如未按本判决指定的期间履行金钱给付义务，应当依照《中华人民共和国民事诉讼法》第二百五十三条的规定，加倍支付迟延履行期间的债务利息。

案件受理费4495元，减半收取计2247.5元由原告（反诉被告）刘某某1、刘某某2、×××、陈某某负担644元，由被告A公司承担1603.5元。反诉案件受理费2892元，减半收取计1446元，由原告（反诉被告）刘某某1、刘某某2、×××、陈某某负担。

如不服本判决，可在判决书送达之日起15日内向本院递交上诉状，并按对方当事人的人数提出副本，上诉于上海市第一中级人民法院。

代理审判员：许力涛

2016年4月12日

书记员：宋　苏

（来源：中国裁判文书网）

【实务案例4】合同网签备案但没有签约文本，法院认定合同不成立。

上海市嘉定区人民法院

民事判决书

（2019）沪0114民初11588号

（前略）

原告李某、甘某某与被告A公司房屋买卖合同纠纷一案，本院经审理认定事实如下：

（1）2017年8月19日，甘某某在A广场售楼处通过POS机刷卡及欧尚红雀卡分别向B公司支付13000元、7000元，POS机签购单上商户名称均标注为"上海A置业"。甘某某于当日收到1张金额为20000元的收据，落款处均盖有"A商业广场营销中心"字样印章，收款事由载明"A商业广场2层99室定金"。

（2）2017年8月22日，甘某某在A广场售楼处通过POS机刷卡向A

公司支付10000元，对应的POS机签购单上商户名称标注为"上海A置业有限公司"。同日，李某在A广场售楼处通过POS机刷卡向A公司支付20000元，对应的POS机签购单上商户名称标注为"上海A置业有限公司"。甘某某于当日收到金额为30000元的1张收据，落款处盖有"A商业广场营销中心"字样印章，收款事由载明"A商业广场2层99室定金"。

（3）2017年9月27日，甘某某在A广场售楼处通过POS机刷卡向B公司支付92000元，对应的POS机签购单上商户名称标注为"上海A置业"。同日，李某在A广场售楼处通过POS机刷卡向B公司支付1178000元，对应的POS机签购单上商户名称标注为"上海A置业"。甘某某、李某于当日收到金额为1270000元的1张收据，落款处盖有"A商业广场营销中心"字样印章，收款事由载明"A商业广场2层99室首付款"。

（4）上海市房地产交易中心出具《合同备案信息查阅结果》，该查阅结果载明：系争房屋网上合同信息备案日期为2017年11月8日，卖方为A公司，买方为甘某某、李某。同时，上述《合同备案信息查阅结果》注明：上述信息依据仅为网上备案系统接收到的合同备案信息，本查阅结果无法认定备案合同文本是否经买卖双方书面签字盖章生效。

本院另查明：

2017年10月30日，A公司出具一份《承诺书》，载明"致A商业用房所有业主，我公司承诺如下：（1）付款客户的购房发票在2017年11月1日至2018年3月31日前全部发给每个业主；（2）满足办理产证条件的业主，A公司承诺产证在2017年11月1日至2018年3月30日前全部办理完成；（3）A装修工程于2017年11月30日前开工建设，开业时间不迟于2018年10月1日，开业标准为商家入驻率不低于可租面积的70%，即

15000平方米；（4）因A公司内部原因导致业主贷款无法审批通过并超过合同约定时间的，业主不承担相应的违约责任。以上第（1）（2）（3）条中任意条款因A公司原因违约（业主方不予配合提供材料的，A公司不承担违约责任），A公司承诺全额退房退款（按实际支付到账金额计算，未到账部分扣除）并赔偿房屋实际到账款的10%的违约金，退房款及违约金在3个月内到账。所有因A公司违约产生的律师费、诉讼费、办证费、税费等相关费用均由A公司承担"。

甘某某、李某为证明其与A公司存在商品房买卖关系，提交了1份甘某某与A公司签订的《定购合同》的照片复印件，约定系争房屋总价为1500000元。但甘某某、李某无法提供其与A公司就买卖系争房屋签订的《上海市商品房出售合同》。

审理中，A公司自认B公司系其选定的系争房屋所在的A商业广场的代销单位，具体销售事项均由B公司操作办理，代销期间为2015年12月23日至2017年11月3日。

本院认为，当事人采用合同书形式订立合同的，自双方当事人签字或者盖章时合同成立。本案中，甘某某、李某虽就买卖系争房屋事宜进行了网上合同备案，备案信息中记载了买卖双方的名称以及房屋的位置，但是该信息仅为网上备案系统接收到的合同备案信息，该查阅结果无法认定备案合同文本是否经买卖双方书面签字盖章生效。现甘某某、李某无法提供其与A公司所签订的《上海市商品房出售合同》，其提供的甘某某与A公司签订的《定购合同》仅为照片复印件，约定的房屋总价也与甘某某、李某陈述的房屋总价不一致。因此，甘某某、李某与A公司间房屋买卖合同不成立。在合同尚未成立的情形下，甘某某、李某要求A公司返还先前已经收取的购房款可予以支持。

至于甘某某、李某已付款的认定以及A公司应返还的款项数额，本院认为，因一手商品房买卖作为大宗商品消费，购买方通过销售中心或者售楼处提供的POS机刷卡支付，应属商品房买卖的交易惯例。甘某某、李某在具有"A商业广场营销中心"标识的售楼处，由该处的销售经办人员引领在POS机上刷卡付款，相关POS机签购单上均显示商户为A公司，事后销售人员向甘某某、李某出具了加盖"A商业广场营销中心"印章的收据，款项性质均记载为定金或首付款，均属购房款范畴，甘某某、李某的付款行为不存在过错，其已尽审慎审查义务。甘某某、李某有理由相信收款方为A公司，而无从知晓实际收款人为B公司。即便系由B公司收取房款，根据A公司的陈述，B公司系其选定的A商业广场的独家代理销售单位，全权负责A商业广场的销售事宜，B公司收取购房款的行为后果应及于A公司。综上，本院认定甘某某、李某已经向A公司支付购房款为1320000元，该款A公司应当返还。A公司称其未收到部分购房款，其可向B公司另行主张。

关于退一赔一的赔偿款、利息以及律师费，因甘某某、李某与A公司间的买卖合同并不成立，甘某某、李某的上述主张缺乏合同依据以及法律依据，同时，甘某某、李某亦不属于《承诺书》的承诺对象，故本院对甘某某、李某的该部分诉请不予支持。

综上所述，依照《中华人民共和国合同法》第三十二条、《中华人民共和国民事诉讼法》第六十四条第一款以及《最高人民法院关于适用〈中华人民共和国民事诉讼法〉的解释》第九十条的规定，判决如下：

（1）被告A公司应于本判决生效之日起10日内返还原告甘某某、李某已付购房款1320000元。

（2）原告甘某某、李某的其余诉讼请求不予支持。

负有给付义务的当事人如未按本判决指定的期间履行给付金钱义务，应当依照《中华人民共和国民事诉讼法》第二百五十三条的规定，加倍支付迟延履行期间的债务利息。

本案受理费 28321 元，减半收取 14160.5 元，保全费 5000 元，合计诉讼费 19160.5 元，由原告甘某某、李某负担 9580.25 元，由被告 A 公司负担 9580.25 元（被告负担之款应于本判决生效之日起 7 日内交付本院）。

如不服本判决，可在判决书送达之日起 15 日内向本院递交上诉状，并按对方当事人的人数提出副本，上诉于上海市第二中级人民法院。

审判员：马　丹

2019 年 11 月 25 日

书记员：吴嘉芸

（来源：中国裁判文书网）

五　业主反击策略与技巧

（1）商品房买卖合同示范文本是格式合同，补充条款也是格式合同。开发商通常会以示范文本是住房和城乡建设部门、市场监督管理部门制定的，不是开发商自己制定的为由来抗辩示范文本不是格式合同。遇到这种问题，除了据理力争反驳之外，业主要提出补充条款也是格式合同的意见。

（2）霸王条款是无效条款。霸王条款一般隐藏在格式条款中。《合同法》第三十九条规定，采用格式条款订立合同的，提供格式条款的一方应当遵循公平原则确定当事人之间的权利和义务，并采取合理的方式提请对方注意免除或者限制其责任的条款，按照对方的要求，对该条款予以说明。《合同法》第四十条规定，提供格式条款一方免除其责任、加重对方责任、排除对方主要权利的，该条款无效。《合同法解释二》第十条规定，提供格式条款的一方当事人直抒合同法第三十九条第一款的规定，并具有《合同法》第四十条规定的情形之一的，人民法院应当认定该格式条款无效。

（3）主张格式条款不成为合同内容。《民法典》规定，相对方可主张格式条款不成为合同的内容，减轻了合同相对方的诉讼负担。按之前的规定，被认定属于可撤销的条款，往往会因为在法定的一年除斥期间内并未申请撤销，导致条款继续有效。

（4）谨慎选择是确认无效、撤销、解除合同还是继续履约。诉讼请求的确定直接影响案件的胜败，建议按以下思路进行。

①从经济利益、居住、投资、违约成本等角度来衡量房子是要还是不要。

②如果要，就要选择继续履约并主张相应的违约责任。比如要求支付违约金等。

③如果选择退房退款，则要严格区分无效、撤销、解除合同的不同及诉讼难度，选择与案件事实匹配的诉请。比如，一般情况下，继续履约要比退房退款容易得多，那么选择继续履行合同，同时主张些违约金胜诉的概率就高很多。

（5）兜底策略：增加一项确认合同条款为格式条款的请求。在以合同条款为格式条款主张权利或者抗辩时，考虑到案件的复杂程度和难度，还可以增加一项确认某项条款无效的请求，法院就会对是否支持该条诉讼请求作出明确的阐述，这样也会对条款作出明确认定。

第五章

商品房的交付

一 ▷ 交付条件

开发商向业主交付的房屋，应当经过建设工程竣工验收合格并已完成建设工程竣工验收备案登记。

（一）法定条件

建设工程尤其是住宅的验收应当符合国家强制性的验收标准。根据我国《建筑工程施工质量验收统一标准》的有关规定可知，建筑工程质量的竣工验收有相关专业验收规范的规定，且单位工程所含分部（子部分）工程的质量也应验收合格，如主体结构、消防设施、人防设施、小区道路、绿化等，这些分部工程均应一一验收合格，缺一不可。参与验收的具有专业资格的人员和单位，还应对建设工程分部工程质量提出明确的验收意见和结论。需注意的是，竣工验收合格有法定的强制性标准，而实践中反映该标准的书面材料即《工程竣工验收备案表》。房屋买卖合同约定的交付条件高于该标准的，以合同约定为准；合同约定的交付条件低于该标准的，按该标准认定。

建设单位组织设计、勘察、施工、监理等部门进行的竣工验收并取得验收合格的确认文件，只是建设单位接收建设工程并交付使用应满足的基本条件。建设工程交付前还应当由规划、环保、消防等部门予以认可，并由建设行政主管部门等进行审查，最终以备案的方式确定建设工程质量符合国家要求和标准。建设工程质量安全监督站、质检站作为对建设工程行使监督管理职能的机构，对所涉商品房是否验收合格享有审查权和监督权。

《上海市新建住宅交付使用许可规定》第二条规定："本市对新建住宅实行交付使用许可制度。新建住宅建设工程竣工验收合格后，其配套设施应当具备居民入住的基本条件，并取得新建住宅交付使用许可证，方可交付使用。个人建造的自住房屋不适用本规定。"

上述条款均属于强制性规定，即使房屋买卖合同中未明确约定，住宅的验收内容也应包含消防、人防等保障居民基本居住安全的验收项目，否则不宜认定为已符合交付条件。

（二）约定条件

（1）交付条款的约定。按目前上海地区一直沿用的2000年版的《上海市商品房预售合同》第十条对交付条件的约定，该条款在必须取得住宅交付使用许可证的前提下，提供了初始登记、新建商品房房地产权证（大产证）、注销抵押、缴纳物业维修基金等选项供双方选择。

（2）装修、设备标准的约定。2000年版的《上海市商品房预售合同》附件三对房屋建筑结构、装修及设备标准进行了详细的约定。《合同法》第一百五十三条规定："出卖人应当按照约定的质量要求交付标的物。出卖人提供有关标的物质量说明的，交付的标的物应当符合该说明的质量要求。"根据该规定，对于出现质量问题频率较高的精装房，举证、胜诉比毛坯房相对容易些。精装房不同于毛坯房，带有装修和设备，通常要达到拎包入住的标准。这部分内容将在第六章详细阐述。

二 ▷ 交付的流程

（一）正常流程

（1）开发商向业主发出书面的入住通知，该通知一般表现为邮寄的入伙通知书或交房通知书。

（2）业主持入住通知要求的证件及其他相关资料，在入住通知要求的期限内到开发商指定的地点办理收房手续。

（3）业主查阅《工程竣工验收备案表》或者上海地区专有的新建住宅交付使用许可证、住宅质量保证书、住宅使用说明书，业主主动要求开发商提供商品房面积实测数据等资料，在开发商相关工作人员的陪同下实地查验所购买的商品房并填写验房单。

（4）开发商对存在的质量问题予以修复或作出修复书面承诺，并经业主查验同意后，双方根据商品房面积实测技术报告结算面积误差。

（5）业主向开发商交纳法律规定和合同约定的其他费用。

（6）业主从开发商或开发商指定的第三方处领取房屋钥匙。

（7）业主向开发商依法选定的前期物业公司交纳物业费，并办理物业管理的相关手续，然后入住。

（二）强行交房

1.何为强行交房

顾名思义，强行交房就是房屋不具备交付条件，开发商强行将房子交付给业主。出现强行交房的根本原因是开发商不想承担因延期交房产生的违约责任。常见的强行交房方式有以下两种。

（1）滥发书面的交房通知。不管是否符合交房条件和交房标准，开发商都会在法律规定或者合同约定的交房时间之前，向业主寄送书面的交房通知。最后，开发商会以已经通知业主交房，履行了交房义务作为免责的抗辩理由。

（2）先领钥匙后验房。开发商为了减轻自己的交房义务，会采取打乱正常交房流程，让业主先缴纳尾款、维修基金、税费，签订验房单，领取钥匙等方式，达到业主先签字领钥匙、后实地验房的目的。

2.强行交房情况下业主收房的后果

根据《商品房买卖合同司法解释》（新版）第八条"对房屋的转移占有，视为房屋的交付使用，但当事人另有约定的除外"的规定，开发商在房屋尚未达到合同约定的交房条件的情况下向业主交房，属于瑕疵交房，而不属于逾期交房。司法实践中也存在少数不同判例，即认为业主直接接受房屋视为放弃了约定的交付条件，因此以业主办理交接手续之日为房屋实际交付之日，开发商不承担逾期交房违约责任。因此，购房者应该重视此风险，尽量不要在房屋不具备交付条件的情况下办理房屋交接手续。

三 逾期交房的认定标准及法律责任

（一）认定标准

1.超过约定的交房时间

《上海市商品房预售合同》第十一条对交房时间进行了明确约定，开发商要在交房时间前交付才不会构成违约。

2.不符合法定或者约定的交房条件

法定条件是最低限制，如果合同中约定了比法定条件严格的标准，开发商就应当按约定履行。

3.不按约定程序交房

开发商应当按合同约定，在交房前按合同预留送达地址以书面方式通知业主收房，这一程序是为了保障购房者的知情权和准备期限。若开发商没有以书面形式、未按购房者预留的地址或未在规定期限内告知业主收房，逾期交房责任应当由开发商承担。相反，如果开发商履行了约定的通知义务，业主因自身的原因未能及时知晓，则应自行承担风险。在举证方面，业主只需主张没有在约定期限内收到书面交房通知即可。

所以，对于开发商要求先收房后验房而引发的纠纷，因开发商明显违背了正常的交房程序，业主完全有权拒绝，同时要求开发商承担逾期交房的违约责任。

4.业主拒绝收房有合理、正当的理由

通常业主可以从两个方面提出拒收的理由。第一，开发商未提供符合法定交付条件和约定交付条件的证明文件、资料。开发商在交房时应该主动出示、提交部分文件，比如《工程竣工验收备案表》、住宅交付使用许可证、物业维修基金缴纳证明、住宅质量保证书、住宅使用说明书等。业主要求开发商出示合同约定的文件、资料，但开发商拒绝出示的，根据《上海市商品房预售合同》的第十三条约定，业主有权拒绝接收该房屋，由此而产生的延期交房的责任由开发商承担。第二，存在房屋质量问题。《合同法》第一百四十八条规定，"因标的物质量不符合质量要求，致使不能实现合同目的的，买受人可以拒绝接受标的物"。一般认为，标的物在交付时被发现无法满足基本合同目的，买受人可拒绝接受，视为卖方未能交付，承担相应逾期给付责任，而普通的质量问题，应当通过出卖人的物之瑕疵担保责任制度（如履行维修义务）来解决。精装房是开发商已经完成装修的房屋，应当达到交房后即可"拎包入住"的标准，在适用"严重影响正常居住使用"的标准时，应更注重居住需求，考虑到装修工程的必要质量要求，比如目前上海市相关规定要求装修后房屋的空气质量必须达到强制性最低标准，否则业主可拒绝收房。

（二）开发商承担的违约责任

1.责任承担方式

（1）继续履行合同、交付房屋。

业主购房无论是自住还是投资，绝大多数还是想要拿到房子的，因此要求开发商按合同约定交付满意的房屋是业主遇到房屋质量问题时常见的选择。

（2）维修或者支付维修费用，业主自行维修。

对于房屋出现的质量问题，如果问题不严重，通过维修基本上能够解决。但实务中很多开发商根本没有这种意识，只考虑企业的盈利和维修成本，怠于履行自己的维修义务，有的甚至直接拒绝维修。这导致业主没有好的解决办法，只能通过起诉要求开发商解决质量问题或者要求开发商支付维修费用。

（3）支付违约金或者赔偿损失。

对于开发商不按时交房，房屋买卖合同中会约定明确的违约金支付条款，一般是以购房款为计算基数，按日万分之几计算。如果因逾期交房给业主造成其他损失，业主也可以要求开发商赔偿损失。

（4）解除合同、退房退款。

在开发商违约达到合同约定的退房退款条件，或者违约情况比较严重，业主的购房目的无法实现，达到根本违约的情况下，才可能出现退房退款的现象。

2.开发商可能提出抗辩的免责理由

（1）不可抗力。

将2020年突然暴发的新冠肺炎疫情认定为不可抗力问题不大，但是开发商是否可依此免除责任还是不确定的，要从下面几个方面作出判断：延期发生在疫情期间，延期天数不超出实际停工时间；无法施工是疫情暴发导致的，比如当地政府要求停工、封路导致无法运送建筑材料、工地工人无法到岗等；开发商要及时通知业主，并提供停工证明。

（2）第三方原因。

开发商为了规避自己的责任，通常会提出逾期交房是第三方原因导致的理由。比如，因施工队的施工质量问题而停工、因工地周边居民抗议而暂缓施工等理由。根据合同相对性原则及《合同法》第一百二十一条的规定，开发商不能因第三方原因请求免责，仍应向业主承担逾期交房的违约责任。

（3）业主自身原因。

实践中也存在少数判例，即认为业主直接接受房屋视为放弃了约定的交付条件，因此以业主办理交接手续之日为房屋实际交付之日，开发商不再承担逾期交房违约责任。

四　常见争议

【实务案例1】开发商未按合同约定时间交房，构成违约，承担日万分之二的违约金。

上海市浦东新区人民法院

民事判决书

（2020）沪0115民初16090号

（前略）

本院经审理确认如下事实：2017年2月23日，A公司与案外人B公司签订《商业地产项目收购合同》一份，约定，B公司拟收购A公司开发的天歌商都项目，收购标的坐落于锦绣东路××弄1号1011—1030、2001—2039、3001—3039，2号1001—1064、2001—2066、3001—3064（详见预售许可证和预测报告）；销售标的中1号楼的销售期限为2017年3月1日至2018年5月31日，2号楼的销售期限为自B公司支付2号楼50%收购款后开始；合同期内，双方不签订正式购房合同，B公司有权将该项目的房源指定第三方购买，A公司应与指定第三方签订正式购房合同，指定第三方应支付购房款（含客户的贷款金额）视为B公司支付的购房款；超出底价部分的购房款（溢价房款）由B公司直接向指定第三方收取，并承担相应税费。该收购合同第三条第七款约定，B公司以买断、独家销售代理的方式销售该项目所购房屋，即在本合同有效期内，A公司委托B公司独家销售代理该项目的所购房源；2017年8月31日前，本项目其他房源（3~8号楼）的销售A公司拟指定B公司以本合同约定的方式收购及销售，具体的合约条款由双方另行协商确定，若双方协商不一致，A公司可自行销售或委托第三方销售该项目其他房源。2017年12月26日，A公司与B公司签订《商业地产项目收购合同》补充协议二，约定由B公司对项目4号楼、6号楼、7号楼进行收购、销售。补充协议二为《商业地产项目收购合同》的补充协议，补充协议二未涉及的相关条款均按双方于2017年2月23日签订的《商业地产项目收购合同》执行。2018年11月22日，两被告与B公司签订三方的《权利义务转让协议》，约定，A公司和

B公司同意，自2018年11月15日起B公司将其在收购合同、补充协议、补充协议二及补充协议三项下的所有权利义务概括转让给C公司，B公司不再履行上述法律文件。2018年10月31日，原告郑某作为乙方（预购方）、C公司作为甲方（卖方）签订《定金合同（供商品房预订时使用）》一份，约定，预定房屋地址上海市浦东新区锦绣东路××弄××号××室，购房总价为2550000元，定金为50000元，双方约定：乙方于2018年11月25日到甲方售楼处签订《上海市商品房预售合同》，原告同意签订本合同时，支付定金作为甲、乙双方当事人订立商品房预售/买卖合同的担保，签订商品房预售/买卖合同后，原告支付的定金转为购房费用。房款支付方式：按揭，原告于2018年11月25日前支付首笔购房款1800000元（含已支付的定金50000元），余款700000元以银行贷款方式支付，该款于2019年1月25日前付清。另在定金合同上备注：2018年11月7日补50000元构成100000元定金。2018年11月30日，原告与C公司签订《销售服务协议》，约定：C公司在原告购房过程中提供服务。原告向C公司支付销售服务费603269元。……本合同独立于原告因购买该房屋而签订的相关协议，与这些协议并无直接关联。2019年2月28日，原告与A公司签订《上海市商品房预售合同》，由原告向A公司购买坐落于上海市浦东新区锦绣东路5111弄天歌商都4号1层108室房屋，政府批准的规划用途为商业，暂测建筑面积为50.55平方米，每平方米房屋建筑面积单价为38511元，房屋总房价款暂定为1946731元。合同第十条、第十一条、第十二条约定，该房屋的交付必须符合下列条件：取得了住宅交付使用许可证；A公司对该房屋设定的抵押已注销；A公司已按规定缴纳了物业维修基金；A公司承诺于2019年6月30日前办理房地产初始登记手续，取得新建商品房房地产权证（大产证），如到时不能取得商品房房地产权证（大产证），原告有权单方面解除本合同。A公司定于2019年3月31日前将该房屋交付给原告，除不可抗力外。A公司如未在本合同第十一条约定期限内将该房屋交付原告，应当向原告支付违约金，违约金按原告已支付房价款的日万分之二计算，违约金自本合同第十一条约定的最后交付期限之第二天起算至实际交付之日止。第十四条约定，在A公司办理了新建商品房房地产初始登记手续、取得了房地产权证（大产证）后30日内，由买卖双方签署本合同规定的《房屋交接书》。《房屋交接书》作为办理该房屋过户手续的必备文件。买卖双方在签署《房屋交接书》之日起90天内，由双方依法向浦东新区房地产交易中心办理价格申报、过户申请手续、申领该房屋的房地产权证（小产证）。第三十一条约定，双方商定本合同生效之日起30日内，由买卖双方共同向房地产登记机构办理预告登记……合同附件一付款方式和付款期限约定，2018年11月30日前支付976731元。2019年3月30日前以贷款形式支付970000元……上述合同和协议签订后，原告依约向A公司支付了976731元，余款970000元目前尚未支付。原告向C公司依约支付了603269元。现因A公司未按时交房，原告向本院起诉，要求判如所请。

以上事实，有原告提供的《销售服务协议》《上海市商品房预售合同》以及收款发票等材料，被告C公司提供的《商业地产项目收购合同》、补充协议、补充协议二、补充协议三以及《权利义务转让协议》《定金合同》及原被告当庭陈述，在案佐证。

本院认为原告与A公司签订的《上海市商品房预售合同》系双方的真实意思表示，各方均应恪守。现原告要求A公司办理涉案房屋的预告登记，A公司亦表示同意，对此诉请，本院依法予以准许。根据预售合同约定，A公司应于2019年3月31日前交付房屋并承诺于2019年6月30日前办理房地产初始登记手续，取得新建商品房房地产权证（大产证）作为交房条件，然至原告起诉，A公司仍未交房，构成合同违约，应承担相应的违约责任。根据 A 公司与案外人 B 公司的《商业地产项目收购合同》、补充协议及两被告与 B 公司之间的三方协议约定，"超出底价部分的购房款（溢价房款）"由 C 公司直接收取，据此足以认定 C 公司向包括本案原告在内的购房者收取的"服务费"性质即为购房款。C 公司辩称是以服务费名义收取的签约转让金，因事先未向原告明示，事后原告也不予认可，且定金合同将该部分款项也一并列入房款中，故对其说法本院不予采信。本案中，双方对大产证取得的时间作了具体约定，小产证办理时间为在此之后的 120 天内。现因 A 公司逾期办理大产证致使购房者未能按期办理小产证，属于《商品房买卖合同司法解释》第十八条规定的由于出卖人的原因致使买受人逾期取得房屋权属证书的情形，原告要求对方按司法解释承担违约责任，并无不当。根据本条约定，小产证办理时间为 2019 年 10 月 28 日内，故逾期办证违约金的起算之日应为 2019 年 10 月 29 日。考虑到本案涉案房屋尚未竣工验收，A 公司至今仍未取得系争楼盘的大产证，故原告主张的"至实际小产证办理之日"客观上存在不确定性。由此，考虑到上述实际情况，本案所涉逾期办证违约金计算的截止时点确定为一审判决作出之日。至于之后的逾期办证违约金，原告可基于双方合同的实际履行情况另行主张。按期向购房者交付房屋和办理权属证明系 A 公司作为开发商的基本义务，现 A 公司不能按期交房，也未依约办理相关产权证明，购房者有权按实际支付的购房款的总额作为逾期交房违约金及逾期办证违约金的计算基数主张权利。至于 A 公司与 C 公司之间的费用结算约定或利益分配关系，与购房者无关，不能成为 A 公司减免自身责任的事由。C 公司并无向购房者交付房屋等义务，其在本案中亦无其他依法应当承担连带责任的情形，原告要求 C 公司承担责任，缺乏合同和法律依据，不予支持。依照《中华人民共和国合同法》第六十条第一款、第一百零七条、

第一百一十四条，《商品房买卖合同纠纷案件适用法律若干问题的解释》第十八条的规定，判决如下：

（1）被告A公司应于本判决生效之日起10日内与原告郑某共同向房地产登记机构办理上海市浦东新区锦绣东路××弄××号××室房屋的预告登记。

（2）被告A公司应于本判决生效之日起10日内向原告郑某支付逾期交房违约金（以1580000元为基数，按日万分之二的标准计算，自2019年4月1日起至实际交房之日止）。

（3）被告A公司应于本判决生效之日起10日内向原告郑某支付逾期办证违约金（以1580000元为基数，按照市场报价同期全国银行间同业拆借中心公布的贷款利率计算，自2019年10月29日起至2020年6月22日止）。

如果未按本判决指定的期间履行给付金钱义务，应当依照《中华人民共和国民事诉讼法》第二百五十三条的规定，加倍支付迟延履行期间的债务利息。

案件受理费1933元，减半收取计966.50元，由被告A公司承担。

如不服本判决，可在判决书送达之日起15日内向本院递交上诉状，并按对方当事人的人数提出副本，上诉于上海市第一中级人民法院。

审判员：谷丽云

2020年6月22日

书记员：陆佳怡

（来源：中国裁判文书网）

【实务案例2】开发商逾期交房构成违约，业主行使单方解除权解除合同，退房退款。

上海市嘉定区人民法院
民事判决书

（2020）沪0114民初12660号

（前略）

2015年1月31日，方某某（乙方、买方）与A公司（甲方、卖方）签订《上海市商品房预售合同》一份，约定乙方向甲方购买系争房屋，政府批准的规划用途为店铺，总房价暂定为786194元。房屋交付必须符合下列第三种方案所列条件："……三、取得了建设工程竣工验收备案证书；甲方定于2016年6月30日前将系争房屋交付给乙方，除不可抗力外；甲方如未在约定期限内将系争房屋交付乙方，应当向乙方支付违约金，违约金按乙方已支付的房价款日万分之零点五计算，违约金自约定的最后交付日期之第二天起算至实际交付之日止，逾期超过90天，买受人有权解除合同；买受人解除合同的，出卖人应当自买受人解除合同通知到达之日起30日内退还全部已付购房款，并按买受人累计已付购房款的1%向买受人支付违约金；乙方行使合同约定的单方面解除本合同权利时，应书面通知甲方，甲方应当在收到乙方书面通知起60天内将乙方已支付的房价款（包括利息，利息按中国人民银行公布的同期存款利率计算）全部退还乙方，并承担赔偿责任，赔偿金额为总房价款的1%，在退还房价款时一并支付给乙方，已支付房价款是包括乙方直接支付的和通过贷款方式支付的房价款。付款方式：一次性付款，不贷款，乙方于2015年1月31日前一次性付清全部房价款786194元。"

上述合同签订后，方某某于2015年1月31日支付了全部房款786194元，A公司开具了相应的购房款发票。

2017年8月，A公司取得系争房屋的建设工程竣工验收备案证书。

本院认为，方某某与A公司之间签订的《上海市商品房预售合同》系买卖双方当事人真实意思表示，且不违反国家法律、法规规定，当属合法有效，双方应当遵照履行。合同约定A公司应于2016年6月30日前将系争房屋交付给方某某，但A公司直至2017年8月才取得系争房屋的建设工程竣工验收备案证书，且至今未交房，显属违约，方某某有权按照合同约定行使单方解除权。现方某某主张解除合同，符合合同约定及法律规定，本院予以支持。合同解除后，A公司应返还已付房款，故对方某某要求返还房款的请求，本院亦予以支持。合同因A公司违约而致解除，A公司理应承担相应的违约责任。本案争议焦点为A公司应按何标准承担违约责任。方某某现主张的诉请中既有合同约定的违约金，也有其因A公司违约造成的损失。首先，方某某有权按照合同约定要求A公司偿付已付购房款1%的违约金。同时，已付房款的利息损失，亦是其实际损失。然后，根据法律规定，约定的违约金低于造成的损失的，当事人可以请求人民法院或者仲裁机构予以增加；请求人民法院增加违约金的，增加后的违约金数额以不超过实际损失额为限；增加违约金以后，当事人又请求对方赔偿损失的，人民法院不予支持。这表明，若当事人的实际损失大于违约金，法院支持的违约金金额应以当事人的实际损失为限。由于已付房款的利息损失远大于合同约定的违约金，且无法与违约金重复主张，故本院支持方某某关于实际损失部分即已付房款利息损失的诉讼请求。方某某主张利息的计算基数、起止时间并无不当，本院予以准许，但其主张按照年利率6%计算并无依据，本院调整为2019年8月19日前按照中国人民银行公布的同期贷款基准利率计付，2019年8月20日后按照同期全国银行间同业拆借中心公布的贷款市场报价利率LPR计付。审理中，A公司经本院合法传唤，无正当理由未到庭参加诉讼，系无视法律的行为，表明其自动放弃了诉讼中可享有的答辩、质证等权利，应承担由此而引起的法律后果。综上所述，依照《中华人民共和国合同法》第九十三条第二款、第九十七条、第一百一十四条第一款与第二款，《中华人民共和国民事诉讼法》第六十四条第一款、第一百四十四条，《最高人民法院关于适用〈中华人民共和国民事诉讼法〉的解释》第九十条的规定，判决如下：

（1）解除原告方某某与被告A公司于2015年1月31日签订的关于上海市嘉定区××路××广场××号××层××室房屋的《上海市商品房预售合同》。

（2）被告A公司应于本判决生效之日起10日内返还原告方某某购房款人民币786194元。

（3）被告A公司应于本判决生效之日起10日内偿付原告方某某利息损失（以786194元为基数，自2015年1月31日计算至实际清偿之日止；其中2019年8月19日前按照中国人民银行公布的同期贷款基准利率计付，2019年8月20日后按照同期全国银行间同业拆借中心公布的贷款市场报价利率LPR计付）。

（4）驳回原告方某某的其他诉讼请求。

如果未按本判决指定的期限履行金钱给付义务，应当依照《中华人民共和国民事诉讼法》第二百五十三条的规定，加倍支付迟延履行期间的债务利息。

本案受理费13588.65元，减半收取6794.33元，财产保全费5000元，合计诉讼费11794.33元，由原告方某某负担54.33元，被告A公司负担

11740元。被告负担之款应于本判决生效之日起7日内交付本院。

如不服本判决，可在判决书送达之日起15日内向本院递交上诉状，并按对方当事人的人数提出副本，上诉于上海市第二中级人民法院。

审判员：邓珍

2020年8月14日

书记员：朱雯

（来源：中国裁判文书网）

【实务案例3】开发商要求业主先签字后收房没有依据，据此不予交付房屋构成违约，应当承担逾期交房的违约责任。

上海市第二中级人民法院

民事判决书

（2020）沪02民终5340号

（前略）

一审法院认定事实如下：

2017年6月25日，郑某、陈某某（乙方）与A公司（甲方）签订《上海市商品房预售合同》，乙方向甲方购买上海市青浦区××镇××路××弄和悦锦庐××号××层××（复式）室住宅。第三条约定，房屋总价款为6134116元。第十一条约定，甲方定于2019年1月10日前将房屋交付乙方，除不可抗力外。第十二条约定，逾期交房违约金按乙方已支付房款的日万分之五计算。第十三条约定，房屋符合合同第十条约定的交付条件后，甲方应在交付之前5天书面通知乙方办理交付该房屋的手续，乙方应在收到该通知之日起10天内，会同甲方对该房屋进行验收交接。房屋交付的标志为甲方向乙方发出交楼通知书。第二十二条约定，甲方交付该房屋有其他工程质量问题的，乙方在保修期内有权要求甲方除免费修复外，还须按照修复费用的0倍予以补偿。合同附件五第一部分第九条约定，建设单位应按国家规定的保修期限和保修范围承担物业的保修责任。在保修期内出现的质量问题由建设单位及时解决。合同补充条款一第十七条约定，若甲方按照本合同条款按时达到房屋交付条件，又按本合同约定时间通知乙方办理房屋交付手续，而乙方未能在甲方的通知时间内按交房流程办理房屋交付手续的，甲方不承担逾期交房责任及违约金。第二十七条约定，在保修期范围内，乙方若发现房屋质量问题并及时通知甲方，甲方收到通知后须及时维修。若甲方不及时维修，产生后果由甲方负责。乙方在保修期限内有权要求甲方免费修复，此外甲方不承担乙方如交通费、误工费、租房费等其他任何费用以及其他间接损失。乙方若不及时通知甲方或不配合、妨碍、拖延甲方维修工作而产生超出保修期或由于不及时维修而使该质量问题影响扩大的，甲方不承担责任。双方对房屋质量产生异议的，乙方应委托本市有资质的建设工程质量检测机构检测。合同另约定了其他权利义务。

2018年12月13日，A公司向郑某、陈某某通过挂号信方式寄送《交楼通知书》，告知郑某、陈某某携带相关材料于2019年1月2日进行收房。

2019年1月2日，陈某某至售楼处收房，A公司工作人员要求陈某某在《交楼通知书》上签名证明已收到通知，陈某某拒绝签名要求进行后面的手续，A公司工作人员表示无法进行，双方协商未果。陈某某最后表示当天没办法决定，周六和丈夫一起来验房。

2019年1月13日，郑某、陈某某向A公司寄送《关于因上海启贤置业有限公司原因未能如期收房的催告函》，表示A公司在1月2日提出不合理要求造成收房未成，责任由A公司承担，要求A公司自2019年1月11日起按照合同约定承担逾期交房违约责任。该函件邮寄至系争房屋所在小区的会所和A公司注册地，查询记录显示均被签收。

2019年2月17日，郑某、陈某某办理了收房手续。

2019年4月2日，郑某、陈某某通过上海保利会App就烟道问题进行报修。2019年4月10日，郑某、陈某某在App上反映烟道没有修理即进入待评价状态。

2019年4月12日，郑某、陈某某向A公司、B公司分别邮寄《关于敦促立即修复西郊锦庐39幢112号内置烟道的通知》，表示因系争房屋存在烟道漏烟问题至今未解决，郑某、陈某某于2019年4月17日入住的计划无法实现，要求A公司、B公司于2019年4月24日前修复，郑某、陈某某将于2019年4月18日起按照市场租金标准计算房屋空置费。该函件邮寄至系争房屋所在小区的会所，查询记录显示被签收。

2019年4月12日，A公司向小区业主公布《关于烟道维修的通知》，告知业主维修方案计划，并表示预计施工及恢复周期为12天左右。

2019年6月11日，系争房屋登记至郑某、陈某某名下。

一审法院审理中，郑某、陈某某表示本案起诉B公司实际上也是起到证人作用，本案郑某、陈某某要求处理的是商品房预售合同纠纷案件。

郑某、陈某某认为系争房屋的租金标准为7000元/月，A公司认为系争房屋的租金标准为5500元/月。

郑某、陈某某为证明自己的主张，提供了2019年1月2日的视频、2019年3月24日与A公司工程经理王某的电话录音、2019年4月2日与物业管理处孟经理等人沟通的录音以及2019年4月8日郑某、陈某某参加A公司、B公司组织的关于烟道事宜沟通会的录音和视频截图、物业管理处工作人员团队照片。A公司对上述证据真实性均不予认可。B公司对物业管理人员孟经理和李某的照片予以认可，对其他证据均不予认可。

A公司为证明向郑某、陈某某催交房，提供了2019年1月18日向郑某、陈某某邮寄《催交楼通知书》的邮寄凭证和改退批条，2019年1月20日退信原因显示为拒收。郑某、陈某某表示并未收到该通知书，不清楚为何显示为拒收。

一审法院认为，郑某、陈某某与A公司签订《上海市商品房预售合同》系双方当事人的真实意思表示，内容不违反相关法律、行政法规的禁止性规定，应为合法有效，双方均应按约履行。关于交房问题，郑某、陈某某提供了当天的视频，A公司虽否认视频的真实性，但是未提出否认的充分理由，故法院对郑某、陈某某提供的视频真实性予以认可。根据当事人的陈述和视频资料，陈某某于2019年1月2日至售楼处收房，因陈某某拒绝在《交楼通知书》上签字，A公司未同意进行后续的收房手续。对此，法院认为，A公司要求陈某某在《交楼通知书》上签字并无法律或者合同的明确约定，A公司完全可以通过其他方式确认郑某、陈某某是否已经收到《交楼通知书》，在陈某某拒绝签字的情况下，A公司拒绝陈某某收房不当，理应承担相应的法律责任。双方发生争议后，完全可以通过协商解决，避免损失进一步扩大。郑某、陈某某在此之后并未及时到售楼处另行办理收房，A公司于2019年1月18日向郑某、陈某某寄送《催交楼通知书》，郑某、陈某某拒收，直至2019年2月17日才前往售楼处办理收房，对于扩大的损失由郑某、陈某某自行承担。综上所述，法院依据合同约定、当事人过错程度、实际损失等因素，酌情认定A公司应支付郑某、陈某某逾期交房违约金39872元。关于烟道修复，A公司认可烟道存在质量问题并且同意进行维修，关于维修方案，郑某、陈某某主张按照原房屋设计图方案进行修复符合法律规定，A公司提出的墙排方案并无证据证明符合法律法规的规定，故法院认定A公司应按照原房屋设计图方案进行修复。关于郑某、陈某某主张A公司、B公司赔偿空置费损失，法院认为系争房屋的质量问题虽未根本导致房屋无法使用，但仍在一定程度上影响使用，该损失应根据系争房屋的实际情况，按一定比例参考租金标准，法院酌定A公司赔偿郑某、陈某某每月空置费损失2000元。郑某、陈某某已于2019年4月2日进行报修，故对郑某、陈某某主张的起算时间法院予以支持。根据合同约定，交房和维修均系A公司的义务，郑某、陈某某要求B公司承担责任无法律依据，法院不予支持。

一审法院判决如下：（1）A公司应于判决生效之日起10日内赔偿郑某、陈某某逾期交房违约金39872元；（2）A公司应于判决生效之日起30日内，按照原房屋设计方案对上海市青浦区××镇××路××弄和悦锦庐××号××层××（复式）室房屋的顶排烟道实施修复；（3）A公司应于判决生效之日起10日内赔偿郑某、陈某某空置费损失（以每月2000元为标准，自2019年4月25日起计算至修复完毕之日止）；（4）郑某、陈某某的其余诉讼请求不予支持。

本院二审期间，郑某、陈某某表示，一审判决以后A公司与郑某、陈某某沟通，于2020年5月3日、2020年5月8日到系争房屋针对烟道进行了修理，A公司声称修理已经完成，但是其只修理了系争房屋内的烟道，未修理邻居的烟道。A公司表示，一审判决之后其主动联系郑某、陈某某实施维修解决问题，在维修过程中发现其他业主把烟道上面的部分封掉，这涉及相邻权问题，A公司愿意进一步承担维修责任，在执行过程中排除妨碍。一审法院认定事实属实，本院予以确认。

本院认为，关于交房问题，因陈某某拒绝在《交楼通知书》上签字，A公司未同意进行后续的收房手续。在《交楼通知书》上签字并无合同约定，陈某某拒绝签字，A公司亦应当交付房屋。以陈某某拒绝签字为由，A公司拒绝陈某某收房缺乏法律依据。在此之后A公司寄送《催交楼通知书》，郑某、陈某某拒收，因此一审法院认定A公司应承担延迟交房的违约责任，对于扩大的损失由郑某、陈某某自行承担，该意见并无不当，本院予以维持。一审法院对于违约金的酌定数额合理，本院不再调整。关于烟道修复，A公司认可烟道存在质量问题并且同意进行维修，实际也进行了维修。现维修也涉及其他业主，故应由A公司继续履行修复义务。关于赔偿空置费损失，系争房屋的质量问题在一定程度上影响使用，但未导致房屋无法使用，根据案件实际情况，本院酌定A公司赔偿郑某、陈某某空置费损失4000元。

综上所述，依照《中华人民共和国民事诉讼法》第一百七十条第一款第（二）项的规定，判决如下：

（1）维持上海市青浦区人民法院（2020）沪0118民初1063号民事判决第一项、第二项；

（2）撤销上海市青浦区人民法院（2020）沪0118民初1063号民事判决第三项；

（3）A公司应于本判决生效之日起10日内赔偿郑某、陈某某空置费损失4000元。

如果未按本判决指定的期间履行给付金钱义务，应当依照《中华人民共和国民事诉讼法》第二百五十三条的规定，加倍支付迟延履行期间的债务利息。

一审案件受理费2753.30元，减半收取计1376.65元，由郑某、陈某某负担853.25元，A公司负担523.40元。二审案件受理费2753.30元，由郑某、陈某某负担1956.50元，由A公司负担796.80元。

本判决为终审判决。

审判长：余 艺

审判员：张常青

审判员：成 皿

2020年7月29日

法官助理：苗一路

书记员：高兴盛

（来源：中国裁判文书网）

【实务案例4】 合同虽然约定日万分之五的违约金，开发商以过高为由要求调低，得到法院的支持。

上海市闵行区人民法院

民事判决书

（2019）沪0112民初21526号

（前略）

经审理表明：2016年12月8日，被告A公司（甲方、卖方）与原告陈某某（乙方、买方）签订《上海市商品房预售合同》一份，约定：乙方向甲方购买××路××弄三弦商业广场143号102室，政府批准的规划用途为办公；据甲方暂测，该房屋建筑面积为145.20平方米，其中套内建筑面积为94.84平方米、公用分摊建筑面积为50.36平方米，该房屋建筑层高为4.50米；第三条约定，乙方购买该房屋，每平方米房屋建筑面积单价（不包含房屋全装修价格）为20860.10元，根据甲方暂测的房屋建筑面积，乙方购买该房屋的总房价款（不包含房屋全名/现定名）暂定为3028886元。在该房屋交付时，房屋建筑面积以上海市房屋土地资源管理局认定的测绘机构实测面积为准，如甲方暂测面积与实测面积不一致，除法律、法规、规章另有规定外按下列约定处理：①按该房屋每平方米建筑面积单价计算，多退少补；②甲方同意当暂测面积与实测面积之间的误差超过3.00%（包括3.00%）时，不向乙方收取超过部分的房价款；甲方同意当暂测面积与实测面积之间的误差超过–3.00%（包括–3.00%）时，乙方有权单方面解除本合同。乙方行使单方解除权时，必须在双方签署《房屋交接书》之时或之前提出，否则视为放弃该项权利。乙方若未按本合同约定的时间付款，应当向甲方支付违约金，违约金按逾期未付款额的日万分之五计算，违约金自本合同的应付款期限之第二天起算至实际付款之日止，逾期超过30天后，甲方有权选择下列第一种方案追究乙方责任：甲方有权单方面解除本合同，乙方应当承担赔偿责任；赔偿金额为总房价款的5.00%，甲方有权在乙方已支付的房价款中扣除乙方应支付的赔偿金额，剩余房款退还给乙方；如乙方已支付的房价款不足赔偿的，甲方有权追索；甲方如行使解除合同权，应当书面通知乙方。该房屋的交付必须符合下列第一种方案所列条件：办理了房地产初始登记手续，取得新建商品房房地产产权证（大产证），甲方对该房屋设定的抵押已注销，甲方已按规定缴纳了物业维修基金；甲方定于2017年9月30日前将该房屋交付给乙方，除不可抗力外；甲方如未在本合同第十一条约定期限内将该房屋交付乙方，应当向乙方支付违约金，违约金按乙方已支付的房价款的日万分之五计算，违约金自本合同第十一条约定的最后交付期限之第二天起算至实际交付之日止。逾期超过90天，乙方有权选择下列第一种方案追究甲方责任：乙方有权单方面解除本合同；该房屋符合本合同第十条约定的交付条件后，甲方应在交付之日前7天书面通知乙方办理交付该房屋的手续，乙方应在收到该通知之日起10天内，会同甲方对该房屋进行验收交接。房屋交付的标志为双方签署《房屋交接书》。在验收交接时，甲方应出示符合本合同第十条约定的房屋交付条件的证明文件，因该房屋用途为办公用房，甲方应向乙方提供《上海市新建商品房质量保证书》和《新建商品房使用说明书》。同时，甲方应当根据乙方要求提供实测面积的有关资料。甲方如不出示和不提供前款规定的材料，乙方有权拒绝接受该房屋，由此而产生的延期交房的责任由甲方承担；在甲方办理了新建商品房房地产初始登记手续、取得了房地产权证（大产证）后30日内，由甲、乙双方签署本合同规定的《房屋交接书》。《房屋交接书》作为办理该房屋过户手续的必备文件。甲、乙双方在签署《房屋交接书》之日起30天内；由双方依法向闵行区房地产交易中心办理价格申报、过户申请手续、申领该房屋的房地产权证（小产证）；该房屋的风险责任自该房屋交付之日起由甲方转移给乙方。如乙方未按约定的日期办理该房屋的验收交接手续，甲方应当发出书面催告书一次。乙方未按催告书规定的日期办理该房屋的验收交接手续的，则自催告书约定的验收交接日之第二日起该房屋的风险责任转移由乙方承担。甲方保证在向乙方交付该房屋时该房屋没有甲方设定的抵押权，也在交付之日前不存在其他产权纠纷和财务纠纷。如房屋交付后出现与甲方保证不相一致的情况，由甲方承担全部责任；甲方交付的该房屋系验收合格的房屋。如该房屋的装修、设备标准达不到本合同附件三约定的标准，乙方有权要求甲方按实际的装修、设备与约定的装修、设备差价0.20倍给予补偿。如主体结构不符合本合同附件三约定的标准，乙方有权单方面解除本合同。根据乙方要求双方商定对标准的认定产生争议时，委托本市有资质的建设工程质量检测机构检测，并以该机构出具的书面鉴定意见为处理争议的依据。甲方交付该房屋有其他工程质量问题的，乙方在保修期内有权要求甲方除免费修复外，还须按照修复费的0.20倍给予补偿。双方商定对该房屋其他工程质量问题有争议的，委托本市有资质的建设工程质量检测机构检测，并以该机构出具的书面鉴定意见为处理争议的依据。本合同一方按照本合同约定向另一方送达的任何文件、回复及其他任何联系，必须用书面形式，且采用挂号邮寄或直接送达的方式，送达本合同的，应在接到所列另一方的地址或另一方以本条所述方式通知更改后的地址。如以挂号邮寄的方式，在投邮后（以寄出的邮戳为准）第5日将被视为已送达另一方，如以直接送达的方式送达，则于另一方签收时视为已送达。该房屋买卖过程中所发生的税费按有关规定由甲、乙双方各自承担。付款方式为分期付款，贷款方式为商业贷款，乙方于2016年12月8日与甲方签约，并付首付房款总计1528886元，乙方于2017年3月8日前应支付房款计1500000元。同时，补充条款中约定：甲、乙双方同意乙方按合同附件一中的付款方式向甲方支付所购房屋的房价款，乙方实际付款的日期以甲方收款银行到账日期为准。有下列情况之一的，即视为房屋已在质量合格的情况下交付乙方：①乙方验收合格并在验收单上签字确认、领取房屋钥匙；②乙方如未按预售合同第十三条规定办理验收交接手续，甲方按预售合同第十五条约定发出书面催告后，乙方仍未在催告书规定的日期内办理该房屋的验收交接手续的，视为房屋已交付乙方，由乙方承担相应责任。如因此造成房款及其他应在房屋交接时支付的费用延期交付的，按照本合同第七条规定的违约金标准处理；合同上的乙方住址应为乙方的确切联系地址。如乙方地址变更，应按预售合同正文第二十七条约定的方式及时告知甲方。如乙方未及时告知甲方，则甲方按乙方原址发送的任何文件、回复及其他任何联系自甲方发送之日起加上合理的在途时间即视为甲方送达乙方之日，由此产生的一切后果由乙方承担等。

原告于2016年11月26日向被告支付10万元，于2016年12月8日支付1428886元，于2016年11月24日通过贷款放款支付150万元。被告于2016年12月8日向原告分别开具了金额为100万元、528886元的购房发票两张，于2019年2月6日向原告分别开具了金额为100万元、50万元的购房发票两张。

2019年3月1日，被告向原告的龙水南路×××-×××号×××室之地址邮寄《A商业广场交房通知书》，要求原告于2019年3月18日办理交房手续，房款补偿需补18357元。原告陈述于3月底收悉该函件，并于3月23日左右至被告处办理房屋交接手续，但因对逾期交房违约金未达成一致，且房屋内设施设备未能按约完成施工，故于当日协商就未完工的设施设备退还原告50288元。因在3月底时未对补充协议的主文表述达成一致，故此后于2019年4月11日，被告A公司与原告陈某某签订《补充协议书》，约定：乙方购买甲方位于上海市闵行区××镇××路××弄A商业广场××号××室办公房屋1套，该房屋面积为145.2平方米，合同总价为3028886元；乙方并于2016年12月8日与甲方签订了网上商品房预售合同现上述房屋交付标准，双方协商约定室内布局（包含房屋门、主墙、室内砖墙隔墙、水、电、煤气等全部事宜）由乙方自行负责办理；双方达成协议；经乙方要求甲方一次性折让乙方50288元，乙方同意按房屋现状毛坯交付，上述约定事项自行办理；上述房屋合同价调整为2978598元整；双方上述《补充协议书》签订后，双方对上述房屋现状毛坯交付均无异议等。同日，被告A公司与原告陈某某签订《房屋交接书》，约定：甲方交付给乙方的房屋为××路××弄A商业广场××号××室，房屋实测建筑面积为146.03平方米，该房屋的总房价款为2978598元，乙方已付全部房价款2978598元，甲方已开具发票给乙方。

当日，被告向原告开具了金额为 -50288 元的购房发票，但未将相应折价款向原告予以支付。

2019 年 4 月 18 日，系争房屋过户登记至原告名下。

上述事实，由原告提交的《上海市商品房预售合同》《补充协议书》《房屋交接书》、付款凭证及购房发票一组、不动产权证、《三弦商业广场交房通知书》及邮寄凭证等证据及当事人的庭审陈述所证实。上述证据经庭审质证，具有真实性，且与本案相关联，本院确认其证据效力。

本院认为，原告、被告双方签订的《上海市商品房预售合同》《补充协议书》是当事人的真实意思表示，且不违反法律法规强制性规定，属合法有效，当事人均应依约履行。依据双方合同约定，被告应于 2017 年 9 月 30 日前将该房屋交付给原告，实际却未能按约予以交付，虽被告抗辩系因为政府规划与周边居民产生分歧，就此并未能向本院提交证据予以证明，且此并非属于合同约定之"不可抗力"。现被告未能按约交付房屋，应自 2017 年 10 月 1 日起承担相应之违约责任。虽被告于 2019 年 3 月 1 日向原告邮寄交房通知书，但此时系争房屋仍存在质量问题，并未符合合同约定之交付条件，直至双方于 2019 年 4 月 11 日就房屋瑕疵达成补偿方案，原告确认接收系争房屋，被告直至该日才完成交房义务，故应承担自 2017 年 10 月 1 日起至 2019 年 4 月 11 日止的逾期交房违约责任。至于逾期交付房屋违约金标准，原告主张按照合同约定之已付房款日万分之五计算，本院认为对于违约金的认定，既要尊重当事人之间的约定，同时也要考虑实际损失的大小，并兼顾合同的履行情况、当事人的过错程度以及预期收益等综合因素。本院考虑到逾期交房对原告造成之实际影响，从制裁违约和利益平衡原则出发，酌定被告按照已付房款日万分之一点五的标准，即每日 454.33 元的标准向原告支付自 2017 年 10 月 1 日起至 2019 年 4 月 11 日止的逾期交房违约金 253516.14 元。

综上所述，依据《中华人民共和国合同法》第一百零七条、第一百一十四条的规定，判决如下：

被告A公司于本判决生效之日起15日内向原告陈某某支付逾期交付房屋违约金253516.14元。

如果未按本判决指定的期间履行给付金钱义务，应当依照《中华人民共和国民事诉讼法》第二百五十三条的规定，加倍支付迟延履行期间的债务利息。

案件受理费12250.59元，由原告陈某某负担8575.41元，由被告A公司负担3675.18元。

如不服本判决，可在判决书送达之日起15日内向本院（立案庭）递交上诉状，并按对方当事人的人数提出副本，上诉于上海市第一中级人民法院。

审判长： 殷　雪

人民陪审员： 千卓英

人民陪审员： 陈永乾

2019年11月28日

书记员： 倪晶旌

（来源：中国裁判文书网）

五 业主反击策略与技巧

（1）注意交付的时间节点。房屋交付时间不仅是利益享受和风险承担的分界线，还是确定商品房保修期限、物业管理费交纳与房产证办理起算口的依据。

（2）业主应要求开发商出具符合交付条件的文件资料。

（3）对于开发商强行交房，业主应明确拒绝。开发商要求先签字后验房并没有法律规定或者合同约定，业主完全可以拒绝，而且开发商不能以此为由拒绝向业主交付房屋。遇到此类问题时，业主要明确告知开发商这样做的后果，并且保留相关证据材料。

（4）擅于借用公权力。业主在遇到开发商强行交房时，应向住建委、住建局等主管部门投诉，要求主管部门对开发商强行交房的行为进行管理、制约。

《商品房销售管理办法》第四十条规定，房地产开发企业将未组织竣工验收、验收不合格或者对不合格按合格验收的商品房擅自交付使用的，按照《建设工程质量管理条例》的规定处罚。《建设工程质量管理条例》第五十八条规定，违反本条例规定，建设单位有下列行为之一的，责令改正，处工程合同价款百分之二以上百分之四以下的罚款；造成损失的，依法承担赔偿责任：①未组织竣工验收，擅自交付使用的；②验收不合格，擅自交付使用的；③对不合格的建设工程按照合格工程验收的。

（5）向法院提起要求开发商交房的诉讼。

（6）提防开发商调低违约金。逾期交房违约金数额从日万分之五、万分之二、万分之一到总房款的万分之一不等，不同的开发商会提供不同的合同条款，但万变不离其宗，开发商的目的主要是少承担甚至不承担违约责任。知道了开发商的套路，业主在买房时就要提高警惕，遇到类似条款时，先争取修改条款，如果最终未能修改，可以通过以下意见予以抗辩。

①双方签订的商品房预售合同违约条款是由开发商制定并向所有业主提供的，具有格式条款的属性。开发商作为专业的房地产开发企业，在制定违约金具体标准时，对违约后果及责任承担已有充分预期。如选择日万分之二的标准，远远低于交易惯例中的日万分之三、日万分之五。

②开发商逾期交房、拒绝维修导致上诉人损失进一步扩大，除了给上诉人造成实际的房屋空置损失，还造成其生活、工作的不便，这与开发商应负担的社会责任背道而驰。

第六章

商品房的质量问题

一 > 商品房质量问题的类型

墙体、地面多处开裂！小区房屋质量堪忧！

……

随着房地产黄金时代的终结，加快周转、严控成本正成为开发商的共同选择。但与之伴随的是，楼盘装修、偷工减料等恶劣现象频出。

（一）常见的质量问题

房屋质量问题通常包括以下方面。

（1）楼体不稳定，如过了沉降期依然沉降不止、不均匀沉降等。

（2）裂缝，如楼板裂缝及墙体裂缝。

（3）渗漏，如水平渗漏或垂直渗漏。

（4）墙体空鼓、墙皮脱落。

（5）隔音、隔热效果差。

（6）门窗密闭性差、变形。

（7）上下水跑冒漏滴。

（8）水、电、暖、气设计不合理，影响业主正常使用。

（9）公用设施设计不合理，质量不过关，如楼梯位置设置不合理等。

（10）其他。

根据质量问题的严重程度，可将商品房质量问题分成三种。

第一种是主体结构质量不合格，是指商品房未能通过验收或经核验被认定为不符合质量要求，如楼体不稳定，包括地基、承重墙等出现结构性迸裂、倾斜、坍塌等严重质量问题。这种情况比较少见，说明政府相关部门对于直接影响居住安全的房屋主体结构的质量是重视的，管理也是有效的。

第二种是除主体结构质量问题以外的，经修复后不影响正常居住使用的商品房质量问题，如商品房渗水、地面空鼓、墙皮脱落等。

第三种是除主体结构质量问题以外的其他工程质量问题，并且该质量问题能够达到足以影响商品房正常居住和使用的"严重"程度，如楼板裂缝、墙体裂缝、不能正常供水供电等。

第二种和第三种质量问题实际是递进关系，但相关法律法规中并没有关于严重影响正常居住和使用的客观标准，更多是根据日常生活法则予以判断。

（二）空气质量问题

1.室内有害气体超标严重影响居住

民用建筑工程验收时，必须对室内环境污染浓度进行检测，检测的项目包括甲醛、苯、氨、TVOC（总挥发性有机化合物）、氡等。这些有害气体对人体的危害极大。

2.鉴定标准的适用

虽然有专门的司法鉴定机构，但是实践中其所出具鉴定结果的权威性良莠不齐。鉴定时采用的标准一定要予以明确。① 民用工程验收，应当适用《民用建筑工程室内环境污染控制标准》（GB 50325—2020）。② 交房之后的空气质量检测，应当适用《室内空气质量标准》（GB/T 18883—2002）。

上述两个标准中存在一个可能导致鉴定结果截然不同的关键点：门

窗关闭时间。门窗关闭时间会导致不同的结果，这也成为实践中容易出问题的地方。

二 > 精装房质量问题

（一）精装房的定义

精装房，是指开发商交房时已经对房子进行了全面装修，业主只要添加家具等物件就可以入住的房子，又称"成品房"。由于目前对精装房的交付标准没有明确的规定，一旦开发商与业主对精装房的交付标准理解存在差异，就可能产生精装房交付纠纷。

（二）问题频发的原因

一是开发商违约成本太低。对于精装房，开发商可以通过高收费低配置的方式获取高额利润，就算被发现违约，也很难受到应有的制裁。业主与开发商签订的购房合同是开发商提供的，除了示范文本部分外，其他的是格式文本，通常是对开发商有利且排除购房人权利的。

二是精装房往往有虚假宣传，而虚假宣传的违法成本也是很低的。一方面，开发商所提供的合同中往往会约定宣传资料不是合同的组成部分，对双方没有约束力；另一方面，哪怕行政部门认定了开发商是虚假宣传，但处罚往往与开发商因虚假宣传而获得的利益相差甚大。

三是对精装房交付标准的相关规定极不完善。常规的竣工验收备案针对的是毛坯房，并不包括精装房。

四是层层转包、层层分包是房地产行业、建筑行业中的常见现象，而非法转包、非法分包带来的是利益的层层分割，一些承包商会在材料上、用工上做文章，偷工减料，以次充好。

（三）精装房装修存在的风险

1.合同条款约定

如《上海市商品房预售合同》附件三对房屋建筑结构、装修及设备标准进行约定。但实际有可能存在开发商、承包商偷工养料，以次充好的情况。为些，业主在购房时对于精装修部分的条款可以予以细化，这样可以尽量减少货不对板情况的发生。

2.样板间或者宣传资料

如果楼盘宣传资料包含精装修的价格标准、配置标准、功能等内容，而且具体确定，并对合同的订立及房屋价格确定有重大影响，就可能构成精装修交付的标准。若样板间的设置未明确是否为交付标准，业主完全可能误认为样板间的装修即交付标准，因而质疑所购房屋的品质，进而导致一系列法律风险。

3.装修协议

在精装修问题频发的情况下，开发商为了规避风险，通过装修协议转嫁风险。在很多情况下，装修协议不仅没有起到防范装修问题的作用，反而引发了双方对于交付条件、装修价格等问题的争议。

三 > 质量问题的认定方法及责任承担

（一）认定方法

1. 根据日常经验所作的判断

根据日常的生活经验，业主基本上能发现房屋表面存在的一些质量问题。业主应将这些问题记录在案，为以后的维修处理做好充分准备。

2. 专业机构的鉴定

房屋出现的质量问题，除了能根据生活经验判断的，还有一些是需要专业的鉴定机构通过科学的鉴定手段才能检测出的问题。实务中，业主如果不能确定房屋是否存在质量问题，可以先自行委托第三方机构进行鉴定。如果确定存在问题，则要看开发商是否予以认可。在开发商不认可的情况下，业主可以向法院申请委托专业机构进行司法鉴定。

（二）开发商承担的违约责任

1. 开发商修复瑕疵或者承担相应的修复费用

如果业主和开发商对于存在的质量问题的处理方案能够达成一致，则开发商可以安排施工队伍予以维修；如果不能达成一致，则可能需要委托鉴定机构对系争房屋的质量问题进行鉴定并出具修复方案，开发商承担修复工程所需要的费用。

2. 赔偿因维修产生的空置损失

空置损失主要指房屋维修期间不能使用给业主造成的损失，也就是租金损失。这部分损失在诉讼中得到法院支持的可能性一般较大。

3. 质量瑕疵导致的逾期交房责任

此类责任的承担在实务中的矛盾通常最为突出，因为对于系争房屋的质量问题是否达到足以影响业主正常居住的程度争议较大。法院通常会根据案件实际情况、业主实际损失及各方过错大小，酌定开发商承担的责任。

4. 解除合同、退房退款

房屋质量问题达到合同约定的退房退款条件，或者开发商违约比较严重，业主的购房目的根本无法实现，形成了根本违约的情况，才可能出现解除合同、退房退款的现象。

四 常见争议

【实务案例1】房屋空气质量超标，属严重影响居住使用的质量问题，开发商交付的房屋不符合交房条件，除了修复之外，还要承担赔偿责任。

上海市第二中级人民法院

民事判决书

（2019）沪02民终11623号

（前略）

一审法院认定事实如下：

朱某某与A公司于2016年9月26日签订《上海市商品房预售合同》，约定由朱某某购买A公司开发的上海市××路××弄××号××层

××室房屋（以下简称系争房屋），房屋暂定价为25901044元，交房日期为2017年6月26日，逾期交房的，按已付房款日万分之三计付违约金，具体交房时间以《交房通知书》规定的交房日期为准，买受方存在如下情形之一的，视为该房屋已按照合同约定标准交付：①买受方未按照《交房通知书》规定的时间与出卖方办理交房手续；②该房屋交付时，除了不具备约定的交房条件和存在主体结构质量问题及严重影响居住使用的质量问题外，买受方以其他任何理由拒绝收房。如发生上述两款约定的情况，《交房通知书》约定的交房日期之第二日起，该房屋的风险责任、水电费等转由买受方承担，且开始计算房屋及其设备的保修期，物业服务费从《交房通知书》约定的交房日期的次月起由买受方负担。收房时，除了主体结构不合格等严重影响买受方居住的质量问题外，一般质量问题不影响交接手续的办理，买受方不得延迟或拒绝办理房屋的交接手续，买受方可要求出卖方在合理时间内承担维修义务，合同还对其他相关事项作了约定。合同生效后，朱某某按约付清了全部房款25901044元，A公司于2017年6月6日向朱某某发出《交房通知书》，通知朱某某在同年6月26日前预约办理交房手续的时间。朱某某收到通知后，于2017年6月11日与A公司办理了房屋交接手续，并向物业管理方支付了自2017年7月1日至2018年6月30日止的物业管理费21324.48元。朱某某接受房屋后，发现房屋室内空气有强烈刺激味，致使其无法入住，同时小区其他业主也有类似反映，朱某某遂与A公司交涉，但对A公司提出的更换密度板及补偿方案有异议。为此，朱某某于2018年6月14日委托B研究院对系争房屋的卧室、客厅的空气质量进行检测。该研究院出具的检测报告显示，系争房屋三个卧室和客厅的甲醛、总挥发性有机物指标均不符合规定。根据检测报告结果，朱某某以A公司交付的房屋空气质量严重超标，危害居住人员身体健康，属于合同约定的严重影响居住使用的质量问题，故不能作为按约交房为由，于2018年7月30日提起诉讼，要求A公司对系争房屋进行整改，并承担逾期交房违约金和赔偿其已付的物业管理费。

一审法院审理中，根据朱某某的申请，法院依法委托C公司对系争房屋内空气质量进行检测。经检测单位对系争房屋内三个卧室和客厅的甲醛、苯、TVOC三个项目的检测，出具的检测报告显示，三个卧室和客厅都存在甲醛超标，两个卧室存在TVOC超标的情况。朱某某对检测报告无异议，A公司对检测报告及检测流程提出异议，认为：①检测报告仅有编制人、审核人、批准人签字，无现场检测人员签字；②检测前应连续开窗通风7小时以上，现实际仅开窗1小时就进行检测，操作不规范。检测人员对A公司提出的两项异议当庭作了说明和解释，认为现场人员的签字作为原始数据已在检测机构存档，法律法规中所规定的开窗通风7小时是指新建房屋完工后的情况，与本案的适用情形不同。A公司在检测人员作出说明和解释后，仍表示对检测报告不认可。

一审法院认为，依法成立的合同受法律保护。朱某某与A公司签订的《上海市商品房预售合同》系当事人真实意思表示，于法无悖，各方均应按约履行。朱某某已按约付清全部房款，A公司应当向朱某某交付符合规范要求和合同约定的房屋。系争房屋虽具有交付使用许可证和质量保证书，A公司也在合同约定的交付期限内与朱某某办理了房屋交接手续，但该交接仅是对房屋设施设备和相应材料物品进行实物交接，并未对房屋室内空气状况进行检测。朱某某购买的系全装修精品房，装修费用亦包含在房屋交易价格之中，开发商除对房屋工程质量承担法律责任，还应对装修质量承担相应的法律责任。甲醛系毒性较高的物质，会对人体造成重大的危害，甚至可能直接致癌，故甲醛排放应当符合国家标准。在甲醛严重超标的情况下，房屋可以说已丧失最基本的居住功能，虽其不属于房屋主体结构质量不合格，但应属于因房屋质量问题严重影响正常居住使用的情况，而不是一般的质量瑕疵。在朱某某取得房屋和诉讼期间，经相关检测机构的检测，系争房屋存在甲醛、TVOC超标的情况，故根据合同约定，该情形应属严重影响居住使用的质量问题，故A公司交付的房屋不能作为合格交付。朱某某依据合同约定，要求A公司整改并偿付逾期交付违约金的诉请，于法有据。至于合同约定的违约金标准，A公司提出过高，要求予以调整。从本案查明的事实来看，房屋发生问题后，A公司提出了更换密度板和相应补偿的单方面协商方案，表明其希望尽快、妥善解决问题的意愿，朱某某提出整改要求，却未配合A公司办理更换事宜，造成整改时间延长，朱某某亦有相应责任。结合系争房屋价款和朱某某实际受损状况等因素综合考虑，法院对违约金标准酌情予以调整。根据合同约定，房屋合格交付后，从《交房通知书》约定的交房日期的次月起的物业管理费由买受方承担，现因A公司交付的房屋不符合正常使用条件，故朱某某已向物业管理方支付的物业管理费，应由A公司予以赔偿。

一审法院判决如下：（1）A公司应于判决生效之日起10日内对上海市××路××弄××号××层××室房屋进行修复，将房屋修复至室内空气质量符合标准，朱某某应予以协助配合；（2）A公司应于判决生效之日起10日内偿付朱某某逾期交房违约金（自2017年6月27日起至房屋室内空气质量检测合格之日止，以25901044元的日万分之一计）；（3）A公司应于判决生效之日起10日内赔偿朱某某已付物业管理费损失21324.48元。

本院二审期间，朱某某、A公司提供的证据均非因客观原因在一审法院审理期间无法提供的，本院不认定为二审新证据。一审法院查明的事实无误，本院予以确认。

本院认为，朱某某与A公司签订的《上海市商品房预售合同》系双方的真实意思表示，且不违反法律、行政法规的强制性规定，当属合法有效，双方均应按约履行。《上海市商品房预售合同》约定了A公司定于2017年6月26日前将系争房屋交付朱某某，A公司未按期交付房屋，应当向朱某某支付违约金。违约金按朱某某已支付的房价款日万分之三计算。实际履行中，朱某某在收到《交房通知书》后，于2017年6月11日与A公司办理了房屋交接手续，A公司已完成了交房义务。朱某某上诉要求A公司按照合同支付逾期交房违约金的请求，法院不予支持。朱某某在接受房屋后，发现房屋室内空气有强烈刺激味，经相关检测机构的检测，系争房屋存在甲醛、TVOC超标的情况。A公司对检测报告及流程提出的异议，检测机构对此作出说明和解释，A公司没有反驳的证据，一审法院采纳检测结论，本院予以认同。因系争房屋系全装修精品房，在检测时仍保持原交付状态；房屋空气质量未达标，会危害居住人员的身体健康，故A公司应承担交付的房屋存在影响居住使用的质量问题的责任。A公司除须对系争房屋进行修复至室内空气质量符合标准外，还应赔偿影响朱某某正常居住使用房屋的损失。为有利于公平合理地解决纠纷，也使当事人避免讼累，本院考虑朱某某实际入住情况，A公司曾提出更换密度板及补偿方案、朱某某未及时配合，系争房屋进行修复的合理期间、同类房屋的市场租金等，由法院酌情认定A公司赔偿朱某某的实际损失。

综上所述，朱某某的上诉请求不成立，A公司的上诉请求部分成立。依照《中华人民共和国民事诉讼法》第一百七十条第一款第（二）项的规定，判决如下：

（1）维持上海市黄浦区人民法院（2018）沪0101民初15923号民事判决第一项、第二项；

（2）撤销上海市黄浦区人民法院（2018）沪0101民初15923号民事判决第二项；

（3）A公司应于本判决生效之日起10日内偿付朱某某人民币90万元。

如果未按本判决指定的期间履行给付金钱义务，应当依照《中华人民共和国民事诉讼法》第二百五十三条的规定，加倍支付迟延履行期间的债务利息。

一审案件受理费31773元由朱某某、A公司各负担一半；检测费2000元由A公司负担。二审案件受理费31773元由朱某某、A公司各负担一半。

本判决为终审判决。

审判长：王　珍

审判员：王晓梅

审判员：俞　璐

2020年3月3日

法官助理：万　晶

书记员：卞耀辉

（来源：中国裁判文书网）

【**实务案例2**】精装房存在诸多质量问题，已经影响到业主的正常使用，酌定日万分之一点五的逾期交房违约责任。

上海市第一中级人民法院

民事判决书

（2017）沪01民终6654号

（前略）

一审法院认定事实如下：

陈某于2013年9月13日与A公司签订《上海市商品房预售合同》（以下简称《合同》），《合同》约定：陈某向A公司购买开发的系争房屋，系争房屋的建筑面积为142.67平方米，房屋单价为42277.54元，全装修总价为6031736元；2013年9月14日前陈某支付首期房款1611736元，于2013年9月21日前支付房款20万元，陈某向银行申请购房贷款422万元；A公司定于2015年6月20日前将系争房屋交付给陈某，如A公司不能在约定的期限内将系争房屋交付给陈某，应当按陈某已付房款金额日万分之三支付违约金。陈某依约定向A公司支付了合同约定的房款。2015年6月20日，陈某收到A公司收房通知。2015年6月20日，双方签署《房屋确认书》，但陈某因提出系争房屋的质量问题而未签收系争房屋的钥匙。2015年6月23日，陈某委托上海××有限公司对系争房屋进行验收，上海××有限公司于2015年6月25日出具《检测验收报告》，该报告中注明系争房屋装修多处存在质量问题。后陈某要求A公司整改质量问题，A公司随后进行了修理。2015年8月18日，双方签署《房屋入伙（户）交付手续办理记录表》，陈某在该表上手写情况说明，情况说明的主要内容为：①因房屋质量问题，延迟收房59天（正规单位出具验房报告），以双方合同文本中条款（的约定）开发商履行赔偿（义务）；②对此房屋的一切买卖及房屋问题，保留追诉权。

一审法院认为，《合同》系双方关于系争房屋预售的真实意思表示，且不违反国家强制性法律规定，依法有效，双方应严格按约履行。双方在《合同》中约定，对系争房屋负责保修、保修范围和保修期等，双方参照国务院发布的《建设工程质量管理条例》及《上海市房地产转让办法》的相关规定。根据《建设工程质量管理条例》的相关规定，在正常使用条件下，建设工程的最低保修期限为：①基础设施工程、房屋建筑的地基基础工程和主体结构工程，为设计文件规定的该工程的合理使用年限；②屋面防水工程、有防水要求的卫生间、房间和外墙面的防渗漏，为5年；③供热与供冷系统，为2个采暖期、供冷期；④电气管线、给排水管道、设备安装和装修工程，为2年；⑤其他项目的保修期限由发包方与承包方约定；⑥建设工程的保修期自竣工验收合格之日起计算。建设工程在保修范围和保修期限内发生质量问题的，施工单位应当履行保修义务，并对造成的损失承担赔偿责任。陈某于双方约定的交房时间2015年6月20日发现系争房屋存在质量问题，后经A公司整修，A公司于2015年8月18日将系争房屋交付给陈某居住使用。因系争房屋系带装修的商品房，系争房屋存在诸多质量问题，陈某若入住系争房屋就会影响装修质量问题的认定及维修，故陈某延迟入住系争房屋的责任在于A公司，A公司应按约承担逾期交房的责任，鉴于A公司不同意承担逾期交房违约金，且陈某未举证证明因A公司逾期交房造成实际损失，故由法院酌定由A公司按照约定总房价款的日万分之一点五标准支付陈某逾期交房违约金（自2015年6月21日起至2015年8月18日止，以总房款6031736元的日万分之一点五计算）。

一审判决：（1）A公司于判决生效之日起10日内支付陈某逾期交房违约金（违约金的计算方式为自2015年6月21日起至2015年8月18日止，以总房款6031736元的日万分之一点五计算）；（2）驳回陈某的其余诉讼请求。

如果未按判决指定的期间履行给付义务，应当依照《中华人民共和国民事诉讼法》第二百五十三条的规定，加倍支付迟延履行期间的债务利息。案件受理费2435元，减半收取计1217.50元，由陈某负担650.50元，由A公司负担567元。

本院二审期间，当事人围绕上诉请求依法提交了证据。本院组织当事人进行了证据交换和质证。

陈某提供如下证据材料：银行转账汇款网站截图以及《房屋租赁协议》两份，用以证明被上诉人延期交房导致上诉人在外租房，产生租金损失2万元。

A公司针对上述证据材料发表质证意见如下：对证据的真实性及关联性均不予认可。即便租金每月1万元是真实的，被上诉人晚交房2个月，仅认可2个月的损失，原审法院判决结果远高于此金额。

本院对上诉人提供的上述证据材料认证意见如下：转账截图系上诉人自行打印形成，所记载的内容与《房屋租赁协议》亦无法一一对应，不能实现上诉人的证明目的，故本院对上述证据均不予采纳。

本院经审理查明，一审法院查明事实属实，本院对一审法院查明的事实予以确认。

本院认为，上诉人与被上诉人签订的《上海市商品房预售合同》系当事人的真实意思表示，未违反法律禁止性规定，当属合法有效，双方应按约履行各自义务。根据合同约定，系争房屋为精装修商品房，相关机构出具的《检测验收报告》显示，各个房间内均存在诸多质量问题，已影响上诉人正常使用，故被上诉人应就上诉人延迟入住房屋承担相应的逾期交房违约责任。关于违约金标准的认定，根据法律规定，当事人主张约定的违约金过高请求予以适当减少的，人民法院应当以实际损失为基础，兼顾合同的履行情况、当事人的过错程度以及预期利益等综合因素，根据公平原则和诚实信用原则予以衡量，并作出判决。本案中，上诉人未提供充分证据证明其实际损失，且即便其主张的房屋租金损失2万元真实存在，原审法院在充分尊重当事人合同约定的基础上，兼顾到违约金具有补偿性及惩罚性双重功能，酌情将违约金标准调整为总房价款的日万分之一点五，合法有据且公平合理，本院予以认可；上诉人要求按照日万分之三计算违约金的上诉请求，本院不予支持。

综上所述，上诉人陈某的上诉请求不能成立，应予驳回；一审判决认定事实清楚，适用法律正确，应予维持。依照《中华人民共和国民事诉讼法》第一百七十条第一款第（一）项的规定，判决如下：

驳回上诉，维持原判。

二审案件受理费1157元由上诉人陈某负担。

本判决为终审判决。

审判长：叶 兰

代理审判员：严佳维

代理审判员：吴 丹

2017年8月16日

书记员：刘 羽

（来源：中国裁判文书网）

【实务案例3】商品房预售合同约定交房不含全装修，但业主与开发商另行签订装修协议。

上海市第一中级人民法院

民事判决书

（2019）沪 01 民终 15109 号

（前略）

一审法院认定事实如下：

2016 年 9 月 16 日，A 公司（甲方）与李某某（乙方）签订《上海市商品房预售合同》，乙方向甲方购买××路××弄××庭××号××层××室房屋（以下简称系争房屋），房屋暂测建筑面积为 119.57 平方米，单价为 118983.24 元／平方米（不包含房屋全装修价格），总房价款暂定为 14226826 元（不包含房屋全装修价格）。第十条约定，"该房屋的交付必须符合下列第贰种方案所列条件：贰、取得了住宅交付使用许可证；甲方对该房屋设定的抵押已注销；甲方已按规定缴纳了物业维修基金；甲方承诺在 2019 年 3 月 31 日前办理房地产初始登记手续，取得新建商品房房地产权证（大产证）；如到时不能取得商品房房地产权证（大产证），乙方有权单方面解除本合同"。第十一条约定，"甲方定于 2018 年 9 月 30 日前将该房屋交付给乙方，除不可抗力外"。第十二条约定，"甲方如未在本合同第十一条约定期限内将该房屋交付乙方，应当向乙方支付违约金，违约金按乙方已支付的房价款日万分之一计算，违约金自本合同第十一条约定的最后交付期限之第二天起算至实际交付之日止；逾期超过 30 天，乙方有权选择下列第贰种方案追究甲方责任：贰、见补充条款"。第二十九条约定，"本合同的补充条款、附件及补充协议均为本合同不可分割的部分。本合同补充条款、补充协议与正文条款不相一致的，以补充条款、补充协议为准"。附件三（该房屋建筑结构、装修及设备标准）约定了系争房屋所在楼宇的主体结构、外墙、大堂、走廊、电梯、进户门、窗、燃气、配电照明系统、供水、环保、电话、网络通信及安防系统标准。合同补充条款一约定，"经甲、乙双方平等协商，同意接受以下条款作为本合同上述格式条款有关条文的补充条款：……十一、本合同第十一条所规定的不可抗力尤其包括如下内容：4.施工中遇到的异常困难或重大技术不能及时解决。十二、对于本合同第十二条补充如下：1.若甲方不能按照合同第十二条（注：此处应为笔误，合同第十一条约定了交房期限，下同）规定期限交房，乙方同意给予甲方宽限期8个月（下称宽限期）；自合同第十二条约定的房屋交付日期次日开始计算；甲方在宽限期届满前具备交付条件，将符合本合同约定的房屋交付给乙方不视为甲方延期交付，乙方同意宽限期内合同继续履行，且甲方不承担违约责任。若发生不可归责于甲、乙双方事由导致延期交付房屋，造成的交付延期甲方不承担违约责任；且宽限期相应顺延。2.若甲方在宽限期届满日后6个月内交房，自本条第一款约定宽限期届满日的次日起至甲方书面交房通知的交付房屋之日止，甲方按日向乙方支付其已付房价款万分之一违约金，合同继续履行，但违约金总额不超过乙方已付房款的1%……5.双方同意，关于房屋交付的约定以本条为准，甲方除承担本条约定的违约责任，不再承担其他责任。6.如遇以下不可归责于甲、乙双方事由情形，除甲、乙双方协商同意解除或变更本合同外，甲方可据实予以延期交付：……（3）施工中遇到重大技术问题或异常困难不能及时解决的；……以上特殊原因为众所周知，甲方无须承担通知义务；属于其他情形的，甲方于发生之日起60日内书面通知乙方。二十五、关于销售广告、宣传资料和样板房：1.双方的权利义务以本合同、附件和补充条款为准。甲方的广告、样板房、宣传材料、模型、展示板、楼书、规划设计效果图、沙盘、任何口头介绍、解释（包括但不限于照片、录像、录音等）及互联网上的信息及其他宣传资料仅供参考，不构成本合同的组成部分。乙方不得以样板房或以上宣传资料内容为由追究甲方责任。

2.甲方此前在书面的销售广告和宣传资料中对商品房开发规划范围内的房屋及相关设施所作的允诺具体确定，并对合同的订立以及房屋价格的确定有重大影响，合同又未重新约定的，可作为合同附件，对双方具有约束力。甲方在上述场合已明示不构成要约或者不属于交付标准或交易条件或待双方签订合同时进行具体约定的，不构成合同内容，双方不受约束。3.甲方销售广告、模型和宣传资料中对商品房开发规划范围之外的环境、公共设施、道路交通等的说明、示范等仅供乙方参考之用，不作为合同内容，双方不受其约束。4.预售时向乙方提供的样板房仅作装潢布置及房型参考示意使用，不作为本合同中甲方向乙方交付的房屋的标准。二十六、本合同附件、补充条款若与本合同的约定不一致的，均以合同附件和补充条款为准。乙方不得援引本合同及本合同附件、补充条款之外的资料内容进行解释事项或提出主张。二十九、乙方确认，已经认真阅读本合同及其附件，理解其含义，甲方已经提示乙方本合同及其附件对双方权利义务的约定，包括但不限于可能减轻或免除甲、乙双方任何一方责任的条款，乙方理解这些约定并在此基础上同意签署本补充条款，对该等补充条款无任何异议。乙方同意放弃基于格式条款的有关规定对甲方提出任何抗辩及主张"。

《上海市商品房预售合同》签订当日，A公司（甲方）与李某某（乙方）还签订了《房屋装修委托合同》，乙方房屋地点位于××路××弄××庭××号××层××室，房屋竣工验收合格，并已交付使用，乙方房屋已经毛坯交付，符合装修条件，甲方免费为乙方房屋设计装修方案和施工方案，乙方授权委托甲方选择装修单位，代理乙方签订装修合同、监督施工、现场管理等，委托期限自合同签订之日起至房屋装修结束乙方接收之日止，房屋装修时间为最迟于2018年12月底前完成并通知乙方接收；本合同与甲、乙双方签订的商品房销售合同为两个独立合同；

合同还对房屋装修标准、质量标准、验收、保修、违约责任、争议解决方案等作了约定。

2018年9月30日，系争房屋取得上海市新建住宅交付使用许可证。同日，A公司邮寄入住通知书。李某某称2018年10月13日收到。2018年10月14日，李某某在收楼签收单上签字，并在收房（毛坯）记录表上填写了11项需整改问题。

2018年12月27日，A公司发函通知李某某，系争房屋已于2018年9月30日完成毛坯交房，原定于2018年12月31日前完成精装修，现进度未能按计划推进，暂定完成日期为2019年10月31日前，精装延期造成的不便和损失，A公司将根据购买房屋的房型及实际交付时间进行相应的补贴。

2019年3月20日，A公司取得大产证。2019年3月22日，A公司发函通知李某某办理系争房屋小产证。2019年6月6日，系争房屋登记至李某某名下。

一审另查明，系争房屋实际建筑面积为119.52平方米，总价为14220876.84元。

一审法院认为，李某某主张无效补充条款，第十一条是关于交房的不可抗力的约定，第十二条是关于逾期交房的违约责任的约定，第二十五条是关于广告、宣传资料等是否对双方有约束力的约定，第二十六条是关于补充条款的优先效力的约定，第二十九条是关于李某某确认已充分理解了合同权利义务、甲方已履行提示义务的约定。提供格式条款一方有提示和说明义务，但未尽提示、说明义务并不必然导致条款无效。《中华人民共和国合同法》规定，提供格式条款一方免除其责任、加重对方责任、排除对方主要权利的，该条款无效。李某某主张的无效条款中，除第十二条外，均是一般条款，不会导致双方权利义务严重失衡。补充条款第十二条有关逾期交房违约责任的承担，虽涉及双方的主要权利义务，但合同第十二条已约定"见补充条款"，李某某应当在签约时就注意并理解补充条款第十二条有关逾期交房责任的约定，李某某签署合同即意味着同意给予卖方8个月的交房宽限期。并且，8个月的交房宽限期，只是减轻了卖方逾期交房的风险，尚未达到免除卖方责任、排除买方主要权利的程度。综上所述，即使李某某主张无效的条款属格式条款，也不符合法律规定的无效情形。李某某主张条款无效的请求，法院不予支持。

《上海市商品房预售合同》约定的是毛坯交房，而不是精装修交付，李某某认为应当是精装修交付，与《上海市商品房预售合同》的约定不符，故李某某在收楼签收单上签字应视为A公司已完成了《上海市商品房预售合同》约定的交房义务。房屋仍在A公司的控制之下，根据委托合同系李某某将房屋委托A公司装修的结果，不能以此认为A公司未按《上海市商品房预售合同》约定交房。装修延期致使李某某至今未能入住的责任，李某某应根据委托关系或装修关系主张权利，与《上海市商品房预售合同》无关。因此李某某依据《上海市商品房预售合同》主张逾期交房违约金，法院不予支持。李某某主张律师费，无合同及法律依据，法院不予支持。

一审法院据此判决：驳回李某某的全部诉讼请求。案件受理费4499元由李某某负担。

二审中，上诉人提交如下材料：2014年版《商品房买卖合同（预售）示范文本》、××二期微信群聊天记录、重庆三中院（2018）渝03民终1106号民事判决书等。上诉人认为，（1）2014年版示范文本对2000年版示范文本作了细化违约责任的修改，约束开发商规避或者减轻逾期交付违约责任的行为，故要求以2014年版示范文本作为法院裁决本案的规范性指导；（2）重庆法院的生效民事判决书中对预售合同及装修委托合同明确认定为一个合同关系，即精装修房屋买卖合同关系。被上诉人A公司提交如下证据：精装修交付通知书；整付整寄交寄清单；物流签收信息。上述证据旨在证明被上诉人已于2019年10月29日向上诉人发出了装修接收通知；上诉人验收时提出的问题正在整改中，但不影响精装修房屋交付的认定。经质证，上诉人确认已收到被上诉人寄出的通知材料，但因验收时发现多项质量问题需要整改，故上诉人认为被上诉人并未进行实质性交房，上诉人也没有拿到精装修房屋的钥匙，故上诉人不认可被上诉人交房。

经审理查明，一审法院查明事实无误，本院予以确认。

本院认为，二审争议焦点为：（1）上诉人起诉主张《上海市商品房预售合同》中的"补充条款一"第十一条第4项，第十二条第1项、第2项、第5项，第6项（3）第二十五条、第二十六条、第二十九条无效是否有依据；（2）双方签订的《上海市商品房预售合同》《房屋装修委托合同》应认定为一个合同关系还是两个独立的合同，被上诉人交付房屋的标准是毛坯房还是精装房；（3）被上诉人是否应承担逾期交房违约责任。

关于争议焦点（1），本院认为，根据《中华人民共和国合同法》第三十九条第一款规定，采用格式条款订立合同的，提供格式条款的一方应当遵循公平原则确定当事人之间的权利和义务，并采取合理的方式提请对方注意免除或者限制其责任的条款，按照对方的要求，对该条款予以说明。根据《中华人民共和国合同法》第四十条规定，格式条款具有本法第五十二条和第五十三条规定情形的，或者提供格式条款一方免除其责任、加重对方责任、排除对方主要权利的，该条款无效。本案中，上诉人主张《上海市商品房预售合同》中的"补充条款一"第十一条第4项、第二十五条、第二十六条、第二十九条系格式条款且应认定为无效，对此，本院认为，就上诉人所指出的这些条款内容，上诉人并未提交充分证据证明存在免除被上诉人责任以及加重上诉人责任、排除上诉人主要权利的情形，故上诉人上诉要求认定上述条款无效，本院不予支持。关于上诉人主张《上海市商品房预售合同》中的"补充条款一"第十二条第1项、第2项，第5项，第6项无效，本院认为，"补充条款一"第十二条项下的这些条款主要约定的是上诉人同意给予被上诉人8个月宽限期交房并免除被上诉人在此期间的违约责任承担，因双方约定的是部分免除被上诉人应承担的违约责任，并非全部免除、排除上诉人的主要权利，上诉人也无证据证明该项条款约定实际造成双方合同权利义务的严重不对等，故该项条款也非绝对无效之格式条款。据此，上诉人上诉要求认定该项条款无效，本院亦不予支持。一审法院所作的认定并无不妥，本院予以认同。

关于争议焦点（2），本院认为，依法成立的合同对当事人具有法律约束力。李某某与A公司签订的《上海市商品房预售合同》《房屋装修委托合同》应系双方的真实意思表示，且内容不违反法律法规的强制性规定，应属有效，双方均应按约履行各自的合同义务。双方在《上海市商品房预售合同》第三条、第四条中明确被上诉人出售给上诉人的房屋单价及总价不包含装修价格，故双方在《上海市商品房预售合同》第十条、第十一条中约定被上诉人于2018年9月30日交房应为毛坯房交付。鉴于被上诉人在一审审理中已经举证证明其履行了毛坯房交付义务，故被上诉人并未构成逾期交房违约。本院也注意到，上诉人与被上诉人在签订《上海市商品房预售合同》的同日又签订了一份《房屋装修委托合同》，被上诉人在该份装修委托合同中承诺以精装修房屋交付且装修费用由被上诉人承担，系被上诉人将精装修费用作为赠送给上诉人购买房屋的优惠条件，故上诉人主张被上诉人应以精装修房屋交付的上诉意见，本院予以采纳。鉴于上诉人与被上诉人是以《上海市商品房预售合同》及《房屋装修委托合同》分别签订方式组成双方之间的精装修房买卖合同关系，且双方在《房屋装修委托合同》中约定了精装修房的交付时间、交付标准等合同主要条款，符合合同成立的要件，故《房屋装修委托合同》应认定为一份独立合同。上诉人认为《房屋装修委托合同》并非一个独立合同的上诉意见，本院不予采纳。

关于争议焦点（3），本院认为，鉴于上诉人与被上诉人签订的《上海市商品房预售合同》及《房屋装修委托合同》为精装修房屋买卖合同关系项下的两个不同交房标准可分别独立适用的合同，故上诉人起诉要求被上诉人承担2019年1月1日起至实际交付房屋之日止的逾期交房违约金，指向的是被上诉人未能按约交付精装修房的违约事实，并据此要求被上诉人承担装修延期导致的违约责任，显然上诉人的该项诉请与《房屋装修委托合同》有关。然上诉人就其该项诉请坚持要求适用《上海市商品房预售合同》中的违约责任条款，显然上诉人的请求权基础与已查明认定的事实不符，故一审法院未予支持，尚无不当。鉴于一审法院已经给予上诉人另行诉讼的权利，并不影响上诉人实体权利的实现，故本院予以维持。

综上所述，上诉人李某某的上诉请求不能成立，应予驳回；一审判决认定事实清楚，适用法律正确，应予维持。依照《中华人民共和国民事诉讼法》第一百七十条第一款第（一）项的规定，判决如下：

驳回上诉，维持原判。

二审案件受理费4499元由上诉人李某某负担。

本判决为终审判决。

审判长： 杨斯空

审判员： 郑卫青

审判员： 毛慧芬

2020年6月30日

书记员： 渠　啸

（来源：中国裁判文书网）

【实务案例4】精装房存在诸多质量问题，开发商支付修复费用，法院酌定开发商承担180天的逾期交房违约责任。

上海市闵行区人民法院

民事判决书

（2019）沪0112民初18481号

（前略）

本院经审理认定事实如下：

2016年1月25日，原告（买方、乙方）与被告（卖方、甲方）就案涉房屋签订《上海市商品房出售合同》一份，合同约定：乙方向甲方购买××路××弄××园××号××层全幢，该房屋建筑面积为288.19平方米，另有地下附属面积152.78平方米；根据该房屋的房屋建筑面积，乙方购买该房屋的总房价款（不包含房屋装修价格）为1210万元；乙方如未按合同约定的时间付款，应当向甲方支付违约金，违约金按逾期未付款的日万分之一计算，违约金自本合同的应付款期限之第二天起算至实际付款之日止；甲、乙双方按照补充条款之约定确定该房屋交付使用日期；乙方应在本合同约定的房屋交接期限内到甲方要求的地点办理验收交接手续，该房屋交付的标志为乙方领取该房屋的钥匙；该房屋交付之日起，房屋的风险责任由甲方转移给乙方；甲方交付的该房屋装修、设备标准达不到本合同附件三约定的标准，乙方在办理该房屋交接手续时有权要求甲方按装修、设备差价1倍补偿；双方对标准的认定产生争议时，委托本市有资质的建设工程质量检测机构检测并以该机构出具的书面鉴定意见为处理争议的依据；如乙方已付清全部房价款，除甲方原因外，乙方未按约定期限办理交付该房屋手续的，甲方应当发出书面催告一次；乙方未按催告书规定的日期办理该房屋的验收交接手续的，则自催告书规定的验收交接日之第二天起，风险责任转移，由乙方承担；除不可抗力外，甲方如未在本合同第七条约定的期限内将该房屋交付乙方使用，应当向乙方支付违约金，违约金按乙方已付房价款日万分之一计算，违约金自本合同第七条约定的最后交付期限之第二天起算至实际交付之日止；自该房屋正式交付之时起，甲方对该房屋负责保修，并从房地产权利转移之日起继续保修2年；该房屋交付后，乙方认为主体结构不合格的，可以委托本市有资质的建设工程质量检测机构检测；经核验，确属主体结构质量不合格的，乙方有权单方解除本合同；甲方交付的该房屋有其他工程质量问题的，乙方在合同约定的保修期内有权要求甲方除免费维修外，还须按修复费的0倍给予补偿；双方商定对该房屋其他工程质量问题有争议的，委托本市有资质的建设工程质量检测机构检测并以该机构出具的书面鉴定意见为处理争议的依据；甲、乙双方商定，2016年12月31日前，由甲、乙双方共同向闵行区房屋土地管理局办理价格申报及过户申请手续，申领该房屋房地产权证（小产证）。附件一付款时间和付款方式约定，乙方同意按照下述方式支付总房价款：（1）首付房款3630000元，须于签订御涛园《上海市商品房出售合同》当日缴付；（2）房款余额8470000元，须于签订御涛园《上海市商品房出售合同》之日起90天内全部付清。任何应付款项均应以人民币支付，若以支票或汇款的方式支付，则应当付至甲方指定的人民币账户，并仅在甲方能自由支配全部款项时才视为甲方已经收到款项，即任何以票据或汇款方式支付者，以实际到达甲方人民币账户的人民币金额为乙方所支付的金额，以实际到达甲方人民币账户的时间为乙方支付的时间。附件三约定了该房屋的建筑结构、装修及设备标准：外墙及门廊选用天然石材……内墙，首层和二层客厅/饭厅、睡房及书房墙面采用乳胶漆，配以实木踢脚线……地面，首层客/饭厅、走廊、厨房、主/客浴室、地下室采用天然石材，首层和二层主/客睡房、书房、衣帽间采用地毯，地下室功能房间、睡房及衣帽间采用玻化砖……户内楼梯为钢筋混凝土楼梯，主楼梯踏步铺贴天然石材……补充条款一第二条对出售合同第三条作如下修改和补充：甲方同意免费赠送给乙方本合同所列附件三中所约定的所有装修及设备，并同意按照法律规定和合同约定承担保修责任。第四条约定，乙方只有在完全满足下列所有条件后，甲方才有义务将该房屋交付给乙方：（1）甲方收到乙方支付的该房屋的总房价款；（2）乙方已完全履行本合同约定的各项义务（包括但不限于应支付的各项违约金、赔偿金、税费、维修基金及有关款项）。补充条款一第六条约定，该房屋符合本补充条款第四条、第五条约定的交付条件后，甲方应在交付之日前发出书面交房通知，通知乙方办理交付该房屋的手续，具体交房日期以甲方发出的交房通知上指定的交房之日为准；乙方应在交房通知上指定的交房之日会同甲方对该房屋进行验收交接，房屋如期正常交付的标志为乙方领取该房屋的钥匙；乙方在交房通知上指定的交房之日前来御涛园办理接收该房屋的手续时，若甲方交付的房屋已符合本补充条款第四条、第五条约定的交付条件，乙方须签署房屋交接文件（包括但不限于钥匙交接书），乙方不签署房屋交接文件（包括但不限于钥匙交接书）的，则乙方同意该房屋自交房通知上指定的交房之日已自动视为交付使用，该房屋的保修责任自交房通知上指定的交房之日起开始计算。第七条约定，乙方收到该房屋后应及时进行验收，该房屋的装修和设备达不到本合同附件三约定的标准或者该房屋存在非属于主体结构的质量问题，则由甲方根据本合同的规定予以修复，但不影响甲、乙双方办理房屋的交接手续，乙方不得以此为由延迟或拒绝办理该房屋的交接手续，乙方也不得以该房屋的装修和设备标准达不到本合同附件三约定的标准为由要求甲方支付逾期交房违约金或解除本合同；若甲方修复后仍达不到本合同附件三约定的标准，则乙方有权要求甲方补偿实际的装修、设备与约定的装修、设备之间的差价，甲方有权以同等质量和规格的建筑材料代替本合同附件三约定的建筑装修材料，以确保达到本合同附件三约定的装修标准。第八条约定，乙方未在交房通知上指定的交房之日前来办理该房屋的验收交接手续，甲方应当发出书面催告书一次，乙方未按收房催告书上所指定的交房之日办理该房屋的验收交接手续的，则乙方同意自收房催告书上指定的交房之日起该房屋已视为自动交付使用。

签约后，原告于2016年6月2日付清了合同约定的全部购房款。

2016年6月3日，被告通过EMS向原告邮寄了《御涛园交付使用通知书》《御涛园购房人办理房屋交付手续须知》《交付使用前买方应支付之款项》《结账单》《交付使用时业主应付物业管理公司款项》，其中，《御涛园交付使用通知书》中载明：按照贵我双方签署的《上海市商品房出售合同》，我司拟于2016年7月1日前将您所购之"御涛园"127号交付予您使用，现特通知您于2016年7月1日（星期五）上午9时至下午4时到茜昆路518弄御涛园交房中心办理房屋交付手续。原告于2016年6月8日签收了上述邮件。但原告以案涉房屋甲醛含量超标、地面存在色差为由，未于上述日期前去办理交房手续。

2016年9月5日，被告通过公证邮寄送达方式，向原告送达了《御涛园收房催告书》及相关附件。《御涛园收房催告书》载明：按照贵我双方签署的《上海市商品房出售合同》（含补充条款及所有附件），您购买了我司开发的"御涛园"127号别墅，该房屋已符合合同第十条约定的交付条件，我司已于2016年6月3日发出《御涛园交付使用通知书》，请您于2016年7月1日前就您所购买的御涛园该房屋办理收房手续，但您未按期至我司办理收房手续。现我司根据合同补充条款第十一条的规定，特再次通知您于2016年9月9日之前按本催告书所附之流程指引亲临我司办理收房手续。如您未按本催告书指定的收房日期办理该房屋的收房手续，则自本催告书指定的收房日（2016年9月9日）起，该房屋的风险责任、所发生的与该房屋有关的及与该房屋的管理和保管有关的费用（包括但不限于物业管理费）皆由您承担。

原告认为案涉房屋甲醛含量超标、室内地面铺设存在严重色差，遂未至被告处办理案涉房屋交付手续。嗣后，被告对原告提出的室内存在色差的大理石地砖进行了更换。

2018年10月17日，原告、被告双方签署了《御涛园交房手续进程确认书》。

审理中，经原告申请，本院委托蓝莘公司对案涉房屋的甲醛含量进行检测。原告为此次检测垫付司法鉴定费3500元。

2019年8月22日，蓝莘公司向本院出具了《检测报告》，上载检测结果：甲醛（mg/m^3），首层为0.078，地下室为0.063，主卧为0.160，次卧1为0.160，次卧2为0.071，Ⅰ类限量标准为≤0.08；苯（mg/m^3），首层、地下室、主卧、次卧1、次卧2均≤0.005，Ⅰ类限量标准为≤0.09；TVOC（mg/m^3），首层为0.130，地下室为0.180，主卧为0.210，次卧1为0.590，次卧2为0.100，Ⅰ类限量标准为≤0.50；氨（mg/m^3），首层为0.093，地下室为0.043，主卧为0.100，次卧1为0.120，次卧2为0.039，Ⅰ类限量标准为≤0.20；氡（Bq/m^3），首层为96.0，地下室为99.1，主卧为136.3，次卧1为167.8，次卧2为218.4，Ⅰ类限量标准为≤200。限量标准参照GB 50325—2010（2013年版）。

原告对该份《检测报告》无异议。被告不认可该份《检测报告》，理由是此次检测蓝莘公司并未通知被告，检测程序违法。蓝莘公司确认此次检测其未通知被告，原告亦确认此次检测被告未到场参加检测过程。对此，本院征询原告、被告双方的意见，双方均同意由蓝莘公司再次对案涉房屋的甲醛含量进行检测。

蓝莘公司遂重新对案涉房屋的甲醛含量进行检测，并于2019年10月22日重新出具了《检测报告》，上载检测结果：甲醛（mg/m³），首层卧室为0.054，地下室卧室为0.048，二层主卧为0.055，二层北次卧为0.052，二层南次卧为0.060，Ⅰ类限量标准为≤0.08；苯（mg/m³），首层卧室、地下室卧室、二层主卧、二层北次卧、二层南次卧均≤0.005，Ⅰ类限量标准为≤0.09；TVOC（mg/m³），首层卧室为0.043，地下室卧室为0.089，二层主卧为0.120，二层北次卧为0.058，二层南次卧为0.110，Ⅰ类限量标准为≤0.50。限量标准参照GB 50325—2010（2013年版）。被告对该份《检测报告》无异议，原告对该份《检测报告》有异议，且在检测人员对其提出的异议当庭进行答复后，仍坚持其提出的意见。

另外，审理中，经原告申请，本院委托源正公司对案涉房屋是否存在地面标高不一致、墙面不平、渗水等问题进行司法鉴定并出具修复方案。原告为此次鉴定垫付司法鉴定费36000元。

2019年11月25日，源正公司向本院出具了《鉴定意见书》，上载鉴定意见：经鉴定，上海市闵行区茜昆路×××弄×××号房屋存在下述质量问题：①地下一层地面相对标高不符合规范要求；②一层东南卧室（睡房2）东墙对应外墙面密封材料脱落、缺失，导致雨水内渗；③地下一层、一层、二层、地下一层至屋面楼梯间大理石地面存在不同程度色差、花色不一致；④地下一层保姆房（工人房）南墙墙体开裂、渗水；⑤地下一层保姆房（工人房）内墙砖有明显色差，墙面涂料饰面层局部粗糙不平、未打磨；⑥设备间（机电房）墙面涂料饰面层粗糙不平、未打磨；⑦车库门上方幕墙外挂石材开裂；⑧地下一层地面以下部分电梯井墙面防水失效；⑨车库门阻尼器安装与门扇冲突，导致门扇关闭不严密，门扇破损；⑩地下一层墙面涂料、木制品等装修受损。建议修复方案：①地下一层标高，地下一层地坪铲除至混凝土基面，按原做法重做至饰面层，面积约145.0平方米；②一层东南卧室（睡房2）东墙受损涂料铲除至基面并涂料1底2面[①]，面积约1.0平方米，对应外墙石材幕墙重新进行密封处理，面积约8.0平方米；③地下一层、一层、二层、地下一层至屋面楼梯间色差、花色不一致大理石地砖（600mm×600mm）拆换，面积约155.5平方米，色差踢脚板拆换，长度约20.6米；④地下一层保姆房南墙沿裂缝（间隔100mm）采用聚氨酯防水材料压力注浆，地下一层保姆房南墙墙面裂缝周边受损涂料铲除至基面并涂料1底2面，面积约4.0平方米；⑤地下一层保姆房（工人房）室内墙面色差墙砖（300mm×300mm）拆换，面积约10.4平方米，地下一层保姆房房内墙面不平整、粗糙饰面层铲除至基面并涂料1底2面，面积约4.1平方米；⑥设备间（机电房）墙面不平整、粗糙饰面层铲除至基面并涂料1底2面，面积约22.7平方米；⑦车库门上方幕墙开裂石材拆换，500mm×900mm×1块；⑧地下一层地面以下部分电梯井墙面铲除至基面，采用聚氨酯防水材料压力注浆做捉漏处理后，按原设计要求重做防水层，并恢复至饰面层；⑨车库门（970mm×2200mm）门扇、门套整体拆换；⑩地下一层各房间受损涂料铲除至基面并涂料1底2面，面积约43.4平方米，地下一层各房间墙面涂料整体1度，面积约97.1平方米，地下一层西北角房间内木质柜（宽1000mm×深600mm×高2200mm）拆换，地下一层各受损木质门套及门扇拆换，规格为850mm×2200mm的，共计6樘，规格为970mm×2200mm的，共计1樘，地下一层至一层楼梯间受损木质踢脚板（350mm）拆换，长度约5.0米。原告对《鉴定意见书》无异议。被告对《鉴定意见书》真实性、合法性无异议，但对其内

---

① 1底2面是指1遍底漆2遍面漆的施工做法。

容有异议。

审理中，经原告申请，本院委托华瑞公司对源正公司出具的《鉴定意见书》中建议的修复方案所涉修复工程费用进行司法鉴定。原告为此次鉴定垫付司法鉴定费3200元。

2020年6月8日，华瑞公司向本院出具《鉴定报告》，上载鉴定结论：参照源正公司出具的《鉴定意见书》，依据上海市建筑工程养护维修预算定额的有关计价规定，鉴定案涉房屋的修复工程费为199933元。庭审中，鉴定机构当庭陈述，案涉房屋修复工程如果以2人同时施工，所需工期为76天左右。

以上事实，由原告提交的《上海市商品房出售合同》《个人购房借款及担保合同》《御涛园交房手续进程确认书》及附件、公证书、光盘，被告提交的2016年6月3日邮寄的《御涛园交付使用通知书》及附件、签收记录，2016年9月5日邮寄的《御涛园收房催告书》及附件、签收记录、公证书，以及《检测报告》《鉴定意见书》《鉴定报告》、鉴定费发票，再加原告、被告的当庭陈述予以佐证。

原告提交的《室内空气污染物检测表》《室内环境质量检测报告》、时间记录表、催告书与索赔书、质量问题维修通知书、保密协议，被告均不予认可，本院对该组证据的真实性难以核实，故本院对该组证据不予采信。对被告提交的链家网站截图，原告不予认可，本院对该份证据的真实性亦难以核实，故本院对该份证据不予采信。

本院认为，原告、被告之间就案涉房屋签订的《上海市商品房出售合同》系双方当事人的真实意思表示，合法有效，双方均应按约履行。原告按约向被告支付了全部的购房款，被告应按约向原告交付符合合同约定的房屋。现双方的争议焦点在于：被告是否存在迟延交付案涉房屋的违约行为？对此，本院认为，原告按约向被告付清全部购房款后，被告不但应按期向原告交付房屋，而且应按期向原告交付符合合同约定质量标准的房屋。虽然合同约定，案涉房屋如存在非属于主体结构的质量问题，则由被告根据本合同的规定予以修复，但不影响双方办理房屋的交接手续，但是本案中原告购买的房屋有别于毛坯房屋，而是带有装修和设备的房屋，如果被告交付的房屋存在装修质量问题，原告有权拒绝收房，并要求被告予以修复。根据本案中相关鉴定机构出具的《鉴定意见书》及《鉴定报告》，案涉房屋在装饰装修部分确实存在相关质量问题，故本院认为虽然被告按约向原告送达了《御涛园交付使用通知书》《御涛园收房催告书》，但不能视为被告已向原告履行了交付房屋的义务。本案中，原告在收到交付房屋通知后表示拒绝收房且存在合法正当理由，被告在知道或应当知道其交付的房屋存在质量和交付标准不符合合同约定的情况下，理应积极进行修复以使房屋尽快达到交付标准，然被告未在合理期限内采取任何修复措施，故本院认定被告存在迟延交付房屋的违约行为，应按约向原告承担相应的违约责任。又因为案涉房屋系装饰装修存在质量问题，并非房屋主体结构存在质量问题，原告在向被告提出质量异议无果后，为维护交易的稳定性并避免双方损失的无限扩大，原告也应在合理期限内及时接收房屋，在被告拒绝修复或拖延修复的情况下，原告也可自行或委托他人修复，并可就修复费用及相关损失依法向被告主张权利。故对于原告按鉴定报告所主张的修复费用199933元，合法有据，本院予以支持。同时，为更好地平衡双方当事人之间的利益，本院根据双方在合同履行中的地位、当事人的过错程度、原告的实际损失程度，结合鉴定机构对案涉房屋修复工程所需工期的大致估算，综合考虑本案的实际情况，本院酌定被告按合同约定的违约金标准向原告承担180天的逾期交房违约责任，违约金为217800元（计算方式为：1210万元 × 日万分之一 × 180天=217800元）。原告所主张的公证费用并未提交相应的支付凭证，对其实际发生的金额本院无法核实，故对原告的该项诉请本院难以支持。关于原告主张的空置损失，本院认为，本院酌定被告的逾期交房期间时，已充分考虑修复案涉房屋相关质量问题所需的时间以及由此对原告造成的损失，故对于原告的该项诉讼请求本院不予支持。本案审理过程中，原告向蓝莘公司、源正公司、华瑞公司支付司法鉴定费共计42700元，本院认为，该费用为查明本案事实所必需，且系因被告交付的案涉房屋装饰装修存在质量问题所致，故该费用应由被告承担。对于原告要求对案涉房屋的甲醛含量重新委托检测机构进行检测的请求，本院认为，蓝莘公司依照有关规定及程序进行检测，并于2019年10月22日依法向本院出具了《检测报告》，原告虽不认可该《检测报告》并要求委托检测机构进行检测，但其未能提供证据证明存在应当重新检测的情形，故本院对原告的上述请求不予准许。综上所述，依据《中华人民共和国合同法》第六十条第一款、第一百零七条的规定，判决如下：

（1）被告A公司于本判决生效之日起30日内支付原告樊某某房屋修复费199933元；

（2）被告A公司于本判决生效之日起10日内支付原告樊某某违约金217800元；

（3）被告A公司于本判决生效之日起10日内支付原告樊武学司法鉴定费损失42700元；

（4）驳回原告樊某某的其余诉讼请求。

如果未按本判决指定的期间履行给付金钱义务，应当依照《中华人民共和国民事诉讼法》第二百五十三条的规定，加倍支付迟延履行期间的债务利息。

案件受理费减半收取计7137.15元，由被告A公司负担。如不服本判决，可以在判决书送达之日起15日内向本院递交上诉状，并按对方当事人的人数或者代表人的人数提出副本，上诉于上海市第一中级人民法院。

审判员：沈旺迪

2020年6月29日

书记员：罗香琴

（来源：中国裁判文书网）

五　业主反击策略与技巧

（1）房屋质量问题要记录在案，保留书面证据。质量问题记录不仅可以区分所获利益和承担的风险，还是确定商品房保修期限、物业管理费交纳与房产证办理起算日的依据，因此，业主收房时发现质量问题一定要做好记录，要求开发商工作人员签字确认。

（2）督促开发商及时维修。小区刚交付时，开发商会面临大量的维修工作，实际上很可能忙不过来，会按紧急程度排序处理，业主如果着急入住就要多催促开发商，这样开发商的维修速度可能会快一些。

（3）开发商不解决房屋的质量问题，业主不收房。对于出现的质量问题，记录是第一步，更重要的是要求开发商维修。建议业主与开发商确定维修所需时间，待质量问题解决后再收房。

（4）一定要谨慎签订精装房装修协议。目前精装房已经成为质量问题频发的重灾区，业主一般会想当然地认为开发商会按精装房标准交付。

实则不然，开发商为了规避风险，会另行签订装修协议，对此业主要重视。

（5）注重室内空气质量问题。近几年来，室内空气污染危害人们身体健康的案例比比皆是，老人、儿童、孕妇等抵抗力比较弱的人群更容易遭受室内空气污染的侵害。空气污染看不见摸不着，容易被忽视，一旦出现问题，取证、维权、诉讼等都存在难度。

第七章 产证办理

一 ▶ 大小产证与发证模式

（一）大产证

1. 大产证的概念

大产证是俗称，是一个项目（如成片开发的住宅小区）的建设单位（俗称开发商）在该项目竣工后，为其全部所建房屋办理房地产初始登记取得的房地产登记证明，从法律上确认其为这批房屋的房地产权利人。也可以说大产证是指整栋楼的产权。

大产证是购房者取得小产证的前提，而在开发商的开发过程中，经常会发生工程施工因素、融资因素、政府原因等造成大产证逾期办理，从而影响购房者办理小产证的情况。

2. 大产证的办理

大产证是由开发商办理的，必须按照当地房产管理部门列出的资料清单准备好资料，例如房屋面积实测资料、契税、维修基金、物业等公用房资料。具体流程如下：

（1）竣工验收后测绘单位在现场勘测房屋面积。这份资料从申请到出结果至少需要两个月，中间还需要双方核对、沟通、确认。

（2）契税要先去税务所申请，进行审核，然后交税拿到完税单。

（3）维修基金需要开发商按要求先准备一套资料交给房管局，在内部网络上按资料做表，输入楼盘每套房屋的信息，打印成文上交进行审核。

（4）确认小区内哪些房屋是属于公共的，哪些是要给物业的办公地等。

（5）将资料呈报上去，土地管理局核定地价，再审核是否按批准用途用地，是否按规划面积建房，土地价款是否最终缴纳，拆迁安置结案情况，审核通过后才可办理大产证。

3.逾期办理大产证的后果

（1）对于大产证的办理期限，法律没有统一规定。开发商在房屋交付期限届满前未能取得大产证，意味着不符合房屋交付的条件，业主可以依据逾期交房的规定要求开发商承担责任。

（2）有的地方有逾期可以解除合同的约定。比如，《上海市商品房预售合同》第十条第二款规定：取得了住宅交付使用许可证；甲方对该房屋设定的抵押已注销；甲方已按规定缴纳了物业维修基金；甲方承诺在____年____月____日前办理房地产初始登记手续，取得新建商品房房地产权证（大产证），如到时不能取得商品房房地产权证（大产证），乙方有权单方面解除本合同。

（二）小产证

1.小产证的概念

所谓小产证，是指购房者取得的房地产权证，也就是我们平时说的房地产产权证书，俗称房产证。事实上，称其为房产证并不科学，比如在上海，由于房、地是合一的，该证还包括了土地使用权。小产证由购房者自行办理，但房地产开发企业有协助购房者办理的义务。所谓的协助办理即提供办理小产证所需要的资料。现实中因为购房者不熟悉房地产产权证书的办理流程，且大产证多为房地产开发企业办理，所以很多人以为小产证也应当由开发商办理，或者说认为小产证是大产证分割后过户到业主手中的产证。

2016年10月8日，上海市全面实施不动产统一登记后，不动产登记代替房地产登记，发放不动产权证书和不动产登记证明，房地产权证证书和登记证明停止发放。

2. 小产证的办理方式

（1）委托开发商办理。

（2）委托代理公司办理。

（3）业主自己办理，开发商协助。

3. 开发商的办证义务

登记办证过程中，开发商依据买卖合同负有的转移所有权的义务通常被表述为"协助办证义务"。协助办证义务的内容包括：

（1）办备初始登记前应由开发商先行取得的文件，如办理竣工验收备案。

（2）为实现转移登记，应当由开发商承担的办理初始登记及其他办证义务。

（3）依据合同约定，将办理权属登记需由开发商提供的材料交付购房人申请办证，或者通知购房人递交办证资料和缴纳税费，开发商代为向房屋权属登记机构申请办证。

4. 《商品房买卖合同司法解释》（最新版）第十四条的前瞻性

实务中，开发商通常会对该条提出质疑，认为该规定将办理小产证的期限和取得小产证的期限混淆，加重了开发商的责任和义务，替开发商喊冤。我们认为第十四条的规定充分考虑了房地产买卖的现状和长远的发展，将复杂问题简单化，能够最大限度保护处于弱势的业主群体，理由如下：

（1）开发商对合同条款的修改。2003年6月1日施行之前，建设部已经于2001年发布了《建设部关于修改〈城市商品房预售管理办法〉的决定》，规定预售商品房交付使用之日起90日内，购房者应取得房屋权属证书。当时上海的标准更加严格，只有大产证办出后，方能交接房屋。实际操作中，开发商从自己的利益出发，没有按上述规定执行，而是在合同中约定房屋通过竣工验收后先交房，然后在共同约定的时间内办理产证，这种对业主不利的做法渐渐成了房地产交易的惯例，并且延续至今。也就是说，开发商如果严格按原建设部规定履行责任就不会产生此类纠纷。

（2）充分考虑开发商与业主的综合实力对比。开发商作为专业的房地产开发机构，对于产权手续的办理了如指掌，制定合同时已经给自己足够的时间。从这个角度来讲，业主明显处于被动地位，该规定不但没有违反公平原则，而是恰恰充分遵循了公平原则，将处于弱势地位的业主推到了与开发商平等的位置。

（3）契合当下"交房即发证"的趋势。"交房即发证"的实施是从保护购房者权益的角度出发，通过政府的行政手段，引导开发商诚信经营、依法建设。

（三）交房即发证模式

1.交房即发证的概念

交房即发证是指新建商品房购房者在收房现场缴清税款后，只需提交身份证、不动产首次登记证明等资料，就能办理不动产登记、领取不动产权证书，相比以往，步骤大大简化。同样，符合条件的用地单位也可以实现交地即发证。

2019年3月11日，国务院办公厅印发的《国务院办公厅关于压缩不动产登记办理时间的通知》规定：2019年年底前，流程精简优化到位，不动产登记数据和相关信息质量明显提升，地级及以上城市不动产登记需要使用有关部门信息的通过共享获取，全国所有市县一般登记、抵押登记业务办理时间力争分别压缩至10个、5个工作日以内；2020年年底前，不动产登记数据完善，所有市县不动产登记需要使用有关部门信息的全部共享到位，"互联网＋不动产登记"在地级及以上城市全面实施，全国所有市县一般登记、抵押登记业务办理时间力争全部压缩至5个工作日以内。于是，"交房即发证"的不动产登记模式在全国推广开来。

2. 交房即发证的好处

（1）缩短了业主办证的时间，简化了办证流程。

（2）保证了业主与房产有关的各项权益的实现。

（3）减少了业主购房过程中的风险。

（4）对开发商来说，缩短土地登记办理时间就节省了建设成本。

二　逾期办证的原因

（一）开发商的原因

（1）土地使用手续不合法。如联建一方提供的土地使用权是划拨土地使用权，其分得的房产往往只能自用，不能直接作为商品房出售；如果按商品房出售，其买受人将无法领取房产证。

（2）开发商未支付全部土地使用权出让金。支付土地使用权出让金是土地使用权受让人的主要义务，在受让人没有按约定履行全部义务前，土地管理部门一般会限制办理土地使用权的变更手续。

（3）开发商违章建房。比如相关部门只审批其建18层，开发商实际建了20层，违章的部分就无法办证。

（4）开发商不能提供规定的资料。如因没有通过综合验收而不能提供综合验收合格的证明。

（5）其他原因。如开发商没有将抵押权涤除等情况也会影响房地产登记手续的办理。

（二）非开发商的原因

1.业主自身的原因

业主有不按合同约定支付购房款、不提交需要的资料等行为时，根据《合同法》关于不安抗辩权及同时履行抗辩权行使等规定，开发商可抗辩要求免责。

2.第三人的原因

例如，相关部门工作拖延、不及时或者房管局相关部门因作业繁忙而延缓了发证时间，此种情况下出卖人是否承担违约责任？根据《商品房买卖合同司法解释》第十四条的规定，"由于出卖人的原因，买受人在下列期限届满未能取得不动产权属证书的，除当事人有特殊约定外，出卖人应当承担违约责任"。由此可以看出，"出卖人的原因"应包括出卖人自身的原因以及可归于出卖人一方的第三人原因，只要是由此造成的逾期办证，出卖人均应向购房人承担违约责任。

三 逾期办证的认定及法律责任

（一）认定标准

1.逾期办理大产证

开发商提供的格式范本中，通常会约定具体办理大产证的日期。例如，《上海市商品房预售合同》第十条交付条件中，都会有关于办理房地产初始登记手续，取得新建商品房房地产权证（大产证）的约定。一旦超过办理大产证的约定期限，开发商自然违反合同约定，构成违约。

2.逾期办理小产证

小产证是购房业主依法享有并行使不动产物权的重要凭证。开发商交付房屋之后，业主虽然取得了对房屋的占有、使用，但是房屋的所有权（大产证）仍在开发商名下。如果开发商将房屋抵押、出售、甚至被司法部门查封，购房业主的利益就会受到损害。因此，交房并保证办理房屋权属登记是开发商的法定义务。但是，商品房预售合同对于小产证的办理一般不约定具体的期限，而是根据大产证取得时间再约定具体的办理天数。例如，《上海市商品房预售合同》第十四条，"在甲方办理了新建商品房房地产初始登记手续、取得了房地产权证（大产证）后＿＿＿日内，由甲、乙双方签署本合同规定的《房屋交接书》。《房屋交接书》作为办理该房屋过户手续的必备文件。甲、乙双方在签署《房屋交接书》之日起＿＿＿天内，由双方依法向＿＿＿交易中心办理价格申报、过户申请手续、申领该房屋的房地产权证（小产证）"。

同时，《商品房买卖合同司法解释》（最新版）第十四条明确规定，对于尚未建成房屋要在交付使用之日起90日取得不动产权属证书，已竣工房屋要在合同订立之日起90日取得不动产权属证书。

根据上述合同约定和法律规定，可以推算出办理小产证的具体时间，然后再判断是否超过合同约定的办理期限。

（二）开发商承担的违约责任

1. 支付违约金

（1）合同约定违约金计算方式。

对于延迟办理完成房屋权属证书，每逾期一日，按已付房款或者总房款的万分之几支付违约金。购房业主计算出实际逾期天数，就可以计算出违约金的具体数额。

（2）按《商品房买卖合同司法解释》规定，按逾期贷款利率主张违约金。

在没有约定违约金计算方式的情况下，购房业主可以按《商品房买卖合同司法解释》的规定主张违约金。

2. 解除合同和赔偿损失

买受人请求解除合同的依据，可以追溯到已废止的《合同法》第九十四条第（四）项之规定，"当事人一方迟延履行债务或者有其他违约行为致使不能实现合同目的"。超过合同约定办证期限或者《城市房地产开发经营管理条例》第三十二条规定的期限较长时间，开发商的违约行为严重影响了购房业主订立合同时所期待实现的利益，构成根本违约，购房业主就可以请求解除合同。

对于赔偿损失标准，法律虽未作明确规定，但从保护买受人的期待利益角度出发，买受人所获利益标准应为合同约定的房价款与办证期限届满1年时房屋市场价之间的差额。

四 常见争议

【实务案例1】业主因自身原因未及时办理产证，法院仅支持其办理产权过户的请求。

上海市徐汇区人民法院

民事判决书

（2019）沪0104民初8695号

（前略）

本院经审理认定事实如下：

2012年6月16日，徐某（乙方、买方）与A公司（甲方、卖方）就系争房屋签订《上海市商品房预售合同》，约定乙方向甲方购买系争房屋，总房价款暂定为1295261元。甲方于2012年11月30日前将该房屋交付给乙方，除不可抗力外。在甲方办理了新建商品房房地产初始登记手续、取得了房地产权证（大产证）后15日内，由甲、乙双方签署本合同规定的《房屋交接书》。《房屋交接书》作为办理该房屋过户手续的必备文件。甲、乙双方在签署《房屋交接书》之日起90天内，由双方依法向嘉定区房地产交易中心办理价格申报、过户申请手续，申领该房屋的房地产权证（小产证）。预售合同还约定了房屋面积差价、付款方式和付款期限、违约责任、合同解除、前期物业等内容。预售合同签订后，徐某按约向A公司支付了全部购房款1295261元。A公司出具业主结算手续表，确认房款1294247元已结清，因系争房屋的实测面积与预测面积有误差，向徐某退款734元（已扣除A公司代垫水费280元）。2012年年底，徐某入住系争房屋。

2017年7月26日，A公司向徐某提供了企业法人营业执照、已由公司及法定代表人盖章的上海市房地产登记申请书、委托书（委托期限自2017年7月1日至2017年12月31日）等材料。之后，徐某未能在委托期限内办理系争房屋的过户手续，仅缴纳了系争房屋契税及维修基金等税费。

2018年11月，A公司被注销。根据其注销清算报告所载内容，其股东B公司承诺：公司债务已清偿完毕，若有未了事宜，股东愿意在法律规定的范围内继续承担责任。

以上事实，除原告、被告庭审陈述外，另有《上海市商品房预售合同》、银联签购单、发票、面积补差款退款协议、证明、业主结算手续表、上海市房地产登记申请书、委托书、注销清算报告等证据证实，本院予以认定。

本院认为，依法成立的合同对当事人具有法律约束力。原告与A公司签订的商品房预售合同系双方当事人的真实意思表示，合法有效，双方均应遵循诚信原则，秉持诚实，恪守承诺。徐某已按约付清了购房款，A公司亦出具业主结算手续表确认房款已结清，并将系争房屋实际交付给原告。2017年7月，A公司向徐某提供了企业法人营业执照、上海市房地产登记申请书、委托书等材料，用于办理系争房屋的过户手续，但徐某未能在委托期限内及时办理。2018年11月，A公司被注销，B公司作为其权利义务承受人，应当履行相应的义务。审理中，B公司亦同意配合徐某办理系争房屋的过户手续，但主张办理过户手续的相应税费及本案诉讼费应由徐某自行负担。故徐某要求B公司配合其办理过户手续，将系争房屋登记于徐某名下之诉讼请求，本院予以支持。考虑到A公司已向徐某提供了用于办理过户的材料，且委托期限长达6个月，徐某因自身原因未能及时在委托期限内办理过户手续，从而引发本次诉讼，本案诉讼费用应由徐某自行负担。至于系争房屋过户中可能产生的税费，应由买卖双方按照有关政策负担。依照《中华人民共和国合同法》第八条第一款、第一百零七条的规定，判决如下：

B公司于本判决生效之日起15日内配合徐某将上海市嘉定区×××路×××弄×××号×××室房屋产权过户至徐某名下。

案件受理费减半收取计40元由徐某负担。

如不服本判决，可以在判决书送达之日起15日内向本院递交上诉状，并按对方当事人的人数提出副本，上诉于上海市第一中级人民法院。

审判员：袁　欣

2019年6月3日

书记员：卜雯婷

（来源：中国裁判文书网）

【实务案例2】开发商未按合同约定办理小产证，承担逾期办证的违约责任。

上海市青浦区人民法院

民事判决书

（2020）沪0118民初13994号

（前略）

经开庭审理查明：2015年9月20日，张某某、韩某某（乙方、买方）与A公司（甲方、卖方）签订《上海市商品房预售合同》，约定由乙方向甲方购买涉案房屋，涉案房屋总房款根据暂测房屋面积暂定为297万元。合同第十条约定，甲方承诺在2017年10月30日前办理房地产初始登记手续，取得新建商品房房地产权证（大产证），如到时不能取得大产证，乙方有权单方面解除合同。第十四条约定，在甲方办理了新建商品房房地产初始登记手续、取得了大产证后30天内，由双方签署本合同规定的房屋交接书。房屋交接书作为办理该房屋过户手续的必备文件。双方在签署房屋交接书之日起90天内，由双方依法向青浦区房地产交易中心办理价格申报、过户申请手续，申领该房屋的小产证。合同另约定了其他事项，但未明确约定逾期办证的违约责任。

合同签订后，经实测面积，涉案房屋总房款为2968336.13元，张某某、韩某某已按约支付全部房价款。2018年4月2日，A公司取得涉案房屋大产证，所在小区存在住宅和商铺两种房屋。双方于2018年4月9日签订房屋交接书。2018年4月16日，上海市青浦区不动产登记事务中心受理张某某、韩某某办理涉案房屋小产证的申请。

另查明，2017年2月27日，A公司取得涉案房屋所属项目的上海市新建住宅交付使用许可证。2017年5月9日，上海市相关职能部门联合发布对本市商业办公项目清理整顿工作的意见，意见明确指出对在商业办公项目开发过程中出现的不按规划批准的建筑物使用性质进行建设、擅自改变房屋结构及设施设备、改变房屋规划用途为居住等违法违规行为在全市范围内进行清理整顿。在实际整顿过程中，A公司开发的住宅项目大产证办理工作也被暂停，为此，A公司曾向B公司递交"关于协调中建锦秀名都项目23-02一期住宅产权证办理和27-03地块预售网签的请示"，请求B公司帮助协调申请开通产权证办理和网签。后经相关监管部门检查验收23-02地块二期1-6号商品住宅和底层商铺，青浦区人民政府于2017年9月下旬同意青浦区房管局意见，决定按规定程序予以办理大产证手续。

以上查明的事实，有原告、被告的陈述，原告提供的《上海市商品房预售合同》、购房发票、税收完税证明、小产证、办证档案资料，被告提供的建设工程规划许可证、《关于开展商业办公项目清理整顿工作的意见》《关于办理中建锦秀名都项目大产证的办理意见》、青浦区人民政府办公室秘书科公文办理便函、建设工程竣工验收备案证书、上海市新建住宅交付使用许可证和大产证等证据予以证明。

本院认为本案主要争议焦点为A公司是否应就涉案房屋逾期办证承担违约责任以及逾期办证的损失金额。

（1）关于A公司是否应就涉案房屋逾期办证承担违约责任。本案中，张某某、韩某某与A公司签订的《上海市商品房预售合同》系双方的真实意思表示，其内容未违反国家法律、行政法规的禁止性规定，合法有效，双方均应恪守履行。张某某、韩某某已按合同约定履行付款义务，A公司应在合同约定的期限内履行交房义务并协助办理小产证。根据合同约定，A公司应于2017年10月30日前办理大产证，并在之后30天内与张某某、韩某某签署房屋交接书，双方在签署交接书后90天内共同办理过户手续。故A公司应在2018年2月27日（含当日）前协助张某某、韩某某办理小产证。现A公司于2018年4月2日才取得大产证，导致张某某、韩某某迟延取得小产证，故A公司应承担逾期办证的违约责任。A公司虽主张因政府停办大产证的政策变化导致其办证逾期不属于违约情形，但政府对于"类住宅"的整顿行为是基于开发商的违法行为，并非政策变化所致。即使A公司迟延办理大产证与"类住宅"整顿行为有关，也系A公司自身违法行为所致，A公司理应承担违约责任。

（2）关于逾期办证的损失金额。在合同没有约定逾期办证违约金，损失数额又难以计算的情况下，张某某、韩某某主张以已付购房总额为基数，按中国人民银行规定的金融机构人民币贷款基准年利率的1.3倍计算，尚属合理，本院予以支持。但涉案房屋实付购房总额为2968336.13元，而非297万元。就逾期办证损失的起止时间，张某某、韩某某虽主张应自大产证办理期限届满后第121天起至小产证办出之日止，即自2018年2月28日起至2019年1月19日止。但上海市青浦区不动产登记事务中心实际于2018年4月16日便受理了涉案房屋小产证的办理申请，A公司的协助办证义务已经完成。后至2019年1月19日办出的系涉案房屋与相应车位的小产证。故逾期办证损失应计算至涉案房屋小产证实际申办登记且被受理之日止，即2018年4月16日。至于A公司认为涉案房屋交接之后，小产证办证义务便转移至张某某、韩某某，其不应就房屋交接之日之后的损失负责的主张，因合同第十四条已明确办理价格申报、过户申请手续、申领房屋小产证的主体为买卖双方，且A公司亦未提供证据证明其交接房屋后便及时通知对方办证、转交办证所需所有材料以及对方存在故意拖延的情况，故本院对A公司的上述答辩意见不予采纳。

综上所述，A公司应赔偿张某某、韩某某就涉案房屋的逾期办证损失，以实际房屋总额2968336.13元为基数，按中国人民银行规定的金融机构人民币贷款基准年利率4.35%的1.3倍，自2018年2月28日起计算至2018年4月16日止，共计21914.98元。依照《中华人民共和国合同法》第八条、第六十条、第一百零七条，《商品房买卖合同司法解释》第十八条的规定，判决如下：

被告A公司应于本判决生效之日起10日内偿付原告张某某、韩某某逾期办证损失21914.98元。

如果被告未按本判决指定的期间履行给付金钱义务，应当依照《中华人民共和国民事诉讼法》第二百五十三条的规定，加倍支付迟延履行期间的债务利息。

案件受理费3190元减半收取计1595元，由原告张某某、韩某某负担1421元，由被告A公司负担174元。

如不服本判决，可在判决书送达之日起15日内向本院递交上诉状，并按对方当事人的人数提出副本，上诉于上海市第二中级人民法院。

审判员：郑　重

2020年7月31日

法官助理：黎偲原

书记员：黎偲原

（来源：中国裁判文书网）

【**实务案例3**】开发商逾期办理小产证，业主按合同约定解除合同，并要求开发商支付违约金。

上海市嘉定区人民法院

民事判决书

（2018）沪0114民初8766号

（前略）

经审理查明：2017年6月4日，被告（甲方）和原告（乙方）签订了《上海市房地产买卖合同》，约定乙方向甲方购买系争房屋（办公楼），建筑面积为65.12平方米，总房款为1432640元（双方的实际成交价格为1758240元）；签订合同前，乙方已支付给甲方定金10万元，签订合同后，乙方应于2017年7月15日前向甲方支付购房款1332640元；双方约定，甲方应于2017年12月31日前将系争房屋交付给乙方，并于2017年12月31日前，甲乙双方申请办理转让过户手续；合同第十条约定，甲方未按本合同第四条约定的期限将上述房地产交付（包括房地产交接和房地产权利转移）给乙方，应当向乙方支付违约金，违约金按房屋总价款日万分之五计算，违约金自本合同第十条和第六条约定的应当交付之日起至实际交付之日止。逾期超过20天后甲方仍未交付的，除甲方应向乙方支付20天的违约金外，乙方有权单方解除合同。乙方单方解除合同的，应当书面通知甲方，甲方承担赔偿责任，赔偿金额为房屋总房款的20%。甲方应在收到书面通知之日起3日内退还乙方已支付的房价款，并支付违约金和赔偿金。上述合同签订前，原告已于2017年5月5日付足定金10万元，并于同年6月5日和7月8日分别支付了50万元和1158240元，共计已付被告全部房款1758240元。原告付清房款后，被告即将系争房屋交付给原告。2018年1月15日，原告、被告共同向上海市嘉定区不动产登记事务中心申请办理转让过户手续，但因系争房屋属于商业办公项目清理整顿范围，被限制交易，无法办理房屋交易登记手续。2018年5月16日，原告向被告发出《解除上海市房地产买卖合同的函》，通知被告解除合同。该函件于同年5月17日送达被告。

对上述事实，原告、被告双方并无争议，本院予以确认，但对被告是否需要承担违约责任以及违约金的数额，双方意见不一。

原告为证明其主张，向本院提交了以下证据：（1）《上海市房地产买卖合同》，证明原告主张解除合同及违约金的依据；（2）申请登记文件补正书，证明原告已经向交易中心申请办理过户手续，是被告原因导致未能办理过户手续；（3）网上挂牌交易信息，证明系争房屋宣传的物业类型是商住两用，而非合同约定的办公楼，原告购买房屋的目的是居住，现合同目的无法实现。被告对上述证据发表质证意见如下：对证据（1）的真实性无异议，办理过户是双方的共同行为，不是甲方单方面的事；对证据（2）的真实性无异议，但其只能证明原告到交易中心办理过户手续，被告是配合的，没有办成还有其他原因；对证据（3）的真实性无法确认，因其是第三方宣传的，与本案无关。

被告为证明其意见，向本院提交证据如下：（1）《关于开展商业办公项目清理整顿工作的意见》，证明系争房屋交易过程中，政府对商业办公项目进行整顿，导致双方合同履行环境发生变化，这是系争房屋无法过户的根本原因；（2）上海市不动产抵押权终止凭证以及业务专用凭证，证明系争房屋上没有其他权利限制或负担；（3）收件收据，证明被告配合原告办理过户手续，体现了被告的履约诚意。原告对上述证据发表质证意见如下：对证据（1）的真实性无异议，但对证明内容有异议，其恰恰证明系争房屋擅自改变房屋结构，未能过户的原因在被告；对证据（2）的真实性无异议，但其仅能证明被告履行了解除房屋抵押的部分义务；对证据（3）的真实性无异议，被告虽前往办理过户手续，但最终因被告原因未能办成。

审理中，被告表示，系争房屋所在项目因房屋内有卫生间而不符合商业办公项目的要求。若法院判决解除合同，要求原告协助被告办理涉案合同的网签撤销手续。原告表示，房屋交付后一直空关闲置，若解除合同，同意将系争房屋返还被告。

另查，2011年12月22日，被告（更名前）与C公司签订了No.4-12地块在建工程转让合同，约定C公司将马陆镇0009街坊47/11丘上在建工程转让给了被告。2014年12月30日，被告取得了嘉定区塔秀路128号、158号房屋的房地产权证。

本院认为，原告、被告之间签订的《上海市房地产买卖合同》系买卖双方当事人的真实意思表示，且不违反国家法律、法规规定，当属合法有效，双方应当遵照履行。原告已经向被告支付了全部房款，系争房屋却因不符合商业办公项目要求而被限制交易，导致无法按约过户，原告有权按约解除合同，并要求被告承担相应的违约责任。因此前原告已将解除通知于2018年5月17日送达被告，故本院确认合同于该日解除。解除后，被告应将已收取的全部房款返还原告，原告亦应携其财产搬离系争房屋并将系争房屋返还被告。此外，原告还应配合被告办理上述合同的网上备案登记合同的注销手续。关于原告诉请中主张的解约违约金，双方约定的违约金的计算标准明显过高，被告亦要求予以调整，考虑到合同履行程度、原告的实际损失和被告违约情形等因素，结合房屋已经按约交付原告使用的事实，本院酌情将该项违约金调整为13万元。至于原告主张的逾期过户违约金，因系争房屋无法过户导致合同解除，也必然导致逾期过户，故该请求与解约违约金实际是对被告同一违约行为的重复处罚，考虑到解约违约金已足以弥补原告损失，故对该逾期过户违约金，本院不予支持。

综上所述，依照《中华人民共和国合同法》第九十三条第二款、第九十七条、第一百一十四条，《中华人民共和国民事诉讼法》第六十四条第一款，《最高人民法院关于适用〈中华人民共和国民事诉讼法〉的解释》第九十条的规定，判决如下：

（1）原告王某某与被告A公司于2017年6月4日签订的《上海市房地产买卖合同》，于2018年5月17日解除。

（2）原告王某某应于本判决生效之日起10日内协助被告A公司办理上述买卖合同的备案登记的注销手续。

（3）被告A公司应于本判决生效之日起10日内返还原告王某某购房款1758240元。

（4）被告A公司应于本判决生效之日起10日内偿付原告王某某违约金130000元。

（5）原告王某某应于本判决生效之日起10日内携其财产搬离位于上海市嘉定区塔秀路128号、158号610室的房屋，并将该房屋返还被告A公司。

（6）驳回原告王某某的其他诉讼请求。

如果未按本判决指定的期限履行金钱给付义务，应当依照《中华人民共和国民事诉讼法》第二百五十三条的规定，加倍支付迟延履行期间的债务利息。

本案受理费23820元减半收取11910元，财产保全费5000元，合计诉讼费16910元，由原告王某某负担2060元，被告A公司负担14850元（应于本判决生效之日起7日内交付本院）。

如不服本判决，可在判决书送达之日起15日内向本院递交上诉状，并按对方当事人的人数提出副本，上诉于上海市第二中级人民法院。

审判员：邓　珍

2018年9月4日

书记员：李佳怡

（来源：中国裁判文书网）

【**实务案例4**】业主因自身原因怠于办理产证，开发商不承担逾期办证的违约责任。

上海市第二中级人民法院

民事判决书

（2020）沪02民终3928号

（前略）

一审法院认定事实如下：

2016年6月15日，朱某某、A公司签订一份《上海市商品房预售合同》，约定朱某某向A公司购买上海市嘉定区××路××弄××号××

室房屋（以下简称讼争房屋）。房屋总价为76万元。朱某某应于2016年6月15日支付首付款38万元，2016年7月14日前支付房款38万元。A公司应于2016年12月31日前将该房屋交付予朱某某，除不可抗力外。A公司如未按约定期限将该房屋交付予朱某某，应当向朱某某支付违约金，违约金按朱某某已支付房款的日万分之三计算，自最后交付期限之次日起算至实际交付之日止。在A公司办理了新建商品房房地产初始登记手续、取得了房地产权证（大产证）后30日内，由朱某某、A公司签署《房屋交接书》。双方在签署《房屋交接书》之日起60天内依法向嘉定区房地产交易中心办理价格申报、过户申请手续、申领该房屋的房地产权证（小产证）。合同另对其他事项作了约定。2016年6月8日、6月15日，朱某某向A公司支付了房款共计38万元。2016年8月28日、10月8日，朱某某向A公司分别支付了房款18万元、20万元。2016年12月24日，A公司将讼争房屋交付予朱某某。2018年6月14日，A公司办理了讼争房屋的大产证。2018年6月29日，双方签署了《房屋交接书》，但至今未办理产权过户手续。朱某某认为A公司至今未协助其办理讼争房屋的产权过户手续的行为已构成违约，应承担相应的违约责任，故涉讼。

一审法院认为，朱某某、A公司签订的《上海市商品房预售合同》系双方的真实意思表示，且不违反法律、行政法规的强制性规定，当属合法有效，双方均应按约履行。本案中，朱某某、A公司并未对办理大产证的具体时间及逾期办理小产证的违约责任进行明确约定，但朱某某在签约时并未就此提出异议，应当视为朱某某同意A公司在合理期限内办理大产证。根据A公司向朱某某交付讼争房屋的时间及A公司办出大产证的时间，法院认为A公司办出大产证的时间虽略有拖沓但尚在合理范围内，且A公司在办出大产证后及时与朱某某签署了《房屋交接书》，双方应在签署《房屋交接书》后共同办理讼争房屋的产权过户手续，结合朱某某在支付房款时略有迟延的情况，法院综合本案的实际情况，确定 A 公司不承担逾期办证的违约责任，故朱某某要求 A 公司支付逾期办证违约金的诉讼请求，法院不予支持。

一审法院判决：驳回朱某某要求 A 公司支付逾期办理小产证违约金的诉讼请求。

二审中，当事人均无新证据提交。

本院经审理查明，一审法院查明的事实无误，本院予以确认。

本院认为，本案争议焦点为 A 公司是否应向朱某某承担逾期办理小产证的违约责任。本案中，朱某某主张 A 公司 2018 年 6 月 14 日办理完大产证后未及时通知其领取办证材料，其于 2019 年 6 月 29 日才接到通知，故要求 A 公司支付其自大产证办理后 1 个月即 2018 年 7 月 14 日至 2019 年 6 月 30 日期间的逾期办证赔偿金。而 A 公司对此不予认可，并主张其办理完大产证后积极通知了朱某某领取办证材料，朱某某未及时领取系其自身原因造成的。对此本院认为，从双方合同约定及双方于大产证办理后 15 日即签署《房屋交接书》的行为来看，A 公司的陈述更具有可信度，应当认定 A 公司在办理完大产证后积极按照合同约定履行了通知义务且签署《房屋交接书》时朱某某已明知 A 公司取得了大产证。办理小产证并非 A 公司的单方义务，朱某某在签署《房屋交接书》后应知晓办理小产证的条件相对成熟，并积极行使权利，况且并无证据证明 A 公司有阻碍朱某某行使权利的行为。据此，综合考虑讼争房屋的交付时间、预售合同未对逾期办理小产证的违约责任进行约定、朱某某支付房款略有延迟等情况，一审法院认定 A 公司不承担逾期办理小产证的违约责任并无不当，应予维持。

综上所述，上诉人朱某某的上诉请求缺乏依据，本院不予支持。一审认定事实清楚，适用法律正确，应予维持。据此，依照《中华人民共和国民事诉讼法》第一百七十条第一款第（一）项的规定，判决如下：

驳回上诉，维持原判。

二审案件受理费1453元由上诉人朱某某负担。

本判决为终审判决。

审判长：卢薇薇

审判员：王晓梅

审判员：王　珍

2020年7月7日

法官助理：高　勇

书记员：刘佳依

（来源：中国裁判文书网）

五　业主反击策略与技巧

（1）区分清楚大产证和小产证的办理。商品房竣工后，开发商根据规定办理房屋所有权登记申请，申请登记通过后，产权全部登记在开发商名下，也就是我们通常所说的初始登记，即办理大产证。办理大产证是开发商的义务，无须业主的配合。业主购买房屋之后，需要申请办理房屋所有权转移登记，才能将大产证中的一部分分割到自己名下，即办理小产证。

（2）谨防商品房买卖合同的补充条款约定小产证由业主自行办理。一些开发商对商品房买卖合同多次"完善"，最大限度地推卸自身责任。

虽然开发商对于如何办理产权手续更为熟悉，但为了不承担相应的责任，常在合同条款中约定由业主自行办理价格申报及过户申请手续、办理小产证，开发商只给予必要的协助。这种做法不但给业主带来了不便，而且增加了房产交易部门的负担。

（3）有效应对开发商调低违约金的行为。业主在遇到开发商提出调低违约金的要求时，可以参照前面提到的对逾期交房违约金的处理思路处理。另外，产证的取得还有可能涉及户口迁入、孩子入学等，业主要估算这些损失。

（4）办理产证的费用尽量交给开发商。实务中存在为了加快办证速度，开发商提前代收相关税费的情况，但是可能会委托第三方代收，在这种情况下，业主应将相关费用交给开发商，这样出现问题后可以直接向开发商追偿。

第八章

车位之争

一 车位分类

我们按车位的产权归属将其划分为以下三种类型。

（一）产权车位

产权车位即个人拥有车位产权，有"车位本"，可以上市交易的车位。部分地区的车位产权和房产产权是合并登记的，不单独发证，但有的地区是分开办理的。

（二）无产权车位

拥有此类车位的业主只有车位的使用权，没有"车位本"，所以此类车位不能上市交易。

（三）人防车位

人防车位是开发项目根据《中华人民共和国人民防空法》（以下简称《人民防空法》）的要求建设的战时可用于防空的地下室，其产权不属于业主也不属于开发商，而是属于国家。《民法典》第二百五十四条规定，国防资产属于国家所有。《人民防空法》第五条规定，人民防空工程平时由投资者使用管理，收益归投资者所有。

二 车位的产权归属

（一）地上车位

《中华人民共和国物权法》（以下简称《物权法》）第七十四条第二款与第三款，分别规定了车位的两种权属。第二款规定，建筑区划内，规划用于停放汽车的车位、车库的归属，由当事人通过出售、附赠或者出租等方式约定，表明这部分车位产权是属于建设单位的。而第三款规定的共有车位，没有"规划用于"字样，也就是说这指的是规划外的车位。这一点，从《最高人民法院关于审理建筑物区分所有权纠纷案件具体应用法律若干问题的解释》第六条中也得到了印证："建筑区划内在规划用于停放汽车的车位之外，占用业主共有道路或者其他场地增设的车位，应当认定为《物权法》第七十四条第三款所称的车位。"

由此可以得出一个明确的结论：规划内的车位，产权属于建设单位；规划外的车位，产权属于业主共有。判断一个车位是规划内的还是规划外的，只能依据规划文件，主要是建设工程规划许可证及其附图。附图上标示的车位是规划内的车位，附图上未标示的车位是规划外的车位。

（二）地下车位

地下车位可分为两种：一种为人防地下车位，另一种为非人防地下车位。

（1）人防地下车位。

人防地下车位，是指结合地下人防工程修建的车位。这些车位属于人防工程的组成部分，所有权属于国家。但是，《人民防空法》第五条规定，人民防空工程平时由投资者使用管理，收益归投资者所有。因此，开发商对于其投资修建的人防地下车位，享有使用、管理和收益的权利。开发商可以将此类地下车位出租给业主，收取租金。

（2）非人防地下车位。

对于非人防地下车位，如开发商在销售小区房屋时已将地下停车场按公建面积分摊给全体小区业主的，则停车场产权归全体业主，开发商没有权利与个别业主签订《停车位使用权转让协议》。如果业主需要购买此类停车位的使用权，应该同小区业主委员会或经业主委员会授权委托的物业管理公司签订《停车位使用权协议》。

三 "天价车位"背后的故事

（一）车位定价放开

目前我国还没有出台规范住宅小区车位价格的法律法规，实践中的车位价格一般也是参考小区所处的位置、房屋的购买价格、所在城市交通是否拥堵、停车是否方便等因素，由出售者自主定价。

自2004年11月下旬以来，国家发改委会同有关部门先后印发了8个文件，放开24项商品和服务价格，下放1项定价权限。第七项为"指导地方放开9项商品和服务价格"，其中就包括住宅小区停车服务，由开发商、业主、物业协商定价。

这也就是为什么8万元的车位可以卖28万元、38万元甚至更高价位的相关依据。

（二）规避政府限价

限价是政府采取的一种强制性的价格控制手段，开发商规避政府监管的手段较为常见的就是捆绑车位销售、精装修。

（三）捆绑车位销售的法律效力

2018年6月发布的《关于在部分城市先行开展打击侵害群众利益违法违规行为治理房地产市场乱象专项行动的通知》中就明确提到，整治重点之一包括房地产开发商"未按政府备案价格要求销售商品房，或者以附加条件限制购房人合法权利（如捆绑车位、装修）等方式，变相实行价外加价"的行为。捆绑车位销售等行为是我国政府三令五申严禁的行为。那预售商品房搭售车位的行为是否有效？仅有的少数胜诉案例是这样的：

（2016）甘10民终123号判决书认定：昊鑫公司与李晋签订的《商品房认购协议书》是由昊鑫公司单方提供的格式合同，合同中约定李晋认购昊鑫公司商品房一套，同时约定"该房屋带负二层095号车位，车位总价为244000元。住宅和连带的车位一并购买不可分割"。该约定条款实质就是要求李晋在购买商品房时必须附带购买车位，排除了李晋的自主购买权利，加重了李晋的购房负担，违反了《合同法》第四十条"格式条款具有本法第五十二条和第五十三条规定情形的，或者提供格式条款一方免除其责任、加重对方责任、排除对方主要权利的，该条款无效"的规定，故昊鑫公司与李晋在《商品房认购协议书》中约定的车位认购条款属无效条款。（来源：中国裁判文书网）

四 ▷ 常见争议

【实务案例1】业主购买车位的使用权，法院判决确认享有与房屋同等年限的使用权。

杭州市萧山区人民法院
民事判决书

（2019）浙0109民初9918号

（前略）

事实和理由：2014年1月15日，赵某某与A公司签订《D国际名座地下车位使用合同》（以下简称《地下车位使用合同》）一份，约定由赵某某租断杭州市萧山区××街道D国际名座5幢地下一层及地下二层共计69个车位的使用权，该部分车位拟租予B公司使用，需另签订使用协议。合同签订当日，赵某某支付了合同约定的使用费4140000元，取得了69个车位的使用权。2017年2月24日，A公司被裁定进入破产清算程序。同年2月28日，B律师事务所被指定为A公司的管理人。2018年5月30日，A公司管理人对A公司所有的D国际名座5幢1~3层房地产设备等进行拍卖，并对拍卖标的物进行瑕疵说明："B公司改造的自动人行道占用了第三人赵某某（本案原告赵某某）所有的地下一层7~18号车位及地下二层5~13号车位，改造的冷库占用了第三人赵某某所有的地下一层63~73号、94~102号车位，以上设施设备属于本次拍卖范围，但所占用的第三人赵某某的车位不属于本次拍卖范围，具体占用车位的数量和范围以现场核实为准，第三人赵某某与B公司存在车位占用返还纠纷，竞买人竞得拍品后需自行解决。"基于上述事实，赵某某认为，首先，本案事实清楚，原告、被告双方亦无太大争议。虽然双方对案涉《地下车位使用合同》的性质系租赁抑或买卖存在一定争议，但从合同签订目的及约定使用年限来看，双方的真实意思表示为买卖，而非租赁。虽然赵某某应支付的车位使用费系以其享有的工程款债权抵偿的方式履行，但双方已经结算并履行完毕。其后，根据双方合同约定，有部分车位出租给了B公司。但在合同实际履行过程中，A公司并未提供便利，促成赵某某与B公司签订租赁协议，而是自行与B公司签订协议。在A公司进入破产清算程序后，其对案涉车位使用权归属进行了明确，在拍卖公告中亦把案涉地下车位排除在外，故赵某某对案涉地下车位享有使用权是没有争议的。其次，虽然案涉《地下车位使用合同》第三条约定"乙方对该地下车位享有与乙方所购房屋同等年限使用权"，但赵某某已买断案涉地下车位的使用权，且赵某某对其所购憬天国际名座房屋拥有所有权，而该房屋使用年限为永久，只有该房屋所属建设用地使用权具有使用年限，故案涉地下车位使用权年限应与房屋使用年限一样，也为永久。最后，虽然案涉《地下车位使用合同》的确系原告、被告双方关于以案涉69个地下车位使用权抵偿A公司欠付赵某某的建设工程价款的协议，赵某某也未实际向A公司支付车位使用权交易价款4140000元，但该合同仍属合法有效。因为赵某某对A公司享有的4140000元建设工程价款债权在该《地下车位使用合同》签订后已归于消灭，赵某某也未在破产程序中申报相应债权。故应认为赵某某已按约支付合同项下全部车位使用权费用，完成合同义务，其应对案涉69个车位享有永久使用权，A公司应协助其排除妨害，向其交付符合合同约定的车位。综上所述，为避免赵某某的合法权利因A公司的行为遭受进一步损害，保障赵某某的合法债权及时实现，现向法院提起诉讼，请求法院依法支持赵某某变更后的诉讼请求。

A公司承认赵某某在本案中所主张的事实，对案涉《地下车位使用合同》的效力及所涉69个地下车位的使用权归属于赵某某无异议，但认为，首先，原告、被告双方签订的《地下车位使用合同》实际上系因A公司欠付赵某某建设工程价款而达成的以车位使用权抵偿建设工程价款的协议，A公司实际并未收到赵某某支付的4140000元车位使用权交易价款。原告、被告双方的建设工程价款于A公司进入破产清算程序前即已结算完毕，且双方无争议。至本案诉讼时，杭州市萧山区人民法院已裁定认可A公司的破产财产分配方案，且破产财产分配已进入尾声。其次，案涉的《地下车位使用合同》明确约定A公司系将案涉地下车位使用权排他性地出租给赵某某，权利人本身对车位不享有所有权，只享有使用权，且合同已对车位使用权年限作了明确约定。故案涉地下车位使用权年限应以合同约定的年限为准，并非永久使用权。最后，2014年5月20日，A公司与案外人C公司签订《房屋租赁合同》，将D国际名座5幢1~3层房屋整体出租给C公司；同年5月31日，双方签订《补充协议》，约定由C公司将前述《房屋租赁合同》项下的权利义务转让给B公司。该《房屋租赁合同》及《补充协议》后于2017年4月24日解除。综上所述，请求法院依法判决。

本院认为，A公司承认赵某某在本案中主张的事实，故对赵某某主张的事实予以确认。本院经审理认定事实如下：2014年1月15日，A公司（甲方）与赵某某（乙方）签订《地下车位使用合同》一份，约定由乙方租断甲方位于D国际名座5幢地下一层及地下二层共计69个车位的使用权，该部分车位拟租予B公司使用，需另签订使用协议；租断该车位使用权费计4140000元，签订本合同当日一次性付清；乙方对该地下车位享有与其所购房屋同等年限使用权。因A公司经与赵某某结算，确认欠付赵某某建设工程价款，故赵某某以其对A公司享有的4140000元建设工程价款债权抵偿其应向A公司支付的前述车位使用权费，实际未向A公司支付任何款项。合同签订当日，A公司向赵某某出具收款收据五份，确认收到赵某某支付的D国际名座地下车位使用费合计4140000元。2017年2月24日，本院裁定受理A公司破产清算案，并于同年2月28日指定B律师事务所为A公司的管理人。2018年9月19日，本院受A公司管理人委托，发布《竞买公告》，对A公司所有的D国际名座5幢1~3层房产及对应的国有土地使用权、房产内部部分设备等进行整体拍卖，并在拍卖标的物瑕疵说明中载明："拍卖标的物存在他人占有使用的情况，管理人按标的物现状拍卖。B公司于2014年5月20日取得拍卖标的物的租赁使用权，破产案件受理后，管理人书面发函告知，A公司与B公司的租赁关系于2017年4月24日解除。目前承租人（含B公司及其转租后的实际承租户）尚未搬离……C公司改造的自动人行道占用了第三人赵某某所有的地下一层7~18号车位及地下二层5~13号车位，改造的冷库占用了第三人赵某某所有的地下一层63~73号、94~102号车位，以上设施设备属于本次拍卖范围，但所占用的第三人赵某某的车位不属于本次拍卖范围，具体占用车位的数量和范围以现场核实为准，第三人赵某某与B公司存在车位占用返还纠纷，竞买人竞得拍品后需自行解决。"前述"赵某某"即本案原告。至本案诉讼时止，案涉D国际名座5幢地下一层1~6号、30~41号车位及地下二层98~118号车位空置，由B公司用于消费者停车之用；地下一层7~18号车位被B公司的自动扶梯占用，地下一层63~73号车位被B公司的11个冷库占用，地下一层94~102号车位被B公司的9个冷库占用，地下二层5~13号车位被B公司的自动扶梯占用。另查明，2014年11月24日，赵某某与案外人方某取得了位于 D 国际名座的房屋所有权，该房屋规划用途为商业办公。案经调解无效。

针对原告、被告双方关于案涉《地下车位使用合同》性质及地下车位使用权年限的争议，首先，案涉《地下车位使用合同》系原告、被告双方在协商一致的基础上所签订，乃双方的真实意思表示，未违反法律、行政法规的强制性规定，且交易行为发生于本院受理 A 公司破产申请前 3 年，不属于《中华人民共和国企业破产法》第三十一条及第三十二条规定的管理人有权请求人民法院予以撤销的行为或者个别清偿行为，应属合法有效。双方当事人均应遵循诚实信用原则，全面履行合同约定义务。现赵某某在原告、被告双方对案外建设工程价款结算无异议的情况下，以其对 A 公司享有的建设工程价款债权 4140000 元抵偿案涉合同约定的车位使用费，A 公司亦以开具收款收据的方式确认收到案涉《地下车位使用合同》项下的车位使用费，应认为赵某某已完成合同约定的付款义务，理应享有合同项下的 69 个地下车位的使用权。A 公司对该 69 个地下车位的使用权归属于赵某某亦无异议，故本院予以确认。其次，关于案涉地下车位使用权年限。鉴于案涉地下车位使用权转让前，A 公司作为建设单位，也仅享有使用权，不享有所有权，故赵某某作为该地下车位使用权的受让人，也只享有使用权，不享有所有权。而原告、被告双方在《地下车位使用合同》第三条明确约定，乙方对该地下车位享有与乙方所购房屋同等年限使用权，故案涉地下车位使用权年限应与赵某某所购 D 国际名座房屋使用年限一致。虽然赵某某对该房屋享有所有权，而房屋所有权不存在法律上的使用年限，但根据《中华人民共和国城市房地产管理法》第三十二条"房地产转让、抵押时，房屋的所有权和该房屋占用范围内的土地使用权同时转让、抵押"，以及《物权法》第一百四十六条"建设用地使用权转让、互换、出资或者赠与的，附着于该土地上的建筑物、构筑物及其附属设施一并处分"、第一百四十七条"建筑物、构筑物及其附属设施转让、互换、出资或者赠与的，该建筑物、构筑物及其附属设施占用范围内的建设用地使用权一并处分"的规定，即"房地一体原则"，房屋所有权及地下车位使用权必须依附于建设用地使用权而存在。赵某某所有的D国际名座房屋所属土地是有使用年限的，《物权法》第一百四十九条规定："住宅建设用地使用权期间届满的，自动续期。非住宅建设用地使用权期间届满后的续期，依照法律规定办理。该土地上的房屋及其他不动产的归属，有约定的，按照约定；没有约定或者约定不明确的，依照法律、行政法规的规定办理。"赵某某关于其对D国际名座房屋享有永久使用权，故其对案涉地下车位享有永久使用权的相关主张，缺乏法律依据，本院不予采信。

综上所述，对赵某某要求确认其对位于D国际名座5幢地下一层、地下二层的69个地下车位（具体坐落及车位编号以《地下车位使用合同》第八条及所附地下一层平面图、地下二层平面图载明的内容为准）享有与憬天国际名座房屋同等年限使用权的诉讼请求，本院予以支持；对其不合理的诉讼请求，本院不予支持。依照《合同法》第八条、第六十条，以及《中华人民共和国民事诉讼法》第六十四条第一款的规定，判决如下：

（1）确认赵某某对位于杭州市萧山区××街道D国际名座5幢地下一层编号为1~18号、30~41号、63~73号、94~102号，地下二层编号为5~13号、98~102号、114~118号共计69个车位享有与位于杭州市萧山区××街道D国际名座房屋同等年限的使用权。

（2）驳回赵某某的其余诉讼请求。

案件受理费39920元减半收取计19960元由A公司负担。

如不服本判决，可以在判决书送达之日起15日内向本院递交上诉状，并按对方当事人的人数提出副本，上诉于浙江省杭州市中级人民法院。

审判员：宋晓敏

2019年6月28日

书记员：陈小红

（来源：中国裁判文书网）

【**实务案例2**】买房前购买了高价车位使用权，要求退款，法院不予支持。

浙江省嘉兴市南湖区人民法院

民事判决书

（2019）浙0402民初2282号

（前略）

本院经审理，认定案件事实如下：

2017年8月19日，原告王某某、胡某某向被告A公司认购玖熙花苑地下停车位一个（车位编号D-314），总价360000元，并签署车位确认单。两原告分别于2017年8月19日付款50000元、2017年8月29日付款310000元（当日，两原告亦签署签约确认单）。2017年9月14日，原告王某某、胡某某与被告A公司签订《地下车位使用权转让协议》一份，约定A公司将玖熙花苑地下1层D区314号停车位使用权转让给两原告，该地下车位位于非人防工程设施范围，系标准车位，金额为360000元；合同同时约定了地下车位的交付、权属、车位使用管理、违约责任等内容。同日，两原告向被告A公司出具承诺书，表示对车位价格自愿接受并同意。同日，两原告与被告A公司签订《浙江省商品房买卖合同》，约定了两原告购买位于嘉兴市房屋的相关内容。被告分别向原告开具了车位款360000元、商品房预售款749494元的增值税专用发票。

本院认为，本案争议焦点在于两原告与被告A公司签订的《地下车位使用权转让协议》是否属于无效合同。两原告认为，被告强制原告在购买房产前签订自己不需要的车位使用权转让协议，违反《中华人民共和国消费者权益保护法》第十六条第三款的规定，设定了不公平、不合理的交易条件，强制交易；被告销售车位未获得预售许可；物权使用权不是买卖合同标的物，不得以买卖方式转让；被告拟定格式条款，存在捆绑销售等，侵犯原告选择权。对此，结合《合同法》第五十二条的规定进行审查。首先，从双方的交易过程来看，两原告在与被告签订《地下车位使用权转让协议》前，被告向两原告公示车位价格，原告自愿签订了车位确认单、签约确认单，对涉案车位性质、价格、产权等信息均有所了解并付清了全部款项，后双方签署《地下车位使用权转让协议》，两原告作为完全民事行为能力人对是否实施交易行为当有充分理性考量，最终仍与被告订立《地下车位使用权转让协议》，系其真实意思表示。其次，房地产市场属于竞争市场，众多开发商可供原告选择，被告非具有市场支配地位的经营者，允许其自主设置交易条件。在双方的交易过程中，两原告并非迫不得已必须向被告购买商品房，原告如不能接受购置该地下停车位，其有权选择不向被告购买商品房，可以选择向其他开发商购买商品房，被告的行为并不存在欺诈、胁迫等情形，也未违反《中华人民共和国消费者权益保护法》第十六条第三款的规定。最后，小区地下车位作为配套设施，允许开发商优先出售给业主也符合交易习惯，原告虽身体残疾但不影响其对交易行为作出理性判断，故两原告认为被告行为属于强迫交易的理由亦不能成立。综上所述，依照《合同法》

第四条、第五十二条、第六十条及《中华人民共和国民事诉讼法》第六十四条、第一百四十二条的规定，判决如下：

驳回原告王某某、胡某某的诉讼请求。

案件受理费减半收取3350元，由两原告共同负担，于本判决生效后7日内缴纳。

如不服本判决，可在判决书送达之日起15日内向本院递交上诉状，并按对方当事人的人数提出副本，上诉于浙江省嘉兴市中级人民法院。

审判员：陈维清

2019年9月13日

书记员：金利叶

（来源：中国裁判文书网）

【实务案例3】占用业主共有的道路或者其他场地用于停放汽车的车位不属于开发商所有。

重庆市高级人民法院

民事判决书

（2016）渝民终7号

（前略）

一审法院经审理查明：

A公司是重庆市××区××镇××路××号××小区的建设单位。2007年1月26日，重庆市规划局作出渝规建审〔2007〕九字第0340号《建设工程规划设计方案审查意见书》，原则同意A公司报送的××项目规划设计方案。其中的主要技术经济指标为：规划用地面积为76337平方米；总建筑面积为193425.94平方米，其中地上为184658.41平方米，地下为8767.53平方米；基本容积率为2.42；建筑密度为25.67%；绿地率为30.25%；停车位地上有393个，地下有243个，共计636个。2007年3月，A公司取得××区××镇××村5、7社的国有土地使用权共计76337平方米。同年3月27日，重庆市规划局向A公司颁发渝规建证〔2007〕九字第0349号建设工程规划许可证，许可××小区一期工程建设，其中包含地面停车位156个。同年11月8日，重庆市规划局向A公司颁发渝规建证〔2007〕九字第0433号建设工程规划许可证，许可××小区二期工程的1号、2号、3号楼建设，其中包含地面停车位22个。2009年8月5日，重庆市规划局向A公司颁发渝建字第建500107200900053号建设工程规划许可证，许可××小区G5、G6、G7、11、K、L1、L2、H2、H3、H4、J2、N1、N2号楼建设，其中包含地面停车位71个。同年9月29日，重庆市规划局向A公司颁发渝建字第建500107200900074号建设工程规划许可证，许可××小区4#、5#、6#、7#、8#、9#、10#、L3#、M1#、M2#、M3#、M4#、M5#、M6#、H5#、幼儿园及地下车库建设，其中停车位总计387个（含地下车库的266个）。在前述4个建设工程规划许可证中，地面停车位均未计入建筑面积。2012年8月9日，重庆市规划局九龙坡区分局在给A公司的回函中明确，该局核定××项目停车位为地上393个，地下243个，共计636个，其归属权不属该局管辖范畴。

2008年10月至2014年12月，A公司陆续取得建竣备字〔2008〕062号、建竣备字〔2009〕057号、建竣备字〔2011〕004号、建竣备字〔2013〕005号、建竣备字〔2014〕068号重庆市建设工程竣工验收备案登记证，证载建设工程合计为199535.62平方米。

一审法院另查明，在A公司（甲方）和××小区业主（乙方）所签订的《商品房买卖合同补充协议》中，第九条第三点有两种不同的表述。第一种为："甲、乙双方同意，小区建筑区划内的游泳池、羽毛球场等公共场地及其公共设施的所有权归全体业主所有，并委托前期物管公司重庆昊天宸居物业管理有限公司进行统一维护、管理。如果规划用于停放车辆的车位、车库、幼儿园、医务所和服务会所等归甲方所有，甲方有权通过出售、附赠或者出租等方式进行处理。"第二种表述与第一种表述的区别在于第二句开始部分没有"如果"二字，其余文字内容与第一种表述相同。庭审中，A公司称第二种表述（即没有"如果"二字的版本）系笔误；第一种表述（即有"如果"二字的版本）与备案的合同文本一致，应以此为准。A公司认可实际建成的地面停车位为270个左右，均不能办理产权登记手续。

2015年3月27日，因A公司拟将部分车位出租，××小区业主委员会在小区张贴通告，内容为："各位业主：近日，小区物业管理公司张贴了租售小区地面和地下停车位使用权的通知。对此，我们郑重声明，此事未征得小区业主委员会的同意！我们认为，小区地面停车位是利用小区公共用地设立的，属于小区业主共同所有，开发商和物业公司均无权擅自出租或出售。"双方协商未果。

对双方争议焦点，一审法院评判如下：

（1）关于业主委员会当事人资格与适格被告的问题。

业主委员会是由一个物业管理区域内全体业主代表组成，在行政主管部门备案，代表全体业主共同利益，向社会各方反映业主集中的意愿和要求，并监督物业管理公司管理运作的组织。对涉及业主共同利益的事项，业主委员会应当代表全体业主进行处理。本案中，小区地面停车位的权利归属是关系到全体业主共同利益的重大事项。当A公司拟对小区地面停车位进行租售时，××小区业委会即以张贴书面通告的方式否认A公司享有地面停车位所有权，并代表全体业主对地面停车位提出了权利主张。如要求必须以全体业主为被告提起诉讼，其工作量将十分巨大，业主可能在变化，实践操作上并不可行。业主委员会代表业主进行诉讼符合诉讼经济的原则。人民法院可以对业主委员会的诉讼行为进行规制，以确保其始终代表全体业主的利益。故一审法院认为，××小区业委会具有当事人资格，是本案适格被告，××小区业委会关于其主体不适格的抗辩理由不能成立。

（2）关于××小区地面停车位的权利归属问题。

《物权法》第七十四条规定："建筑区划内，规划用于停放汽车的车位、车库应当首先满足业主的需要。建筑区划内，规划用于停放汽车的车位、车库的归属，由当事人通过出售、附赠或者出租等方式约定。占用业主共有的道路或者其他场地用于停放汽车的车位，属于业主共有。"但法律与行政法规并未对原始规划建设的、不能办理产权登记的地面停车位的归属作出具体的规定，未明确规定如果双方没有约定或者约定不明时该车位应当归谁所有。

一审法院认为，本案所涉及停车位是地面停车位，并无建筑物，不能办理产权登记，其本质上属于土地使用权。地面停车位属于业主行使土地使用权的形式之一。开发商将开发商品房向业主出售后，建设范围内的土地使用权归属全体业主。因此地面停车位的权益应当归属于全体业主共同享有。开发商按照规划建设的地面停车位属于开发商建设的附属设施。该附属设施归属于全体业主，其性质与其他公共附属设施性质并无不同。规划从行政要求的角度确定了开发商的建设义务，开发商有义务按照规划修建小区附属设施，但并非依据规划建设的附属设施都归开发商。因此，本案地面停车位是由开发商依照行政规划建设的物业附属设施，属于业主共有的土地使用权的范畴，其权益归属于全体业主。

《重庆市物业管理条例》第六十三条第二款规定："建设单位依法取

得车位、车库权属登记后，可以向业主出售车位、车库……"根据上述条例规定，开发商能够以自己的名义处分停车位，应当以其享有车位所有权为前提。本案中，虽然××小区的地面停车位确系建筑区划内规划用于停放汽车的车位，但地面停车位并未计入建筑面积，也未纳入容积率计算；已建成的地面停车位不属于能够办理产权登记手续和能够通过登记成为特定业主所有权的客体范畴，当然也不属于开发商可以取得产权登记的物业。因此，按照地方法规的规定，应当认定开发商就本案涉及的地面停车位无权进行处分。

（3）关于双方对小区地面停车位权利归属所作约定的问题。

一审庭审中，A公司认可《商品房买卖合同补充协议》第九条第三点应为"……如果规划用于停放车辆的车位、车库、幼儿园、医务所和服务会所等归甲方所有，甲方有权通过出售、附赠或者出租等方式进行处理"。一审法院认为，从该条约定的文字表述可知，A公司在和业主签订合同时双方对包括车位在内的相关配套设施是否归A公司所有并未形成一致、肯定的认识，条文中对小区车位、车库等配套设施的权利归属为不确定表述。即应当理解为双方仅约定了"只有当车位等配套设施明确归A公司所有后，A公司才有权通过出售、附赠或者出租方式进行处理"。

另外，本案地面停车位不能办理产权登记，不能成为专有权属客体的地面停车位的本质为转移归业主共有的土地使用权范畴，开发商以约定方式，在销售商品房后仍保留该部分土地使用权，并无法律依据。故A公司诉称凭借该合同条款的约定就能判定地面停车位权属的理由不能成立，一审法院不予支持。

综上所述，依照《物权法》第七十四条、《重庆市物业管理条例》第六十三条第二款、《中华人民共和国民事诉讼法》第六十四条第一款的规定，判决如下：

驳回A公司的全部诉讼请求。

案件受理费92540元由A公司负担。

二审查明，在双方当事人提交的2009年6月的××小区总平面图中，××小区总体综合技术经济指标表载明：该项目规划总用地面积为76337平方米，总建筑面积为193732.25平方米，其中：计容积率地上建筑面积为184964.72平方米，不计容积率地下建筑面积为184964.72平方米。住宅建筑面积为174678.01平方米，公建面积为19054.24平方米，公建面积中含地下建筑面积8767.53平方米。

二审中，双方当事人对一审查明的事实无异议，本院予以确认。

经过开庭审理，本案当事人的争议焦点为××小区地面停车位是否应归A公司所有。

本院认为，××小区的地面停车位权属不归A公司所有。首先，我国《物权法》第七十四条第二款规定："建筑区划内，规划用于停放汽车的车位、车库的归属，由当事人通过出售、附赠或者出租等方式约定。"可见，根据该法的规定，规划用于停放汽车车位的归属，由当事人通过约定处理。根据本案查明的事实，A公司与购房者在《商品房买卖合同补充协议》第九条中约定："……如果规划用于停放车辆的车位、车库、幼儿园、医务所和服务会所等归甲方（A公司）所有，甲方有权通过出售、附赠或者出租等方式进行处理。"因此，A公司有权处理本案争议车位的前提是车位属于A公司所有。其次，如果争议的车位能办理产权登记手续，则可确认所有权归开发商所有。而A公司在诉讼中确认，本案争议车位不能办理产权登记手续。从这一角度来说，一审法院认定其本质上属于土地使用权并无不当。最后，一个建筑物所占建筑面积能否办理产权登记与是否纳入容积率的计算有关。容积率=总计容建筑面积/总用地面积，总计容建筑面积=地上总建筑面积-地上不计容建筑面积+

特殊多倍计容面积。根据2007年的《建设工程规划设计方案审查意见书》，虽然规划部门规划允许修建地上停车位393个，但根据意见书载明的内容，393个地上停车位所占面积并未计入建筑面积。2009年6月的××小区总平面图中，××小区总体综合技术经济指标表也未将地上停车位所占面积纳入计容地上建筑面积。在案件的审理中，A公司也未提交证据证明，在工程竣工验收时通过规划变更将本案争议车位所占面积纳入了计容建筑面积。综上所述，前述地上停车位所占面积不属于计容地上建筑面积，不能办理产权登记手续，故该部分停车位应属于《物权法》第七十四条第三款规定的"占用业主共有的道路或者其他场地用于停放汽车的车位"。根据该条的规定，本案争议的车位不属于A公司所有。

综上所述，A公司的上诉请求不能成立，应予驳回；一审判决认定事实清楚，适用法律正确，应予维持。依照《中华人民共和国民事诉讼法》第一百七十条第一款第（一）项的规定，判决如下：

驳回上诉，维持原判。

二审案件受理费92540元由A公司负担。

本判决为终审判决。

审判长：田晓梅

代理审判员：周　倩

代理审判员：黄　巍

2016年12月28日

书记员：刘　丹

（来源：中国裁判文书网）

五 > 业主反击策略与技巧

（1）能办产证的车位才是"真"车位。无论地上车位还是地下车位，都和房产一样属于不动产。做了产权登记，业主才有所有权。因此，使用权、租赁权都是不完整的权利，业主购买时应慎重决策。

（2）辨别捆绑销售。在购房前或在购房时，开发商要求业主签订一份车位转让或者租赁合同，而且车位的价格远远高于市场价。这是开发商为了规避政府的限价政策，将高出的房屋价格加在了车位价格上。开发商还会通过精装修、储藏室等规避限价政策。

第九章

商铺陷阱：售后包租

一 ▷ 售后包租的概念与特征

（一）售后包租的概念

《商品房销售管理办法》第四十五条第二款规定："本办法所称售后包租，是指房地产开发企业以在一定期限内承租或者代为出租买受人所购该企业商品房的方式销售商品房的行为。"这种方式常用于商铺、酒店式公寓、酒店式办公楼、产权式百货商场等。

商业地产最终实现价值是依靠运营中产生的现金流，商铺出售仅仅是第一步，后期的关键是运营状况。开发商将大面积商铺切割成小块面积出售，同时承诺年回报率为10%~20%，甚至更高。一旦实际经营状况不理想，达不到预期的收益，就会产生开发商或者管理公司违约、破产、跑路的连锁反应。

（二）售后包租的特征

（1）出售产权商铺。

（2）化整为零，化大为小。

（3）售后统一回租，统一组织运营管理。

（4）承诺在返租期内给予业主一定比例的年回报率。

二 > 售后包租的常见模式

（一）三种常见模式

（1）总款返租。总款返租是将商铺虚拟分割，销售给业主，承诺每年给业主一定比例的回报，然后将商铺再整体包租给大型商户。大型商户的租金是偏低的，回报主要由商户的自由资金组成，这就是所谓的虚拟回报。总款返租有按年返还的，也有一次性返还几年的。

（2）首付款返租。首付款返租是为了降低商户入市购买门槛而采用的返租方式，例如，将整铺分割成若干小铺位出售给业主，返8%或10%的回报（可从业主首付款中扣除），从而降低了购买门槛。以5平方米摊位为例，若每平方米的售价为2万元，则总售价为10万元，这10万元中的8%作为回报，统一返租3年或4年，即在首付款中扣除24%或32%的回报，以降低入市门槛。

（3）代租抽成。代租抽成是指开发商将商铺卖给业主后，又由开发商的关联管理公司（以下简称商业管理公司）与业主签订租赁管理协议，约定由商业管理公司负责招商，并与商家签订房屋租赁协议，商业管理公司与业主按一定的比例对租金分成。商业管理公司一般要求业主前2年或3年免租，从第3年或第4年开始对租金分成。

（二）售后包租的优劣势

1.优势

（1）化大为小，降低商铺销售总价，降低商户的购买门槛。

（2）运营收益回报较高。

（3）能够快速回笼资金，转嫁风险。

2.劣势

（1）有大量的虚假宣传成分。

（2）业主拥有产权，但使用权不易独立发挥作用。

（3）风险与收益成正比，存在较大的法律风险。

（4）缺少有商铺运营能力的运营商。

三 > 售后包租法律风险分析

（一）民事风险

（1）可能存在欺诈情况。开发商在以所开发的商品房为担保取得银行贷款的同时，向购房者销售该项目，有的甚至会携款逃匿。

（2）开发商融资或变相融资后，将资金挪用到别的项目上，一旦该项目的某一环节运作出现问题，就会导致开发商资金链断裂。

（3）项目建成后经营不善，无法达到预期的收益水平，没有现金流兑付。

（4）所购商品房位置不确定，无法办理房屋所有权证。

（5）售后包租往往涉及复杂的权利关系，易引发债权债务纠纷等。

（二）刑事风险

在实践中，还有部分开发商在买卖合同中约定了回购条款，因开发商资金链断裂或经营不佳等原因，存在租金长期无力支付等情形，部分购房人在向法院提起民事诉讼的同时，也以诈骗或非法吸收公众存款为由向公安机关报案。因此，如果符合《最高人民法院关于审理民间借贷案件适用法律若干问题的规定》第五条以及《最高人民法院关于在审理经济纠纷案件中涉及经济犯罪嫌疑若干问题的规定》的情形，开发商可能会承担刑事责任。

四 ▷ 常见争议

【实务案例1】退房退款，开发商支付总房款10%的违约金。

上海市嘉定区人民法院
民事判决书

（2018）沪0114民初6726号

（前略）

根据当事人的陈述以及经审查确认的证据，本院确认如下事实：2017年5月2日，成某某（乙方，买方）与A公司（甲方，卖方）签订一份《上海市商品房出售合同》，约定乙方向甲方购买位于上海市嘉定区××路××号××层××室商铺（以下简称系争商铺），建筑面积61.37平方米，总房价款2700000元，第四条约定乙方应按本合同约定的付款方式和付款期限将房价款汇入甲方的账户：宁波银行上海嘉定支行，账户名称：×××××，账号：××××××××××，乙方的付款时间和付款方式在本合同附件一中约定明确。甲方收到原告支付的每一笔房款时均应开具发票。第六条约定乙方支付房价款若采用银行贷款付款的，而银行未按合同约定的期限代乙方向甲方付款的，仍视为乙方未按合同约定的时间付款，但因甲方原因的除外。第七条约定甲方在收到乙方全部房价款之日起90天内，甲方向乙方交付房屋。第十三条约定除不可抗力外，甲方如未在本合同约定的期限内将该房屋交付乙方使用，应当向乙方支付违约金，违约金按乙方已支付的房价款日万分之2.5计算，违约金自本合同第七条约定的最后交付期限之第二天起算至实际交付之日止，逾期180日，乙方有权单方解除本合同。第十七条约定该房屋买卖所发生的税费按有关规定由甲、乙双方各自承担。第十九条约定双方商定2017年11月2日前，由甲乙双方共同向嘉定区房屋土地管理局办理价格申报及过户申请手续，申领该房屋房地产权证（小产证）。因甲方原因，乙方无法在2018年5月2日前取得房地产权证（小产证），甲方应承担违约责任，违约金为总房价款的1%；2018年5月2日之日起180日内，乙方仍无法取得房地产权证（小产证），则乙方有权单方面解除合同。第二十条约定乙方行使本合同条款中约定的单方面解除本合同权利时，应书面通知甲方，甲方应当在收到乙方的书面通知之日起60天内将乙方已支付的房价款（包括利息，利息按中国人民银行公布的同期贷款利率计算，下同）全部退还乙方，并承担赔偿责任，赔偿金额以总房价款的20%计算，在退还房价款时一并支付给乙方。前款及本合同其他条款所称已支付的房价款是包括乙方直接的和通过贷款方式支付的房价款。附件一付款时间和付款方式中约定：付款方式为分期付款，不贷款，1.乙方于2017年5月2日与甲方签约并付首付房款计270000元；2.乙方于2017年6月30日前应支付房款2430000元。合同另对其他内容进行了约定。同日，双方另签订一份《南翔A商业用房商铺经营管理协议》，约定成某某将系争商铺交给A公司统一经营管理。

合同签订后，成某某丈夫陈某于2017年5月1日在A广场售楼处通过POS机刷卡向案外人B公司支付1万元，POS机签购单上商户名称标注为"上海A置业"，并于同日收到收据一张，载明"定金"，落款处盖有"A商业广场营销中心"字样印章。2017年5月2日，成某某在A广场售楼处通过POS机刷卡向B公司支付房款26万元，POS机签购单上商户名称标注为"上海A置业"，并于同日收到收据一张，载明"首付款"，落款处盖有"A商业广场营销中心"字样印章。2017年7月11日，成某某丈夫陈某在A广场售楼处通过POS机刷卡向案外人C公司支付3万元，银联POS机签购单上商户名称标注为"A公司"；同日，案外人邱某某代成某某在A广场售楼处分别通过POS机刷卡向C公司支付50万元，向C公司支付190万元，POS机签购单上商户名称分别标注为"A公司"和"上海A置业"；成某某于同日收到收据一张，载明"尾款"243万元，落款处盖有"A商业广场营销中心"字样印章。

2017年10月30日，A公司向A商业用房所有业主出具一份《承诺书》，承诺：（1）付款客户的购房发票在2017年11月1日—2018年3月31日前全部发给每个业主；（2）满足办理产证条件的业主，A公司承诺产证在2017年11月1日至2018年3月30日前全部办理完成；（3）A装修工程于2017年11月30日前开工建设，开业时间不迟于2018年10月1日，开业标准为商家入驻率不低于可租面积的70%，为15000平方米；（4）现因A公司内部原因导致业主贷款无法审批通过并超过合同约定时间的，业主不承担相应的违约责任。以上第（1）、（2）、（3）条其中任意条款因A

公司原因违约（业主方不予配合提供材料的A公司不承担违约责任），A公司承诺全额退房退款（按实际支付到账金额计算，未到账部分扣除）并赔偿房屋实际到账款的10%的违约金，退房款及违约金在三个月内到账。所有因A公司违约产生的律师费、诉讼费、办证费、税费等相关费用均由A公司承担。

2018年6月14日，成某某在审理中向A公司邮寄一份《解除商品房出售合同的函》，要求解除双方于2017年5月2日签订的《上海市商品房出售合同》，并要求A公司退还原告已付的购房款项270万元及支付总房款10%违约金和律师费。该函件后因故被退回，A公司未收到该函。

另查，成某某为本次诉讼支付律师费3万元。

审理中，A公司自认B公司为系争商铺所在的A商业广场的独家委托销售公司，A公司与成某某于2017年5月2日签订《上海市商品房出售合同》时是由B公司具体操作，本案的房屋出售合同签约及付款均发生在A公司委托B公司销售期间；并自认未向成某某开具购房发票，亦无法核实系争商铺交付情况。

本案的争议焦点：（1）A公司是否已收取购房款270万元？（2）成某某能否解除合同？A公司应否承担违约责任？

（1）A公司是否已收取购房款270万元？

本院认为成某某与A公司签订的《上海市商品房出售合同》系双方真实意思表示，且不违反法律、行政法规的强制性规定，当属有效。虽然系争《上海市商品房出售合同》约定了付款账户，但一手商品房买卖作为大宗商品消费，购买方现场付款客观上都是通过销售中心或者售楼处提供的POS机刷卡，此也系商品房买卖的交易惯例。成某某在具有"A商业广场营销中心"标识的售楼处签订系争《上海市商品房出售合同》，由该处的销售经办人员引领在POS机上刷卡付款，收取加盖"A

商业广场营销中心"印章的收据，且相关POS机签购单上均显示商户为A公司，故成某某的付款行为不存在过错，其已经尽到了审慎注意义务。成某某有理由相信收款方为A公司，其也无从知晓收款人实际为B公司和C公司。成某某的上述付款行为均发生在购房期间，付款的POS单、收据和银行流水一一对应，其中的收据与另案中A公司实际收款的收据上的章也相一致，A公司虽不认可其收到房款，但亦未能作出合理说明并提供相应的证据予以反驳，故本院认定成某某已经向A公司支付270万元购房款。即使A公司认为其未收到房款，也应向实际收款方另行主张。

（2）成某某能否解除合同？A公司应否承担违约责任？

合同附件一约定成某某应于2017年6月30日前支付最后一笔房款2430000元，成某某直至2017年7月11日付清该款，虽已逾期，但仅逾期11天，且A公司在收到该款后亦并未提出任何异议，可以视为A公司给予成某某相应的宽限期，成某某并未违约。而A公司在成某某付清全款后却在之后一年多的时间内既不开具全额的发票，亦未交付系争商铺并配合办理过户手续，显属违约，应承担相应的违约责任。依据合同关于单方解除权的约定，现成某某要求解除双方签署的《上海市商品房出售合同》并要求A公司支付违约金的诉请，合法有据，对此本院予以支持。现成某某主动将违约金调整为总房款的10%，于法不悖，本院予以照准。对A公司认为违约金过高的抗辩意见，本院不予采纳。合同解除后，尚未履行的，终止履行；已经履行的，A公司应将已付的270万元购房款予以返还。关于律师费，因双方在《上海市商品房出售合同》中对此并未约定，且成某某主张的解约违约金已能涵盖其损失，故本院对律师费的诉请不予支持。

据此，依照《中华人民共和国合同法》第九十三条、第九十七条，

《中华人民共和国民事诉讼法》第六十四条第一款以及《最高人民法院关于适用〈中华人民共和国民事诉讼法〉的解释》第九十条的规定，判决如下：

（1）解除原告成某某与被告A公司于2017年5月2日签订的《上海市商品房出售合同》；

（2）被告A公司应于本判决生效之日十日内返还原告成某某已付房款人民币2700000元；

（3）被告A公司应于本判决生效之日十日内给付原告成某某解约违约金人民币270000元；

（4）原告成某某的其余诉讼请求不予支持。

负有给付义务的当事人如未按本判决指定的期间履行给付金钱义务，应当依照《中华人民共和国民事诉讼法》第二百五十三条的规定，加倍支付迟延履行期间的债务利息。

本案受理费30800元，减半收取15400元，保全费5000元，合计诉讼费20400元，由原告成某某负担1092元，由被告A公司负担19308元（被告负担之款应于本判决生效之日起七日内交付本院）。

如不服本判决，可在判决书送达之日起十五日内，向本院递交上诉状，并按对方当事人的人数提出副本，上诉于上海市第二中级人民法院。

审判员：黄卉

2018年11月29日

书记员：孙莺

（来源：中国裁判文书网）

【实务案例2】开发商协助业主过户，支付业主逾期交房、逾期办证违约金并赔偿损失。

上海市嘉定区人民法院

民事判决书

（2019）沪0114民初13931号

（前略）

根据当事人的陈述和经审查确认的数据，本院认定事实如下：

诉讼房屋于2015年10月19日登记在被告名下。2017年4月29日，原告、被告签订《上海市商品房出售合同》，约定原告向被告购买讼争房屋（商业用房）。房屋总价为2520077元。原告应于2017年4月29日支付首付款50万元，2017年6月5日前支付房款65万元，6月30日前支付房款1370077元。被告应于原告付清全部房款之日起90日内交付讼争房屋。被告如未按约交房的，应按原告已付款的日万分之二点五支付违约金，违约金自约定的最后交付期限之次日起计算至实际交付之日止。双方应于2017年10月29日前共同办理产证。因被告原因逾期办理产证的，被告应承担总房价1%的违约金。合同附件五《房屋使用公约》约定，业主应按规定交纳专项维修资金，建设单位负责首期专项维修资金的筹集。补充条款一约定，原告委托被告办理他项权利登记，费用由被告代收代缴。税费为78825.38元，维修基金为2190.75元。合同另对其他事项作了约定。2017年4月4日、4月29日、6月3日、7月1日，原告向被告分别支付了房款2520077元、税费78825.38元、维修基金2190.75元。2017年10月30日，被告向包括原告在内的全部商业用房业主出具一份承诺书，载明：（1）付款客户的购房发票在2017年11月1日至2018年3月31日前全部发给每个业主；（2）满足办理产证条件的业主，公司承诺产证在2017年11月1日至2018年3月30日前全部办理完成；（3）A装修工程于2017年11月30日前开工，开业时间不迟于2018年10月1日；（4）因公司内部原因导致业主贷款无法审批通过并超过合同约定时间的，业主不承担相应违约责任。所有因A公司违约产生的律师费、诉讼费、办证费、税费等相关费用均由A公司承担。后被告并未按约交付讼争房屋并办理过户手续，原告遂涉讼。

另查明，2017年4月29日，原告、被告签订一份《商铺经营管理协议》，约定原告将讼争房屋交予被告统一经营管理。经营管理期限自2017年12月31日至2027年12月30日。原告于2019年6月14日支付了律师费2万元。

本院认为，原告、被告签订的《上海市商品房出售合同》系双方的真实意思表示，且不违反法律、行政法规的强制性规定，当属合法有效，双方均应按约履行。现被告未按约交房并办理过户手续的行为已构成违约，应承担相应的违约责任。根据查明的事实，原告已于2017年7月1日付清全部购房款，被告应按约于2017年9月30日前向原告交付房屋。而双方之间委托经营管理期限自2017年12月31日开始起算，该日之后由被告统一经营管理，在经营管理合同未解除的情况下，自该日后被告不存在交房问题，故原告要求被告交付讼争房屋的诉讼请求，本院难以支持，但被告应承担自2017年10月1日至2017年12月30日的逾期交房违约金，违约金按照原告已付房款2520077元的日万分之二点五计算，即57331.75元。现讼争房屋已具备过户条件，故被告应协助原告办理讼争房屋的产权过户手续，将该房屋过户至原告名下并承担逾期办理产证违约金25200.77元。关于税费问题，根据约定，相关税费由被告代收代缴，在被告违约的情形下，原告有权要求被告返还由原告自行缴纳的相应费用，故原告要求被告退还相应税费、维修基金的诉讼请求，本院予以支持。关于律师费，根据被告出具的承诺书及被告的违约行为，被告应承担相应的律师费，故原告要求被告支付律师费2万元的诉讼请求，本院予以支持。诉讼中，被告经本院合法传唤，无正当理由未参加开庭审理，其放弃质证、辩论等诉讼权利的法律后果自负。据此，依照《中华人民共和国合同法》第一百零七条、《中华人民共和国民事诉讼法》第一百四十四条的规定，判决如下：

（1）被告A公司应于本判决生效之日起10日内协助原告李某、卢某办理位于上海市嘉定区××路××号××层××室房屋的产权过户手续，将该房屋过户至原告李某、卢某名下；

（2）被告A公司应于本判决生效之日起10日内向原告李某、卢某支付逾期交房违约金57331.75元；

（3）被告A公司应于本判决生效之日起10日内向原告李某、卢某支付逾期办证违约金25200.77元；

（4）被告A公司应于本判决生效之日起10日内向原告李某、卢某退还税费78825.38元、维修基金2190.75元；

（5）被告A公司应于本判决生效之日起10日内向原告李某、卢某支付律师费2万元；

（6）原告李某、卢某的其余诉讼请求，不予支持。

如当事人未按本判决指定的时间履行给付金钱义务，应当依照《中华人民共和国民事诉讼法》第二百五十三条的规定，加倍支付迟延履行期间的债务利息。

本案案件受理费2824元减半收取1412元，财产保全费5000元，均由被告负担。被告负担之款应于本判决生效之日起7日内交付本院。

如不服本判决，可在判决书送达之日起15日内向本院递交上诉状，并按对方当事人的人数提出副本，上诉于上海市第二中级人民法院。

审判员：周　平

2019年10月29日

书记员：凌东媛

（来源：中国裁判文书网）

【**实务案例3**】违反售后包租合同的开发商应向业主支付租金收益及逾期付款违约金。

上海市嘉定区人民法院

民事判决书

（2019）沪0114民初8282号

（前略）

根据当事人的陈述和经审查确认的证据，本院认定事实如下：

2015年12月31日，原告、被告签订《上海市商品房出售合同》一份，约定安某某（乙方）购买A公司（甲方）出售的系争商铺，合同总价为870000元。同日，安某某与A公司签订了《南翔A商业广场商铺委托经营管理协议》一份，合同3.1条约定：商铺经营管理期限第一阶段为10年，从2016年12月15日起至2026年12月14日止。租金收益计算日期从2016年12月15日起至2026年12月14日止。商铺经营管理期限第二阶段为10年，从2026年12月15日起至2036年12月14日止。租金收益计算日期从2026年12月15日起至2036年12月14日止。合同4.1条约定：为保障市场的兴旺，乙方同意将所购商铺自

2016年12月15日至2017年12月14日的全部租金收益作为市场培育补贴全部归甲方所有，供甲方进行统一招商和经营管理，以培育市场，其间所有招商投入、培育成本、广告费用、管理规划成本、市场审批交际等费用和租营风险均由甲方承担。2016年12月15日前因市场运营所产生的所有费用由甲方自行承担。合同4.3条约定：第一阶段委托期内，从2017年12月15日至2026年12月14日，乙方保底年收益为该商铺买卖合同签约总价的6%。乙方应得的年收益由甲方每年度支付一次，支付时间为下一年度第一个月的15日以前。乙方在领取上述收益前向甲方提供等额有效发票。如乙方无法提供发票，由甲方代开发票并扣除代开发票税金后向乙方支付收益。合同6.1条约定：双方均应按本协议约定履行义务，任何一方不履行、迟延履行或不适当履行的，均构成违约。违约方应承担继续履行、采取补救措施、赔偿损失等违约责任，并按该商铺买卖合同签约总价的30%承担违约责任；若违约金不足以赔偿守约方损失的，则需另行赔偿由此给守约方所造成的损失，并承担守约方为维护自身权益所产生的相关费用，包括但不限于律师费、诉讼费、保全费等。合同6.2条约定：甲方应按期支付乙方费用，逾期支付在60日内的，甲方向乙方支付逾期应付款按每日万分之一计算的违约金，本协议继续履行；逾期支付超过60日未超过90日的部分，甲方应向乙方支付逾期应付款按每日万分之二计算的违约金，本协议继续履行；逾期支付超过90日的，乙方有权选择下列方式之一予以处理：①本协议继续履行，超过90日部分的违约金，按逾期应付款的每日万分之四计算；②在与甲方另行签订自营管理协议后，解除本协议，由乙方自营或自行出租经营，乙方承诺在自营或自行出租经营时遵守商场管理公约及甲方与第三人的约定。如乙方未事先书面通知甲方并擅自违反约定，将承担相应违约责任。本协议的解除，并不免除甲方所欠费用及违约金的支付义务。

之后，安某某向 A 公司支付了相应的购房款，并于 2016 年 4 月 11 日取得了系争商铺的上海市房地产权证。

2017 年 10 月 30 日，A 公司出具《承诺书》一份，上载"……第三，A 装修工程于 2017 年 11 月 30 日前开工建设，开业时间不迟于 2018 年 10 月 1 日，开业标准为商家入驻率不低于可租面积的 70%、15000 平方米……以上第一、第二、第三条中任意条款因 A 公司原因违约（业主方不予配合提供材料的，A 公司不承担违约责任），A 公司承诺全额退房退款（按实际支付到账金额计算，未到账部分扣除），并赔偿房屋实际到账款的 10% 的违约金，退房款及违约金在 3 个月内到账"。

安某某与上海市浩信律师事务所（下称浩信律所）签订《民事诉讼委托代理合同》一份，合同约定浩信律所指派律师代理本案，律师费固定费用为 3000 元，风险代理部分为本案实际到账钱款的 10%，签订合同时支付 3000 元，余款待本案实际钱款到账当日支付。2019 年 1 月 28 日，上海市浩信律师事务所向安某某开具了金额为 3000 元的律师代理费发票。现 A 公司未按约支付系争商铺相应租金收益及违约金，故原告安某某诉至本院。

审理中，原告、被告一致确认系争商铺从 2017 年 12 月 15 日至 2018 年 12 月 14 日租金收益的支付时间应为 2019 年 1 月 15 日，支付金额应为 52200 元。

本院认为，原告、被告签订的《南翔 A 商业广场商铺委托经营管理协议》系双方当事人的真实意思表示，合法有效，双方均应遵照履行。安某某将系争商铺委托给 A 公司实施经营管理，双方之间形成委托合同关系，A 公司应当按照约定向安某某支付租金收益。现 A 公司同意向安某某支付 2017 年 12 月 15 日至 2018 年 12 月 14 日的租金 52200 元，本院予以确认。根据双方约定，A公司逾期支付上述租金的，应当支付逾期付款违约金。关于该违约金的计算标准，其中逾期付款时间在60日内的，A公司同意按照安某某主张的日万分之一计算，对此本院予以照准。之后安某某主张的按照日万分之二及日万分之四计算的违约金，A公司抗辩称标准过高，请求本院予以调整。本院认为，该违约金中按照日万分之二计算的部分，尚属合理，本院不予调整；按照日万分之四计算的部分过高，本院酌情调整为按日万分之二计算，经核算为10.44元/日。关于安某某诉请主张的市场培育补贴及违约金，《南翔A商业广场商铺委托经营管理协议》已明确约定该市场培育补贴归A公司所有，用于进行统一招商和经营管理，以培育市场，其间所有投入及租营风险由A公司承担，安某某主张返还该培育补贴及支付违约金缺乏合同依据。关于逾期营业违约金，并无合同及法律依据，本院不予支持。关于安某某诉请的律师费损失，鉴于其已在本案中主张了逾期付款违约金，且本案原告代理人系批量代理，故本院酌情确定A公司赔偿律师费损失1500元。综上所述，依照《中华人民共和国合同法》第一百零七条、第一百零九条、第一百一十四条的规定，判决如下：

（1）被告A公司应于本判决生效之日起10日内支付原告安某某自2017年12月15日至2018年12月14日的租金收益52200元；

（2）被告A公司应于本判决生效之日起10日内支付原告安某某就上述租金收益自2019年1月16日起至实际付款之日止的逾期付款违约金（其中2019年1月16日至2019年3月16日的逾期付款违约金为313.2元，从2019年3月17日起至实际付款之日止的逾期付款违约金按10.44元/日计算）；

（3）被告A公司应于本判决生效之日起10日内赔偿原告安某某律师费损失1500元。

负有金钱给付义务的当事人，如果未按本判决指定的期限履行金钱给付义务，应当依照《中华人民共和国民事诉讼法》第二百五十三条的规定，加倍支付迟延履行期间的债务利息。

本案受理费4135元减半收取2067.5元，由原告安某某负担1135.5元，被告A公司负担932元，双方负担之款应于本判决生效之日起7日内交付本院。

如不服本判决，可在判决书送达之日起15日内向本院递交上诉状，并按对方当事人的人数提出副本，上诉于上海市第二中级人民法院。

审判员：史建颖

2019年5月31日

书记员：韩　坤

（来源：中国裁判文书网）

【实务案例4】对于在售后包租案件中的已经办理产证的业主的退房退款之要求，法院不予支持。

上海市嘉定区人民法院

民事判决书

（2019）沪0114民初4153号

（前略）

本院确认事实如下：

2016年9月30日，原告、被告签订《上海市商品房出售合同》一份，约定李某某方（乙方）向A公司（甲方）购买涉案房屋，房屋总价款为205万元；付款方式为乙方于2016年9月30日支付首付款103万元，以贷款方式于2016年11月30日前支付房款102万元；乙方付清房屋全款后，于2016年12月15日前，甲方向乙方交付房屋；双方商定，2017年3月30日前，双方共同向嘉定区房屋土地管理局申领该房屋房地产权证（小产证）。

2016年9月30日，双方当事人签订《商铺经营管理协议》，约定由A公司（甲方）对涉案的××镇××路××号、××号、××号A商业用房项目实施统一的商业经营管理，李某某方将涉案房屋委托给甲方经营管理。管理权限：以甲方名义自主招商、运营、管理等。委托管理期限为2017年7月1日至2037年6月30日。乙方同意自2017年7月1日至2018年6月30日的保底年收益（商铺买卖合同签约总价的6%，签约总价含团购费）作为市场培育金补贴全部归甲方所有，供甲方进行统一招商和经营管理。第一阶段委托期内，从2018年7月1日起算至2027年6月30日，乙方保底年收益为该商铺的买卖合同签约总价（含团购费）的6%，乙方应得的年收益由甲方每年度支付一次，支付时间为下一年度的第一个月15日以前。同日，原告孙某（乙方）向A公司（甲方）出具《业主交房授权委托书》，委托A公司代为办理该房屋的交房接收手续并签订《交房确认单》。

关于付款：原告于2016年9月24日支付A公司定金5万元，2016年9月30日支付A公司98万元，之后A公司出具金额为103万元的购房发票；2017年1月25日，原告以银行贷款方式支付A公司房款102万元。涉案房屋登记至李某某、孙某名下，李某某、孙某取得涉案房屋的不动产权证。

2017年10月30日，A公司向李某某方出具《承诺书》一份。载明，A公司承诺如下：第一，付款客户的购房发票在2017年11月1日至2018年3月31日前全部发给每个业主；第二，满足办理产证条件的业主，A公司承诺产证在2017年11月1日至2018年3月30日前全部办理完成；第三，A装修工程于2017年11月30日前开工建设，开业时间不迟于2018年10月1日，开业标准为商家入驻率不低于可租面积的70%、15000平方米；第四，……以上第一、第二、第三条中任意条款因A公司原因违约，A公司承诺全额退房退款，并赔偿房屋实际到账款的10%的违约金……

审理中，关于租金70500元的诉讼请求，法庭向原告释明，租金应属双方委托经营合同法律关系中处理的问题，与本案房屋买卖合同法律关系，分属不同的法律关系。原告表示本案中其主张选择房屋买卖合同关系，但坚持主张租金损失。第二次庭审中，A公司表示经其查询，102万元的房款发票已经开出，但无法提供已经交付李某某方的凭证，也未能找寻到该发票原件，现愿交付盖有A公司公章及发票专用章的复印件，遭李某某方拒绝。

本院认为，原告、被告签订的《上海市商品房出售合同》系双方当事人的真实意思表示，且不违反法律、行政法规的强制性规定，应属合法有效，双方均应按约履行。现本案双方的争议焦点在于李某某方是否享有《上海市商品房出售合同》的单方解除权。

李某某方现主张解除合同的理由有三：①A公司未按照出售合同约定的期限交付房屋；②A公司违反《承诺书》约定的装修开工及开业日期的承诺；③原告无法收房、无法收取租金，房屋出售合同目的无法实现。关于理由一，因双方在签订出售合同当天也签订了《商铺经营管理协议》，约定李某某方将涉案商铺委托给了A公司统一经营管理，并向A公司出具代为收房的委托书，由A公司代为接收房屋。故A公司抗辩称无须再另行向李某某方交付房屋，符合双方的约定，该抗辩意见成立。关于理由二，鉴于原告、被告签订了《上海市商品房出售合同》《商铺经营管理协议》两份合同，因此，双方存在房屋买卖合同关系和商铺委托经营合同关系双重法律关系。在两份合同的履行过程中，A公司向李某某方出具了《承诺书》。该《承诺书》中承诺的事项包括开具购房发票、办理产证、装修开工以及商场的整体开业日期等，该些承诺事项包括了房屋买卖合同关系项下的开具发票、办理产证事宜，也包括了委托经营合同关系项下的商场装修开工以及商场整体开业事项。以上事项存在不同，应分属于不同的法律关系项下。现A公司已经履行了买卖合同关系项下的办证义务，李某某方以其违反双方委托经营合同关系项下的承诺事项为由，主张解除《上海市商品房出售合同》，缺乏依据，本院不予支持。关于理由三：李某某方已委托A公司进行收房，而租金收益并非本案房屋买卖合同关系审理范围，李某某方可在有权收取租金收益后另行提起诉讼，故该陈述亦缺乏事实及合同依据。综上所述，李某某方在已经取得涉案房屋的不动产权证，并将房屋委托给A公司经营后，主张解除《上海市商品房出售合同》，明显缺乏合同及法律依据。其主张解除合同以及因解除合同而导致的退还购房款、团购费、办证税费并支付利息损失、赔偿解约违约金、律师费的诉讼请求，以及在本案中主张租金收益的诉请，本院均不予支持。关于102万元的购房发票，该款原告已支付，A公司理应出具相应的发票。

综上所述，依据《中华人民共和国合同法》第八条的规定，判决如下：

（1）被告A公司应于本判决生效之日起10日内向原告李某某、孙某出具金额为1020000元的购房发票。

（2）驳回原告李某某、孙某的其余诉讼请求。

本案案件受理费29522.08元减半收取14761.04元，由原告李某某、孙某负担。

如不服本判决，可在判决书送达之日起15日内向本院递交上诉状，并按对方当事人的人数提出副本，上诉于上海市第二中级人民法院。

审判员：史建颖

2019年5月30日

书记员：韩　坤

（来源：中国裁判文书网）

五 业主反击策略与技巧

（1）谨防售后包租。售后包租暗藏的违规风险，政府有关部门早有明确提示。2001年和2010年住建部就两次发布通知，明确未竣工的商品房和预售房不得采取售后包租的方式销售。

（2）业主应根据项目所处的位置、周边商业环境等情况进行判断，不能只看开发商宣传。

（3）业主有必要了解运营商的成功案例，因为业主委托哪家运营商来管理整个项目是成败的关键。一般来看，著名运营商要优于普通运营商。

第十章 ◀ 诉讼为王

一 业主的维权方式与痛点

（一）业主的维权方式

（1）借助电视台、微博、微信等可以表达业主诉求或者传播信息的平台引起社会关注，最终解决问题。

（2）与开发商协商、谈判。通常开发商是接受协商、谈判的，毕竟这种方式能减少负面影响。

（3）向主管部门投诉、举报。通过政府监管、约束来达到使开发商整改的目的。

（4）权威部门调解。各种调解委员会，在一定程度上起到了化解纠纷、解决矛盾的作用。

（5）到法院提起诉讼。这是笔者认为最为有效的维权方式。

（二）业主的痛点

（1）缺乏正确的维权意识。有的业主不能灵活运用法律手段，在自己的权益被侵害时，往往选择忍气吞声，认为多一事不如少一事，最终不了了之，使侵权者得寸进尺、肆无忌惮。

（2）缺乏有效的团队组织。业主在出现问题时通常先在QQ群、微信群等平台大倒苦水，然后召集大家一起维权，这样做往往雷声大雨点小，很难形成一个共进退的维权组织或者团队。

（3）缺少法律实践经验。许多业主不是专业的法律人士，不具备实践经验。很多人在网络上搜索对自己有利的案例或者规定，而且想当然地认为既然有案例又有规定，自己的见解就是正确的，忽略了法律这个行业的特殊性。因为每一个法律问题都有其不确定性。

（4）维权成本过高。业主有自己的工作和生活，在工作压力大和生活成本高的双重挤压下，很少有人会不计得失地全身心投入维权中，群情激昂过后，只会空留一地无奈。

（5）实力对比悬殊。业主作为独立自然人，在综合实力上与开发商差距悬殊。开发商通常都是上市公司，有的项目可能由几家上市公司合作开发，其经济实力不是几个业主能够抗衡的。

二 诉讼为王

（一）首选诉讼的原因

（1）扭转业主的弱势地位。到法院提起诉讼可以使原本处于弱势地位的业主实现和开发商在法律上的对等，在有理有据的情况下，有了击败开发商的可能性。

（2）诉讼可以向开发商施加压力。最直接的措施就是财产保全，采取财产保全措施可以冻结开发商的账户，查封其房产、土地和股权等资产，一定程度上给对方足够的压力，更有利于案件的快速处理。有的案件在采取财产保全措施之后很快就解决了。

（3）诉讼的结果具有强制执行力。一旦法院作出判决并生效，各方都要依据判决书履行义务，否则彼此可以申请法院强制执行，这样就避免了开发商的二次违约。

（二）诉讼的基本思路和策略

1.诉讼前

（1）抓准案件的法律关系。认准纠纷法律关系的属性，可以准确认定案由，为后续立案、明确诉讼请求做好准备。

（2）明确具体的诉讼请求。从广义上讲，诉讼请求是向法院提出的要求法院予以判决的请求（当事人希望法院对其请求作出与之相应的确认、给付，形成具体的判决）。而狭义的请求仅仅指原告向被告主张的法律上的利益。无论哪种诉讼请求都是对业主具体要求的归纳总结，一定要和案件事实匹配，否则会有被法院驳回的风险。

（3）收集固定有效的证据。证据是诉讼的核心，在任何一起案件的审判过程中，都需要通过证据和证据形成的证据链再现、还原事件的本来面目。依据充足的证据而作出的裁判才有可能是公正的裁判。

（4）灵活运用财产保全等法律手段。财产保全是指人民法院对于可能因当事人一方行为或者其他原因，使判决不能执行或难以执行的案件，在对该案判决前，依法对诉讼标的物或与本案有关的财物采取的强制性措施。财产保全可以冻结账户、查封不动产，很多时候可能因为财产保全措施采取及时，给对方足够的压力，案件往往未审便已解决，降低了客户的维权成本。

（5）准确选择管辖法院。业主一般会在楼盘所在地法院提起诉讼，也就是楼盘所在区的基层法院。比如业主购买的房产在上海市徐汇区，业主会在徐汇区的法院提起诉讼。但这不是说该管辖是根据不动产的专属管辖来确定的，而是因为开发商为了方便，在开发项目时通常会在项目所在地的区域注册一家公司，遇到诉讼时，如果双方没有明确约定管辖法院，根据一般的管辖原则，被告所在地、合同履行地大概率在楼盘所在地。

2.诉讼中

（1）按诉讼费交纳通知规定的时间及时付费。当下，微信、支付宝等支付平台大大提高了支付的效率，扫付款码就可以直接付款，省去了到银行排队的时间。但也存在一个很大的风险，即诉讼缴费通常应自收到通知之日起7天内支付，逾期之后无法再行交纳。《最高人民法院关于适用〈诉讼费用交纳办法〉的通知》第二条规定，"关于当事人未按照规定交纳案件受理费或者申请费的后果：当事人逾期不按照《办法》第二十条规定交纳案件受理费或者申请费并且没有提出司法救助申请，或者申请司法救助未获批准，在人民法院指定期限内仍未交纳案件受理费或者申请费的，由人民法院依法按照当事人自动撤诉或者撤回申请处理"。根据上述规定，业主逾期交费之后法院按撤诉处理有理有据。

（2）重视举证通知书的作用。除了如期提交证据，业主同时还要做出申请鉴定、增加或变更诉讼请求或者反诉、证人出庭、证据保全、申请法院调查取证等决定。实践中，《中华人民共和国民事诉讼法》（以下简称《民事诉讼法》）和《最高人民法院关于民事诉讼证据的若干规定》的并行，导致各方对证据的相关期限要求不是很严谨，业主在起诉开发商的案件中，一定要严格按照最严标准执行。

（3）适时启用胜诉率较高的诉讼请求。在业主与开发商的诉讼中，相对来讲，确认合同有效、继续履行合同、对质量问题进行维修、确认合同条款为格式条款或者无效条款等诉讼请求的难度小一些，灵活运用此类请求可以提高胜诉的概率。

3.诉讼后

（1）庭后及时提交代理词。代理词不仅可以将代理意见系统化，而且可以弥补庭审中的遗漏。一份有理有据的代理词可以让承办法官全面地了解案情，清晰地知晓业主方的观点和依据，甚至可以给法院出具判决书提供参考。

（2）主动和法官沟通案件情况。案件都是因为双方意见不一致才起诉到法院的，双方希望借助权威机构作出客观评判。因此，业主要使自己的意见得到法官的采纳，当然需要和法官沟通。沟通方式可以是打电话、在系统留言，也可以是邮寄书面资料。

4.高度重视二审

二审法院作为一审法院的上一级法院，管辖范围更大，不会局限于一审法院的辖区，受干扰的可能性较小。另外，二审法院所面对的争议焦点明确，对类案的处理更专业，很有可能会纠正一审判决中存在的问题。

三 利益最大化与风险最小化的权衡

（一）权衡需要考虑的因素

1.经济利益

业主购房无非自住或者投资用，房价的涨跌会直接影响业主的经济利益。因此在出现问题时，业主首先要从经济角度计算，然后再作出取舍。

比如，某业主于2016年11月花费500万元购买了上海浦东新区的一套100平方米的房产，开发商与其约定在2018年4月底交房，但直到2018年12月31日才交房。这起案件中业主会面临两个选择：

一是继续履行合同，要求开发商以500万元为基数按日万分之一支付逾期交房违约金。计算公式为：逾期交房违约金 =500万元 × 日万分之一 × 天数（2018年5月1日至2018年12月31日，共245天）=122500元。

二是以逾期交房超过90天约定解除权为由，单方解除合同，并主张总房款3%的赔偿金额。计算公式为：赔偿金 =500万元 ×3%=150000元；逾期交房违约金 =500万元 × 日万分之一 ×90天 =45000元。

提醒大家注意的是，业主需要考虑购房时上海房价处于高位还是低位，还要从房价变动的角度计算：

假设房价涨了1倍，那房子的价值就是1000万元，作为业主来讲，第一个选择是利益最大、风险最小的，可以算是最优方案。

假设房价跌了一半，那房子的价值就是250万元，对于业主来讲，第二个选择可以退回500万元本金、赔偿金15万元、90天的逾期交房违约金4.5万元，共计519.5万元。和房子价值250万元比较，第二个选择更划算。

但是这仅仅是我们的理想算法，现实中出现的问题会远远超出我们的想象。比如解除合同的诉讼不一定能胜诉，即使胜诉了款项也不一定能执行到位，房钱两空的风险一直存在。我们要考虑在使利益最大化的同时把风险降到最低。

2. 风险

（1）败诉、判决无法执行的法律风险。案情类似的案件，可能存在不同的审理结果，败诉的风险时刻存在。即使案件胜诉，法院判决能不能得到执行都是不确定的，这是在任何一起案件中都要考虑到的因素。

（2）政策风险。房产交易作为关系国计民生的大事，政府部门严加管控，政策可能发生变化。比如国家对于购买酒店式公寓、商住两用房的政策变化，上海市住房和城乡建设管理委员会在2017年1月开始对此类酒店式公寓的集中核查与清理，其间暂停了此类项目的网签。2017年5月，《关于开展商业办公项目清理整顿工作的意见》（以下简称《意见》）正式发布，明确全面清理整顿"类住宅"项目。《意见》明确提出，对已售未交付入住项目，要按照商业办公房屋功能进行全面整改，由相关部门联合验收，不符合商业办公要求的，不得交付，不得办理房屋交易登记手续。同时，北京市住房和城乡建设委员会，北京市规划和国土资源管理委员会等部门接连在2017年3月、4月发布《关于进一步加强商业、办公类项目管理的公告》《关于严格商业办公类项目规划建设行政审批的通知》《关于进一步加强产业项目管理的通知》，对商业办公地产进行了政策规制，最终直接限制向个人出售。

（3）交易双方自身情况的变化。交易过程中，买卖双方的财产、债务、个人征信、收入等随时都会发生变化，每一个环节的波动都有可能影响案件的进行，这就需要我们既要防患于未然，又要在出现风险时及时采取措施，将风险降到最低。

（二）常见的诉讼请求对比分析

根据商品房买卖的特殊性，按是否继续履行合同可将常见的诉讼请求分成两类：

1.继续履约型

继续履约型，即继续履行双方的买卖合同，开发商交付房屋，业主支付购房款，双方按合同约定和法律规定分别承担相应的责任。

（1）确认合同有效，即对合同效力作出判断的请求，通常用于业主无法办理房产过户手续，但为了保证自己的权利，先确定合同效力，待条件成熟时再另行主张过户等请求。通过类似主张，虽然达不到最终的目的，但是可以证明买卖的合法性，再加上房产已经实际交付且业主一直占有使用，同样可以达到准物权的效果。具体表述为：确认双方×××年××月××日签订的《××市商品房预售合同》有效。

（2）交付房屋。凡是提出这种请求的，说明房屋尚未交付。业主通过诉讼可以督促开发商尽快使房屋满足交付条件，办理交付手续，从而达到入住的目的。具体表述为：被告应于本判决生效之日起10日内将位于××市××区××路××号房屋交付给原告。

（3）逾期交房、逾期办证违约金。开发商没有按合同约定的条件和时间交房、办理产权手续，需要根据合同约定和法律规定承担支付违约金的法律责任。这种案件相对比较简单，但是开发商通常会提起违约金过高，要求法院调低违约金的抗辩。而且开发商的请求往往会得到法院的支持。具体表述为：被告于本判决生效之日起10日内支付原告逾期交房违约金（该违约金以总房价×××万元为基数，按每日万分之×的标准，自×××年××月××日起计算至实际交付之日止）。

（4）办理过户手续。从法律上说，在没有取得不动产证之前，业主还不能算是该房产法律意义上的拥有者。《中华人民共和国民法典》第二百一十七条规定："不动产权属证书是权利人享有该不动产物权的证明。不动产权属证书记载的事项，应当与不动产登记簿一致；记载不一致的，除有证据证明不动产登记簿确有错误外，以不动产登记簿为准。"业主购房之后，在具备办产证的情况下须尽快办理，只有取得不动产权证后，业主才对所购房屋拥有所有权，才能对房屋拥有占有、使用、收益和处分的权利。

（5）修复或者消除房屋存在的质量问题。对于房屋存在的不影响居住的瑕疵，业主可以要求开发商限期修复，如逾期不修复，业主可以自行修复，修复费用由开发商承担。具体表述为：判决被告于本判决生效之日起10日内修复房屋存在的如下质量问题（或者表述为：赔偿因修复

房屋存在的如下质量问题所花费的费用）；判决被告于本判决生效之日起
10日内消除房屋存在的如下空气质量问题（或者表述为：赔偿因消除房
屋存在的如下空气质量问题所花费的费用）。

2.彻底毁约型

彻底毁约型即双方或者其中一方不再继续履行合同，根据毁约状态，
各自承担相应的法律责任。

（1）合同不成立。包括：订立合同的只有一方；订立的合同并不是
当事人意思表示合意之后的结果，没有形成要约和承诺的一致；合同的
客体是不确定的；要式合同中没有实际履行物的给付；经过批准、登记
后才能成立的合同，但实际并没有履行批准、登记手续；法律规定或者
当事人约定必须采取书面形式订立，但没有按照规定或者约定采用书面
形式，同时当事人也没有履行。

比如，当事人采用合同书形式订立合同的，自双方当事人签字或者
盖章时合同成立。目前国家对房屋交易实行网签备案制度，鉴于开发商
作为网上合同备案的实际操作者，不可避免地会出现网上已备案但没有
双方签字备案文本的情况。这种情况下无法证明双方已签字或者盖章，
合同很难被认定为有效。

（2）合同无效。包括：无民事行为能力人实施的民事法律行为无效；
行为人与相对人以虚假的意思表示实施的民事法律行为无效；违反法律
和行政法规的强制性规定的民事法律行为无效；违背公序良俗的民事法
律行为无效；行为人与相对人恶意串通，损害他人合法权益的民事法律
行为无效。另外，实务中还存在合同虽然无效，但是参照有效合同处理
的特殊情况。

（3）合同撤销。包括：基于重大误解实施的民事法律行为；一方以
欺诈手段使对方在违背真实意思的情况下实施的民事法律行为；第三人

实施欺诈行为使一方在违背真实意思的情况下实施的民事法律行为，对方知道或者应当知道该欺诈行为；一方或者第三人以胁迫手段使对方在违背真实意思的情况下实施的民事法律行为；一方利用对方处于危困状态、缺乏判断能力等情形，致使民事法律行为成立时显失公平。

（4）合同解除。包括：因不可抗力不能履行合同，一方可以解除合同，并根据不可抗力的影响，要求部分或者全部免除责任；先卖后抵押；一房两卖；隐瞒无证售房事实；隐瞒房屋抵押事实；隐瞒房屋已出售事实；隐瞒房屋为拆迁补偿安置房屋事实；房屋存在严重质量问题影响正常居住使用；房屋主体结构质量不合格；房屋的产权面积与合同约定面积误差比绝对值超出3%；过分迟延交付房屋；过分迟延办理产权过户。

四　业主自助立案指南（以上海退房退款案件为例）

（一）起诉前的准备工作

1.起草起诉状

（1）被告的工商登记信息可以通过国家企业信用信息公示系统查询并复印。

（2）诉讼请求可以登录中国裁判文书网搜索相似案例。

起诉状参考模板：

起诉状

原告：××，男，汉族，××××年××月××日出生，住址：××市××区××路××弄××号××室。

委托诉讼代理人：××，××市××律师事务所，特别授权。电话：×××××××××。

被告：××置业有限公司，法定代表人：××，注册地：××市××区××路××号××层××室。电话：×××-××××××××。

诉讼请求：

1.判决被告将位于××市××区××路××号××层××室房屋交付给原告，并协助办理该房产的产权过户登记手续，将该房屋过户登记至原告名下。

2.判决被告支付逾期办证违约金××元。

3.判决被告支付逾期交房违约金，以总房款××元为基数，按每日万分之×的标准，自××××年××月××日起计算至实际交付之日止。

4.判决被告返还产权过户的税费和办证费××元。

5.判决被告支付律师费××万元。

6.诉讼费、保全费等费用由被告承担。

事实与理由：

××××年××月××日，原告与被告签订了《××市商品房出售合同》一份，约定原告以××××××元购买××路××号××层××室，建筑面积为××平方米（合同编号：××××××××××××），并办理了网签备案手续。同时，双方又签订了《××商业用房商铺经营管理协议》。协议签订后，原告按协议约定支付了全部款项，被告分别出具了相应的收款收据。

现由于被告迟迟不出具购房发票、不交房，导致原告至今无法办理产证、无法取得房屋，为维护自己的合法权益，特向贵院提起诉讼。

此致

××市××区人民法院

起诉人：×××

××××年××月××日

2. 证据准备

（1）列一个证据目录。

（2）证据复印件一般要准备三份：法院一份，开发商一份，自己留一份。被告每增加一份证据就多准备一份证据复印件。

（二）立案

1. 现场立案

现场立案就是直接去法院立案大厅立案。2020年，由于新冠肺炎疫情暴发，增加了一项预约程序。现场立案适合没有诉讼经验又想自己起诉的当事人，立案庭法官遇到问题会现场告知当事人，现场解决。

2. 网上立案

网上立案分为两种：以上海为例，一种是登录上海法院诉讼服务网（http：//www.hshfy.sh.cn/shwfy/ssfww/），根据提示进行操作即可；另一种是通过上海法院12368微信公众号，操作流程如下。

第一步：微信搜索"上海法院12368"公众号并关注（如下图所示）。

第二步：在下方菜单栏中找到并点击"诉讼服务"，接着点击"诉讼服务"，进入上海移动微法院界面，在界面中找到"当事人"，然后点击进入下一步（如下图所示）。

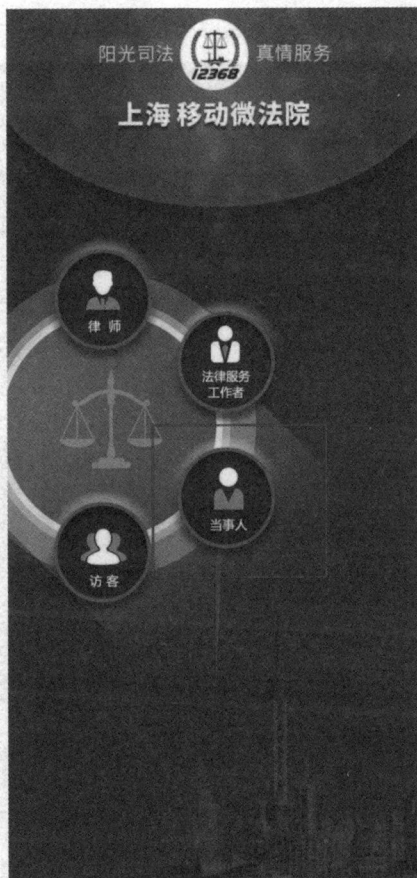

第三步：如果是新用户，需要先进行注册登录，完成人脸认证和读数认证，认证成功后，进入当事人平台界面，找到"网上立案"（如下图所示）。

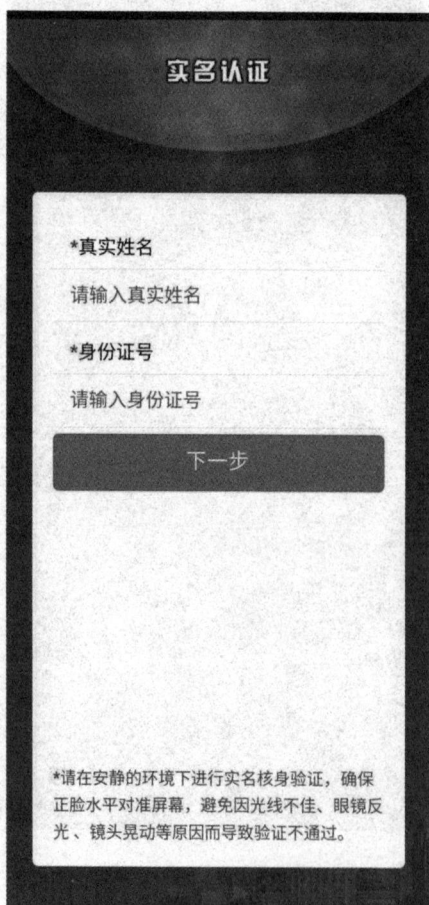

第四步：在网上立案界面，点击左上方的"申请立案"，阅读并选择同意立案须知，点击下一步（如下图所示）。

第五步：完善立案信息，确认信息无误之后，点击"预览与提交立案"即立案成功，也可以选择"保存立案申请"（如下图所示）。

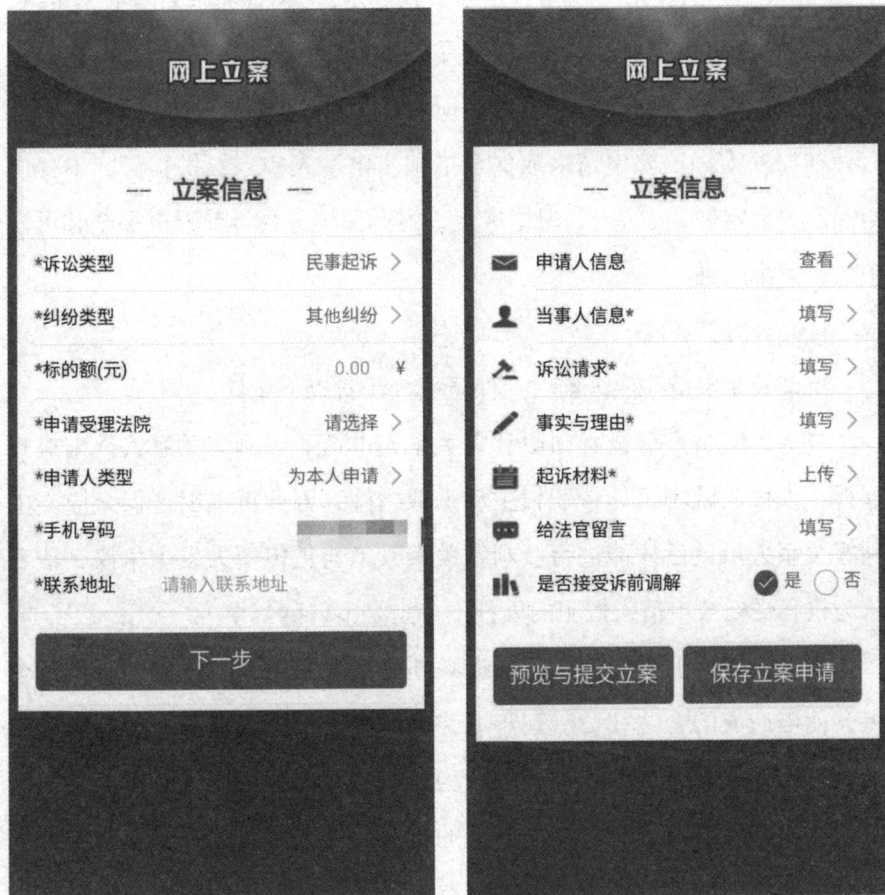

3.邮寄立案

邮寄立案即通过快递的方式将立案材料快递给法院立案庭，立案庭收到后审核决定是否立案。

（三）财产保全

《民事诉讼法》第一百零一条第一款规定："利害关系人因情况紧急，不立即申请保全将会使其合法权益受到难以弥补的损害的，可以在提起诉讼或者申请仲裁前向被保全财产所在地、被申请人住所地或者对案件有管辖权的人民法院申请采取保全措施。申请人应当提供担保，不提供担保的，裁定驳回申请。"根据规定，财产保全分为诉前财产保全和诉讼中财产保全两种。

1.诉前财产保全

当事人要申请采取诉前财产保全应该具备以下条件：

（1）诉前财产保全必须由利害关系人申请。因利害关系人尚未进行起诉，人民法院不可能依职权主动采取措施，因此诉前财产保全应当由利害关系人申请后才能进行。利害关系人是与被申请人发生争议，或者认为权利受到被申请人侵犯的人，不一定是案件的当事人。

（2）申请诉前财产保全的前提必须是情况紧急，且不立即申请保全将会使申请人的合法权益受到难以弥补的损害。情况紧急一般是指被申请人有转移、隐匿、挥霍财产的行为，或者有证据证明或有行为表明被申请人将有转移、隐匿、挥霍财产的行为。所谓难以弥补，是指不采取保全措施，即便是胜诉申请人的权益也无法实现，比如被申请人转移财产后无其他财产或剩余财产不足以弥补申请人损失的情形。

（3）诉前财产保全必须提供担保。担保是诉前财产保全的必要条件，如果利害关系人不提供担保，人民法院将裁定驳回申请。《民事诉讼法司法解释》第一百五十二条规定："申请诉前财产保全的，应当提供相当于请求保全数额的担保；情况特殊的，人民法院可以酌情处理。"诉前财产的担保应当是等额担保，且等额担保是原则，酌情处理是例外。

（4）向被保全财产所在地、被申请人住所地或者对案件有管辖权的人民法院申请。《民事诉讼法》对诉前财产保全的管辖法院进行了规定，赋予了申请人自主选择权，更加便于利害关系人提出申请，充分保护利害关系人的合法权益。

（5）诉前财产保全的范围与对象。《民事诉讼法》第一百零二条规定："保全限于请求的范围，或者与本案有关的财物。"

（6）诉前财产保全的处理。《民事诉讼法》第一百零一条规定："人民法院接受申请后，必须在四十八小时内作出裁定；裁定采取保全措施的，应当立即开始执行。"《民事诉讼法》对诉前财产保全的处理在时间上进行了明确的限制，即必须在申请后四十八小时内作出裁定。

2.诉讼中财产保全

采用诉讼中财产保全应当具备如下条件：

（1）需要对争议的财产采取诉讼中财产保全的案件必须是给付之诉，即该案的诉讼请求具有财产给付内容。

（2）将来的生效判决可能因为主观或者客观的因素而不能执行或者难以执行。主观因素主要是当事人有转移、毁损、隐匿财物的行为或者可能采取这种行为；客观因素主要是诉讼标的物是容易变质、腐烂的物品，如果不及时采取保全措施将会造成更大的损失。

（3）诉讼中财产保全发生在民事案件受理后、法院作出生效判决前。在一审或二审程序中，如果案件尚未审结，就可以申请财产保全。如果法院的判决已经生效，当事人可以申请强制执行，不得申请财产保全。

（4）诉讼中财产保全一般应当由当事人提出书面申请。当事人没有提出申请的，人民法院在必要时也可以裁定采取财产保全措施。但是，人民法院一般很少以职权裁定财产保全，因为根据《中华人民共和国国家赔偿法》的规定，人民法院依职权采取财产保全或者先予执行错误的，应当由人民法院依法承担赔偿责任。

（5）人民法院可以责令当事人提供担保。人民法院依据申请人的申请，在采取诉讼中财产保全措施前，可以责令申请人提供担保。提供担保的数额应当相当于请求保全的数额。申请人不提供担保的，人民法院可以驳回申请。在发生诉讼中财产保全错误给被申请人造成损失的情况下，被申请人可以直接从申请人提供担保的财产中得到赔偿。